浙江省社科联省级社会科学学术著作出版资金资助出版

高校社科文库
University Social Science Series
教育部高等学校
社会科学发展研究中心

汇集高校哲学社会科学优秀原创学术成果
搭建高校哲学社会科学学术著作出版平台
探索高校哲学社会科学专著出版的新模式
扩大高校哲学社会科学科研成果的影响力

变迁中的乡村知识群体与乡村社会

Group of the Rural Intellectuals and the Rural Society in Social Change

李庆真/著

光明日报出版社

图书在版编目（CIP）数据

变迁中的乡村知识群体与乡村社会 / 李庆真著. --
北京：光明日报出版社，2010.7（2024.6 重印）
（高校社科文库）
ISBN 978-7-5112-0748-7

Ⅰ.①变… Ⅱ.①李… Ⅲ.①乡村—知识分子—研究—中国②乡村—社会变迁—研究—中国 Ⅳ.①D663.5 ②C912.82

中国版本图书馆 CIP 数据核字（2010）第 124870 号

变迁中的乡村知识群体与乡村社会

BIANQIAN ZHONG DE XIANGCUN ZHISHI QUNTI YU XIANGCUN SHEHUI

著　　者：李庆真

责任编辑：苑　琛　王　康　　责任校对：杨　敏　郑　巧
封面设计：小宝工作室　　责任印制：曹　净

出版发行：光明日报出版社
地　　址：北京市西城区永安路 106 号，100050
电　　话：010-63169890（咨询），010-63131930（邮购）
传　　真：010-63131930
网　　址：http://book.gmw.cn
E - mail：gmrbcbs@gmw.cn
法律顾问：北京市兰台律师事务所龚柳方律师

印　　刷：三河市华东印刷有限公司
装　　订：三河市华东印刷有限公司
本书如有破损、缺页、装订错误，请与本社联系调换，电话：010-63131930

开　　本：165mm×230mm
字　　数：274 千字　　印　　张：15.25
版　　次：2010 年 7 月第 1 版　　印　　次：2024 年 6 月第 3 次印刷
书　　号：ISBN 978-7-5112-0748-7-01

定　　价：69.00 元

序一

李庆真的《变迁中的乡村知识群体与乡村社会》就要出版了，是一件可喜的事情，因为说明他当初选择的研究方向是有价值的。

博士生面试时，李庆真给我的印象是带有农村孩子特有的实在与吃苦精神，或许正是这种精神让他选择了在社会学专业中并非显学的“社会变迁”方向。作社会变迁研究是辛苦的，不仅要阅读社会学专业的学术文献，还要阅读大量的历史文献，付出的代价可能比一些显学研究还要多一点，而回报往往明显不如显学。作农村社会变迁研究，又比一般社会变迁研究更加辛苦，因为不能坐在书斋里头，依靠文献写出论文，必须走入田野，付出的成本更加多。今天李庆真博士学位论文能够得到资助出版，我真有些“苍天有眼”的感觉，也感觉到充满功利的学术圈子中还有些希望。

曾经有一位朋友谈到中外社会科学的最大差异是什么时，一针见血说“缺的是思想”，我想我们更加缺乏的是对社会的关注，特别是对社会中不同群体的关注，因此今天的社会学几乎失去了对重大社会问题的话语权。李庆真的论文虽然谈不上关注了重大社会问题，但是他实实在在地关注了中国的农村，关注到了曾经对农村有重大影响的一个阶层，就是乡村知识群体。他透过对乡村知识群体命运的研究，道出对中国农村命运的关怀，也许这种关切只有长期在农村生活，真正了解农村的人才能够拥有。

李庆真的这一研究有一个特点，就是对中国社会学研究的学术传承比较注意。费孝通等中国社会学前辈对当年中国农村作过大量的研究，这些研究的学术高度今天未必能够超过。更加可贵的是，一些社会学家并且将一些理念付诸实施，这就是著名的乡村建设。当我是学生时，大约在上世纪80年代初，杨庆堃先生让我到图书馆找他当年作为学生参与的山东邹平县的乡村建设资料，当我找到一些资料复印后交给他，老人那种喜悦之情让我至今难忘。可惜的是中国社会学这一传统多少被淡忘了，我遇到一位不知晏阳初为何人的社会学研究生，惊讶之余，内心萌生出许多感慨。李庆真的研究，沿续了中国社会学对农村的关注，也在前辈研究的基础上有所发展，也许对中国社会学的发展道路铺了一点实实在在的混凝土。

由我来评判李庆真的书，难免有些感情色彩，不过我相信，这是一本能够为社会学研究真正添砖加瓦的书。

李若建

2009 年 7 月于中山大学

序二

庆真博士在其论著《变迁中的乡村知识群体与乡村社会》即将出版时，嘱我写一篇序言。我虽从事过多年的社会学理论研究与教学工作，但对庆真博士所论述的这个问题并没有什么研究。庆真博士的盛情难却，只好就此话题谈一点个人的感悟，以与庆真博士和读者们相互探讨。

乡村知识群体与乡村社会的问题，是一个很好的社会学研究课题，它既有历史性，又有现实性，是一个综合性的问题。庆真博士将这一问题放置在中国现代化的历史背景下进行讨论，则更显示出问题的时代性和历史感来。按照我的理解，这个问题的核心主题是知识与社会的相互关系问题。这是一个很大的社会性论题，但也是常常被人们所忽视的论题。庆真博士是将这个论题浓缩在乡村知识与乡村社会的相互关系上展开论述的，又是以乡村知识群体和乡村社会的关系为这一论题的着眼点的，这样的选择具有具体细致、以小见大的优势。从这种具体而微的着眼点上升上去，便是整个社会与知识的相互关系状态问题。在我看来，知识与社会的关系问题是人类社会状态的核心问题。因为知识代表着人类对于社会的认识状态，而不同的认识则造就不同的社会目标、人生的着眼点和人的追求，也造就不同的社会关系状态和人的生命感受、幸福指数。

这样来看，知识具有决定性的社会功能。不是社会决定知识，而是知识决定社会。我之所以如此强调知识或认识对于社会的意义，是因为社会的状态不过是人的知识或认识的一种图式。一个人有什么样的知识或认识，就会有什么样的人生；一个时代有什么样的知识或认识，就会有什么样的社会。知识或认识的着眼点，就是社会的公共目标所在。因此，对于人类社会来说，贡献与责任最大的并不是普通社会大众，而是官吏与知识群体，而官吏在大多数情形下又是由知识分子来充任的，因此，可以说知识决定社会，知识群体引导社会。即使是所谓的西方式民主社会，也是在知识精英们的努力下建立起来的，并且也主要是由一代又一代的各类知识精英们所维系的。普通的社会大众是社会的基础，但却不是栋梁，一般情形下并非社会的决定性力量。知识群体以其理论言说引导大众的行为走向，塑造社会的形态，因此而成为社会的栋梁或决定性力量。考之以人类文明时期的历史发展过程，无一社会不是如此。

然而，一个社会的知识与社会关系的状态与其他社会相比并非是同样的，尤其是不同社会类型的社会对于知识与社会的关系界定具有明显的质的差异性，这种差异性构成了社会形态的转变依据。人类历史上的社会类型或形态的转变经历过多次，但最为重大的转变是人类自1500年以来从传统社会向现代社会的转变，即现代化的过程。庆真博士的论著以“变迁”为限定，正是抓住了这个社会形态的过程转变，因此是很有眼力的。这个社会形态的转变必然引发知识和社会的意义内涵及其相互关系的转变，理清这种转变是论述这一重要论题的基点。而要理清这种转变，就又要解决社会究竟是什么的问题，也就是要弄清社会的理想状态（社会“应该是”怎样的）和社会的现实状态（社会“是”怎样的）的问题。这就是人们常说的社会的“应然状态”和“实然状态”的问题。社会的“应然状态”就是社会的理想状态，社会的“实然状态”则是社会的现实状态。而要回答清楚这两个重要的问题，又需要回答社会为何是目前的“实然状态”的问题，也就是社会的“所以然状态”（社会“为何是”这样的），这是社会研究的原因分析；同时还要回答社会如何才能够达到理想的状态，即社会的“何以然状态”（社会“如何才能是”理想的），这是社会研究的目标分析。这样我们就会看到，这种关于社会状态的研究必然存在着一个潜在的研究预设：社会应当是理想的，即社会应当是合乎人们心目中的理想状态的。但是这种研究预设现在常常遭到过分强调“纯粹客观”或“纯粹实证”的研究者的批评，认为这种理想化的模式研究是先入为主的研究方法，是不合乎科学的或社会学的规范研究或经验研究的方法，因而是不可取的。的确，人们在研究对看待社会问题时容易出现先入为主的问题，例如在未对一个社会事物进行任何经验的或规范的研究之前，就想当然地简单归纳出一点特点来，或者在未对其进行内在结构与功能的深入全面的研究之前，就主观地指出这一事物对于社会的某些正面或负面的影响，等等。这种研究方法的确是应当加以避免的。然而，真正意义上的理想研究与这种先入为主的研究方法是根本不同的。理想研究是哲学层面上对于社会或人生的形而上性思考，它本质上是源于经验但却超越经验的抽象思维过程及其结论。它不是从经验抽象出经验的质性特征的研究，而是从经验深入到经验背后，因此而不受经验限制的纯粹理性的思维方法及其成就。因此理想研究是超越经验并反过来可以评判经验或事实的纯粹理性的研究，不能将这种研究与对于经验的总结和归纳混为一谈。社会的理想状态研究是是社会学研究中的非实证研究的一个部分，它可以发端于实证研究中的某一点启示，但却是在完全超越实证研究的意义上展开的社会哲学的研究。例如关于人性应然性的研究，就无法从实证研究中得出，因为实证研究的整个视野完全是在社会“实然状态”的范围内进行的，它无法超越实然研究的现象束缚而抵达非现象的社会和人的本性的境界进行对于社会与人生的思考。一旦对于人性的研究离开了实证的层面，而进行超越实证的形而上研究，这样的研究就已经不是实证的研究，而是非实证的理想研究了。当然，也有人会辨析说，社会学的实证研究或经验研究中也有理想研究的问题，但这种所谓的“理想研究”不同于我们这里所说的“理想研究”，因为它只是从现象推出现象、从经验推出经验的所谓“理想”，本质上摆脱不了现象或经验的局限。因此，社会的理想研究一定是哲学的，是非实证的，它是社会学实证研究之魂。这是社会学研究与哲学研究的相互关联的部分，早期的社会学研究大家们的这种哲学性质非常突出，但后来的社会学研究却日益走向排斥这种哲学性理想研究的方向，到今天几乎以非哲学的研究为社会学研究的唯一性特征。这使得社会学的研究日益显现出数字化、浮泛化和无意义化。

可以说，社会的理想状态是社会学研究一切社会形态及其功能和问题的前提，没有这一前提，一切有关社会问题的研究都不能够成立。任何一种学术研究均是在理想与现实的张力之间展开的，没有这种张力，学术研究就无法展开。而形成理想与现实之间的张力的前提是理想的建构或确立，只有理想的建构或确立才提供了学术研究的对象性问题和目的性目标。也就是说，学术研究的出发点是现实的问题或不如人意（这种现实的问题或理想的不如人意是依据一种理想模式确定的，无理想即无问题存在）；学术研究的最终目的是建立一种社会的或人生的理想模型。如果没有理想模型，包括社会学在内的一切人文社会科学的研究就都不能够成立，因为仅仅指出现实是什么是没有意义的——现实本来如此，如果没有超越现实的理想性因素的对照，仅仅通过所谓的实证研究指出“现实是这样的”的就纯属毫无意义的文字游戏。这就是说，“揭露”或“展现”社会与人生的问题或现状是必要的，但这种必要必定是在一种理想模型的背景下得以实现的，如果没有理想模型或一种理想的理念，实证研究就是无意义的。理想的确立必定是有价值判断的，因此社会问题的研究无法回避价值判断。价值判断的存在与实证研究过程中的价值中立并不一定是对立的，而是可以有机地结合起来的。至于价值判断本身是否正当或合理，这是价值判断作出的哲学思维是否合理或正当的问题，社会哲学研究中的不当的价值判断的存在，不是社会学研究中否定价值判断的理由。马克斯?韦伯对于价值问题从最初的反对价值判断，主张“价值中立”，发展到后来的“价值关联”，是有其认识依据的，这说明价值问题是社会学研究中无法逃避，也不应当逃避的核心问题之一。价值判断就是社会理想标准的确立，这个理想标准完全可以通过一般哲学与社会哲学的研究与辩论获得共识，而不能因为难以进行价值评判就干脆取消价值判断。有的学者可能会争辩说，社会学的研究完全可以不需要价值判断，而只需要对现实进行描述或质性分析就行了。事实上，没有价值判断的社会学研究是不可能的，社会学史上至今也没有哪一位学者做到过所谓的价值中立。现代社会学强调“问题”意识，而问题的发现本身就是价值判断的结果，没有价值判断就无所谓问题存在。在任何一项社会学研究开始之前，研究者对其所研究的问题的确定，就表明了他具有某种先在的价值判断，这样他才有可能“发现”问题。而研究者对于自己研究的问题所预设的“研究假设”，就更是通过某种先在的价值标准做出的（当然，有一些研究假设只是“事实假设”而不是“价值假设”，对于这些研究假设需要另当别论）。一般情形下，研究者通过研究工作对自己的研究假设进行验证以后，通常会完全地或部分地修正自己的研究假设，但这种修证只是对于研究假设的价值判断或事实判断的一种矫正，而不是对价值判断的放弃。同时，研究者在研究过程中所使用的语词，许多也是内含价值色彩的。而研究者在最终的研究结论中，一定会显现出其特定的价值倾向来。即使那些看似纯粹描述性的研究成果，在描述的字里行间里所透露出的，以及通过研究背景的描述或隐含的参照系的色彩所显现出的，仍然是其鲜明的价值评判。而一切价值判断的做出，均源于某种社会理想的标准。

在社会理想模式的建构过程中，知识群体及其知识起着至为重要的甚至是决定性的作用。因为知识的本质是提供一套关于社会与人生的理想准则，没有这一准则，社会生活就无法正常进行，生命就无法确立其意义。正是在这个意义上，我们可以说，知识及知识群体是人类社会的决定性因素，即使那些关于社会是由物质力量所决定的观念，本质上也是一种知识建构，它和精神是社会的决定力量的观念一样是知识群体的产物。正是不同的知识建构及其由此所形成的社会与人生的观念规划了人类社会的不同发展形态和不同社会的具体生活面貌。也正是在这个意义上，我们说知识与社会、知识群体与社会大众的关系问题是社会文明及其社会发展的核心议题之一。庆真博士的论著所要揭示的，就是这一核心关系中的一个具体关系——乡村知识群体与乡村社会的关系问题。而这个核心关系的揭示，又是在现代社会的意义上进行的，这就必然又引申出一个知识与社会的历史性问题：传统社会的知识及其知识群体与社会及其大众的关系和现代社会的知识及其知识群体与社会及其大众的关系。庆真博士充分地注意到了这样一个历史性的变迁的事实，并以之作为其论著的前提性条件，这是很有见地的。

关于知识与社会关系的历史性变迁，我在这里想要更进一步指出的是，这个变迁过程是具有实质性的知识内涵改变和知识群体素质改变的内容的，而不仅仅是形式性的改变，而这种实质性的改变，便是社会形态变化的基本依据和标志。我们可以从一般知识群体与社会的关系和乡村知识群体与社会的关系两个方面对这种历史性社会变迁的足迹进行一点简单的比较。中国传统社会的理想形态是道德性社会，这种社会以精神道德为主导，按照“士农工商”的等级秩序进行阶层划分和价值评判，因此工商业并不发达，城市和乡村、士与民之间具有很强的贯通性和关联性，作为具有功名的上层“缙绅”或“绅士”及退职后的“乡绅”与不具有功名或一般不能入仕的举人、监生、生员等下层的士子之间具有密切的相关性。传统社会的士人，许多就生活在城市与乡村两个社会群落中，这从传统知识分子的自然哲学和田园式诗文创作中可以看得很清楚；而士子们在充任政府官职之后，即使位高权重，也往往在退职之后回到家乡度过晚年人生。因此，知识群体在国家与社会、城市与乡村之间起着至为重要的纽带作用，成为社会秩序、规则和稳定结构形成与维系的软要素。在这种情形下，传统社会很少具有现代社会那样明显的城乡二元对立状态。更为重要的是，传统社会的知识体系是完全人生化的精神道德知识，这种知识的一个重要特征是知识内容是完全为人本身服务的，而对于知识的实践和运用则是传统知识的内涵之一。由于知识的精神道德性和知识群体与乡村的紧密相关性，知识群体对乡村的影响是直接的和合国家目的性的，这就为传统社会的长期稳定发挥了关键性的作用。然而，自中国近代社会变革以来，整个社会的日益物质利益化和工商业化，导致了社会的经济化和人生目的的凡俗化。经济技术的高速发展导致了城乡的根本分裂和对立，城市成为了人们生活的目的地，乡村知识分子一旦有机会，均会流动向城市，知识群体大量聚集于城市之中，功成名就的官员退休时也以居住于更大的中心城市为目标，整个社会呈现出明显的城与乡、官与民、知识群体与乡民群体的关系断裂状态。更为具有非道德知识化意味的是，现代中国社会的知识群体在与乡村进行关系决裂的同时，却加强了与政府、商人之间的利益关系，传统的建立在道义基础之上的对政府的臣服和知识人格的独立转变为建立在利益基础之上的对官商的顺从和知识人格的依附。这样，在知识与乡村社会、知识群体与村民之间，就留下了社会联系的空白。同时，由于现代社会知识的“去道德化”（demoralization），社会的整个知识群体已经很难可以称之为传统意义上的“士”了，而是一种“知识精英”。知识精英以非道德化的或者说利益性的知识为装备，他们与社会连接的纽带主要是知识的经济效益，而对社会作用的方式也主要是如何引导人们获取经济利益。无论是在城市还是在乡村，情形基本上都是如此。当然，乡村中还存在着一些以主持公共信仰活动和传统社火等娱乐活动为作用范围的人群，但这些人群并非就是知识精英，而且他们在现代乡村社会中的作用也是次于那些以现代经济或利益知识为装备的知识群体的。这是在研究乡村知识群体与乡村社会时应当充分注意到的。

费孝通先生曾以“衙门——乡绅——屋门”的乡村双轨权力运作机制来解释传统知识群体与政府和乡村社会的关系。庆真博士通过对现代社会变迁以后的乡村知识群体的考察，提出了现代意义上的“国家－知识群体－乡村”的权力运作机制，以之解释知识群体与乡村的相互关系及知识群体的作用。这种概括既与费孝通先生的解释模式有相似之处，也有不同之处，而不同之处正是庆真博士的创见所在。庆真博士从社会整合的宏观视角出发，选取变迁中的乡村知识群体与乡村社会的关系为研究主题，立意高远，研究具体深入，因此这部论著是农村社会学研究中难得的研究成果。这部论著在主题上的优点，我已在前面的叙述中有所指出。至于这部论著的其他优点，相信读者在阅读这部著作后会体会到，无须我赘言。庆真博士曾在我校社会学专业攻读硕士学位，在上课中曾与老师和同学专门讨论过这个问题，他的硕士论文也是研究乡村社会这一主题的，而其博士论文则是对其所研究乡村主题的进一步深化和拓展。看到他能有今天的学术成就，内心很是欣慰。因其所嘱，写下上述的浅显看法，以供方家批评，也供庆真博士参考。是为序。

贾应生

2009年7月于西北师范大学里仁居

CONTENTS 目录

第一章

历史与现实中的乡村思考

第一节　对于乡村现实的思考

正如诸多关于社会研究主题的确立大多来自于对社会现实的思考一样，关于乡村知识群体研究主题的确立同样也是来自于对如下乡村现实问题的思考：

一、背景一：时代的变迁引发对乡村现代化进路的思考

随着我国各项改革深入、持续地进行，我国乡村经历了前所未有的变化，甚至是根本性的社会变革。虽然固有的乡村传统在部分领域依然根深蒂固地存在着，但现代性的气息和日新月异的城市文明，以不可阻挡之势，伴随着乡村传媒的普及和乡村人口向城市大规模的流动而深入到乡村，并以一种强势文化之势改变和更替着乡村固有的传统和文明，从而开始了一场被学术界和政府部门称之为“现代化”和“城市化”的革命。然而，在“城市化时代”越来越成为社会主流声音的背景下，我们所需要思考的是如下两个问题：一是在城市文明逐渐或即将消解甚至淹没乡村文明的时代，乡村发展的出路就是趋同城市化吗？如果这样，继续关注乡村问题还有没有现实的意义？二是在西方文明主导的现代化模式下，乡村的发展有没有相对独立的自主性空间？如果有，其自主性来自哪里？如果没有，中国乡村的发展是否需要自主性空间？从乡村发展的历史轨迹中我们能够找到乡村自主性空间得以存在的基础吗？带着对这些问题的思考，笔者通过查阅已有的相关文献和探索性研究，初步形成如下看法：

就乡村发展的出路问题学术界有两种不同的看法，一种观点认为，中国乡村的真正出路在于缩小乡村人口，将大量乡村人口向城市转移，并以城市化带动乡村的发展。也有一些学者则鉴于城市环境、资源承载力的担忧对大量乡村人口移向城市持谨慎态度，主张走“离土不离乡”的乡村工业化、城镇化的道路。尽管学者们在乡村现代化的路径选择上存有分歧，但其指向的目标却是

一致的，那就是乡村的现代化，而区别仅在于乡村的现代化是否完全等同于城市化。就目前我国乡村的现状而言，即使是按照第一类学者的观点，通过大量转移乡村人口以推进乡村的城市化，也需要一个过程，不管是从中国目前经济发展水平和国民经济对乡村和农业的依赖上，还是从城市自身的容纳力和环境、资源的承载力等方面来看，它至少在短时间内无法实现。因此，乡村自身的发展问题并非完全是城市化的问题，在很大程度上，它是发展路径的选择问题。而且，在“城市化时代”的呼声越来越高的背景下，我们更有必要去问：乡村的现实和我们所倡导的城市化、现代化的理想目标之间的差距到底有多大？在由理想目标的高度向乡村现实的平地去跳，有没有可以起缓冲作用的中介机制？如果有，它应该是什么？

就第二个问题而言，中国乡村发展的历史表明，由于中国的乡村有其独特的文化传统、社会结构和社会特质，因此，笔者认为，乡村的发展是需要有相对独立的自主性空间。这种相对独立的自主性空间在传统乡村社会是以“乡村士绅”和“乡约”① 的公共行为得以实现的。虽然，由于中国乡村社会在内、外力的冲击下经历了剧烈的社会变迁，这一自治机制在不同的社会背景下受到不同程度的影响，但是，乡村的历史表明，除了在国家政权下沉到乡村的最底层——以生产队和人民公社为基础的集体化时代乡村自主性的空间被以集体化生产、生活形式取代以外，乡村的自主性空间在不同的社会时空中以不同的形式存在着，并在乡村的日常生活中发挥着作用。

关于乡村自主性及其运作机制存在的必要性，我们还可以从迪尔凯姆关于社会分工的论述中找到它存在的依据。迪尔凯姆在论述人类社会的社会分工规律时谈到，在人类社会由不发达向发达发展的过程中，社会分工越来越精细，由于异质性劳动所导致的社会成员之间交换的相互依赖性，使得社会以“有机团结”的形式进行整合，这样就使发达社会本身内生了一套自我整合的机制。而在不发达社会，由于社会成员及其职业的同质性很高，所以，社会的“团结”和“整合”需要一种外在力量的约束才能得以实现，在传统乡村社会，这一外在的力量主要是靠血缘、地缘和姻亲关系来维系的。而在我们谈及乡村社会的发展时，同样处于不发达状态的我国乡村社会也必然存在着类似于迪尔凯姆所述的不发达社会所内含的一些“不健全”的特质。因此，要推动乡村的发展以实现乡村的现代化，一个非常重要的因素需要在乡村产生，那就

① 费孝通著：《中国绅士》，中国社会科学出版社，2006 年，第 50 ~ 51 页。

是能够整合乡村，并可以代表广大村民利益的公共代言人及其公共行为的产生。而在目前的中国乡村，能够担当这一角色和职责的有以下几类人：一是以宗族为载体的传统权威型精英；二是以村干部为主体的体制内精英；三是在市场经济大潮中涌现出来的经济精英等。除此之外，能够担当这一责任的还有在乡村中有重要影响却常常为学界所忽视的以乡村教师、乡村医生、乡村礼仪的司仪、文书、知事等作为民间权威的乡村知识群体。对于江南地区和非农经济较为发达的沿海地区的乡村而言，它们的整合力量可能来自前三种乡村精英的权威，而对于非农经济发展相对滞后而传统权威又因为种种原因已经消解的淮北地区的乡村来说，乡村知识群体的整合作用则显得尤为重要。这是由这一地区的区域特征与其独特的历史、文化情境决定的。从今后一个时期来看，新生的知识群体（包括乡村内部的和外部输送的大学生村官、回乡就业、创业的毕业生等）对于新时期乡村的发展也将发挥着重要作用。

当前关于乡村精英的研究主要集中在对乡村体制内精英的研究，即使有部分对乡村体制外精英（或叫民间精英）的研究，也主要是对乡村传统权威（如宗族）领袖和改革中涌现的经济能人的关注。而作为乡村最有历史渊源和现实价值的独特的乡村知识群体，常常为学术界所忽视。说它具有历史渊源，是因为它与传统中国社会中的乡村士绅阶层在群体特质、共识性心理和行为逻辑及其在乡村社会所承担的角色、所发挥的功能等诸多方面有着延续性的联系；说它具有现实价值，是因为这一群体，在我国乡村经历了一系列的社会变迁和1990年代以来市场体制改革等背景下，对乡村社会公共空间（主要表现为村庄的公共话语、公共场域、公共议事、决策和共同体意识等方面）的建构和乡村内生性秩序的形成以及乡村整合等方面有着重要的意义。这一意义在传统资源已被破坏、传统权威逐渐消解而现代公共治理制度还未能建立的转型中的乡村显得更为重要。

二、背景二：由乡村发展所遇到的问题引发对乡村社会深层次的思考

自改革开放以来，我国乡村发生了巨大的变化，乡村的社会结构和社会性质也发生了深刻的变革。在三十余年的改革中，乡村所取得的成就是有目共睹的。然而，现代化进程中，乡村也面临着许多问题，主要表现在：第一，和整个社会的人均收入增长幅度相比，乡村居民的人均收入增长较为缓慢。近两年来，国家虽然出台了“减、免农业税”和“促农、补农、支农”等政策，以减轻农业劳动者的负担，增加其收入，但推进科学进一步发展的探索还有较长

的路①。第二，虽然从整体来看，乡村居民的生活水平较以前有较大幅度的提高，甚至在较为发达的珠三角地区、长三角地区，以及城市郊区的乡村已经接近城市居民的生活水平，然而真正深入到内地或相对偏远的乡村去看，我们会发现，有相当一部分地区的乡村居民的生活状况还仅仅停留在温饱水平线上，甚至在极为落后的地区，村民连温饱问题都还没有从根本上解决。我们不能说，目前中国的乡村是贫穷的，但我们至少可以说，中国的乡村还不够发达，不够富裕，乡村社会发展的潜力依然令人堪忧。第三，建立在传统乡村社会基础上的乡村互动模式和关系网络，在现代化的浪潮中，伴随着传统乡村社会整合介质——村落共同体——的解体日益失去存在的社会基础，而建立在理性契约基础上的现代社会信任、社会关系网络等现代社会资本体系，由于缺乏支持的社会基础还无从建立，从而使部分乡村社会关系涣散，人际关系开始出现功利化、冷漠化的现象。第四，由于乡村的离散化和人际关系的功利化在一定程度上影响了乡村居民对现代社会的判断和负面的社会心理，从而，也在一定程度上消解了村民对乡村治理权威的信心。第五，随着农业税的取消和基层乡村管理体制的改革，乡村发展的基础性资源薄弱的问题凸显出来，尤其是经费不足的问题比较突出。近年来，国家虽然加大了对农业、农村资金投入的力度，尤其是“补农”、“促农”措施的实行在一定程度上缓解了发展中的矛盾问题，但是乡村内发性发展的路径依然模糊，发展的动力体系还没能形成。等等，这些诸多问题依然困扰着乡村的进一步发展。

由乡村社会目前面临的困境引发我们对乡村社会深层次根源的思考：由上面的问题可以看出，目前乡村存在最突出也是最令人困惑的问题就是乡村的离散化问题、乡村发展的路径问题和发展的潜力问题，而后两者又是以第一个问题的解决为前提的，而且，探索它们解决路径的逻辑又有很大的相似性。因此，乡村的离散化问题可能是导致乡村其他问题无法得到解决的一个重要根源。无可否认，正如有的学者所指出的那样，在乡村现代化的过程中，部分控制力弱的村庄出现离散化的趋势可能与市场经济体制下人的利益理性化有一定的关系，但按照迪尔凯姆关于“有机团结”的论述，在社会分工日益精细的现代社会，市场机制和人的理性化恰恰是促进了“有机团结”的形成。而在我国的现代化实践中这两者为什么成了导致村庄走向离散化的诱发因素了呢？

① 如周飞舟在“从汲取型政权到‘悬浮型’政权——税费改革对国家与农民关系之影响”一文（载《社会学研究》2006年第3期）中就认为，由于农业税的取消造成乡、镇政府财政的“空壳化”。

这不能不引起我们对乡村更深层次的反思。事实上，乡村所固有的区别于城市的属性决定了其整合机制的独特性，即不同于城市和来自于西方文明的现代治理制度，因为乡村社会的特征（如社会分工不明显。村民的同质性和村民之间相对的独立性）决定了其整合缺乏“有机团结”的机制。那么，这时我们要寻找乡村困境的根源时，就不能仅仅从符合于现代性社会特质的市场和人的理性化这种单一的、表面性的层面去找，而应该从乡村的更深层次去寻找。从另一个层面来说，乡村有其自身的内在逻辑，它在受外力刺激被迫作出反应的过程中，除了其各个要素及其运作机制作出相应的调整和重构这一层面以外，还有一个不容忽视的层面，那就是在未能彻底地变革之前，其系统诸要素及其机制本身有自我调整和变通旧机制的倾向性。而这种自我变通的适应性的运作逻辑不能依赖仅仅用适用于城市的现代制度的理论去寻找路径，而应该回到乡村自有的空间去寻找突破的路径。

三、关于“B 类村庄”的另一种思考

贺雪峰教授在讨论关于乡村治理的社会基础的问题时，以“社区记忆的强弱”和“分化程度”为二维变量将中国乡村分为四种类型①，其中“B 类型村庄”就是中国最普遍的“离散化村庄”。其主要特征是：首先，该类村庄因为社区记忆已经消解，因此，其传统权威对村庄的整合是极为有限的；其次，该类村庄因为经济、社会分化程度低，因而，使得该类村庄非体制精英也很难能够成大气候，其影响力多是在有限的小范围内是有效的。同时，这类村庄因为缺乏强大的非农产业的经济资源作支持，因此，其村集体的力量也必然是弱的。另外，同样由于经济分化程度和发展水平的限制，依靠村庄固有的资源能够发家致富的经济精英在该类村庄也是很难能够出现的。即使在该类村庄中有从事较小规模的非农经营行为，也仅仅局限于一家一户的个体经营行为，而且，这种非农经营行为多是以农闲时“兼业”的形式出现，无从谈起独立经营，更谈不上个人的发迹和经济精英的出现了。这样，“B 类型村庄”就成为一个典型的离散化的村庄。

本研究所涉及的村庄地处淮北平原，是自然灾害和战乱频发的地区，因此，其人口流动性较大，其村落文化和农业生产受到的破坏也相对较大，这就决定了它的“社区记忆”与宗族势力等传统权威对村庄的影响是相对微弱的。

---

① 贺雪峰著：《乡村治理的社会基础——转型期乡村社会性质的研究》，中国社会科学出版社，2003 年，第 124 页。

同时，又由于其地处偏远的黄泛平原①、缺乏资源与特色农业的优势，因此，其村集体的力量也因缺乏强有力的经济支持而表现势弱，甚至是瘫痪的。因此，从表面特征来看，本书所研究的村庄是典型的“离散化村庄”。

对于“离散化村庄”，通常的解释是，有两大因素影响了村庄的整合与发展，一是村庄缺乏传统权威的影响或传统权威已经消解；二是村庄由于缺乏可利用的优势资源和特色农业的支持使得村集体可支配的资源极为有限从而影响了其公共权力运作的自主性，在其权力的合法性在遭到村民质疑的情况下其权力的运作很容易偏向来自行政上级的意志，从而导致其职责和职能的“行政化”，而不是自治。由于传统权威和村集体自治力量的双重衰弱，从而导致了其目前一盘散沙的局面。事实上，正如有的学者②所指出，由于受大一统的儒家文化和专制思想的影响，中国的乡村非但有着独特的文化情境，而且，由于中国乡村自民国以来经历了一系列的自然灾害、战乱和政治运动等变故的影响，中国乡村在经历了一次又一次摧毁与重建以后，在乡村传统和村庄共同体被摧毁的废墟上重建起来的乡村的文化与社会特质往往是非同质性的，它既不像传统乡村社会那样铁板一块，有很强的同质性，也不像有些学者依“国家与社会关系”与“村民自治”的路径所解释的“推进乡村的民主与自治就可以解决乡村的问题”那样简单③。因此，我们在认识和解释乡村及其所面临的困境时，既不能脱离乡村所经历的那些特殊事件所造成的影响，也不能忽视乡村内部的社会结构与社会关系在不同社会时空下所发生的变化这一重要的变迁因素。

自然灾害频繁与战乱频仍两大因素影响了淮北地区村庄类型的性质。由于受这两大因素的影响使得该地区传统权威（宗族）影响力历来很弱，在历史上的政治运动和1990年代以来市场经济浪潮等多重力量的冲击下日益走向消解。虽然在2000年前后村庄出现了重修族谱、重建祖氏陵园的现象，但从参与民众的反应和祖陵的祭拜来看，这一对传统权威的复归并没有掀起太大的波澜，村民依然是分散的，村庄的整合力依然很弱：村集体和村干部的权威日益弱化，甚至一度陷入瘫痪，最后连自己的办公地——村委会的办公楼都陪了进去：为了还帐，村委会把办公楼都卖了，自己搬到村小学去办公了。由此可

---

① 汪村距离其所属的S市50公里左右，距离江苏省的X市55公里左右。

② 应星：“评村民自治研究的新取向——以《村庄选举和村庄政治为例》”，载《社会学研究》2005年第1期，第215页。

③ 同上。

见，村庄作为“共同体”意义上的整体力量已经不复存在。但村庄依然在运行，有时，当村庄遇到突发事件或对抗来自村委会或上级政府不合理的摊派与任务时，仍能看出村民的一致性。而且，这种一致性并非简单的附和与随从，而是有明确指向和具体行动计划的一致性。它暗示着，除了村委会和宗族势力这两大力量以外，还有第三种力量在对村庄的部分村民起整合作用。由于该村庄远离城市，又没有独特的自然资源，因此，它主要以传统的种植业为主，除了外出打工可以获得一些外来收入以外，基本上没有像样的非农经济，因此，也就谈不上在全村有较大影响的经济精英了。既然传统的宗族精英、体制内的政治精英和市场经济条件下的经济精英在本村都很弱，那么，这一隐含在村民一致性行动背后的力量是什么呢？通过调查研究，笔者发现，这一力量来自于村庄的知识群体。

第二节　知识群体对于乡村的意义

活跃在传统中国社会中的乡村知识分子——乡绅是传统中国社会特定历史时期的产物，它与传统中国社会的特质、儒家文化和科举制度紧密联系在一起并与之共同建构了传统乡村社会乡村知识群体的时代内涵和文化内涵。同时，由于士绅阶层在传统乡村社会中发挥着极为重要的社会功能，因此，它的存在及其兴衰成败的演变决定了传统乡村社会的结构、性质和在整个社会变迁中的历史命运。由史学家们对乡村士绅的研究可知，历史上的乡村士绅阶层即传统中国乡村社会中的知识群体自宋代以来在乡村社会中就发挥着连接官民、整合乡村和维系正统文化与乡村秩序的作用。尽管学术界对这一阶层有这样那样的评价，但在这一群体在乡村公共领域中所所承担的公共职能和它对乡村社会秩序的维系所发挥作用的认识上却是基本一致的。他们一致认为，正是因为有了乡村士绅，乡村共同体的自治权力和国家权力才得以有效地衔接，而也正是通过这两种权力的衔接，国家实现了对乡村的间接治理和赋税、徭役向乡村的摊派，而乡村也实现了以乡村士绅为核心的乡村共同体的自治。

但是，士绅主宰乡村的时代终究是与传统的社会制度联系在一起的，19世纪下半叶至20世纪初，伴随着传统社会向现代社会的转型，一系列旧的社会制度逐渐被革新和废除，传统意义上的乡村士绅阶层伴随着科举制度的废除也因失去赖以存在的基础而日益走向裂变、分化和衰落。取而代之的是原本处于边缘地位的投机分子，甚至是一些地痞、无赖。此时的乡村社会精英已经发生质的变化，已由原来的知识精英群体转化为恶霸、豪强与地主等霸权群体。正如许纪霖先生所说："科举制度消亡以后，农村精英向城市的大量流失造成了乡村士绅质量的蜕化，豪强、恶霸、痞子一类边缘人物开始占据底层中心。"① 也正是这次蜕变推动了乡村士绅最终走向覆灭：在中国革命和建国前后的数次运动的冲击和国家政权向乡村延伸和控制的影响下结束了它在乡村的统治，最终走向终结。而这一阶层的终结也标志着传统中国社会中的乡村知识群体主宰乡村社会并获得合法性权威统治的结束。相伴而生的是随着新政权和新社会的建立而诞生的新的知识群体。

时光轮转，当我们面对现实中的乡村困境而力求去探寻它背后根源的时候，对于历史脉络遗留下来的痕迹所带给我们的启示放在现实中来考察，或许是一条较好的路径，因为它内含着"解铃还需系铃人"的解释逻辑。正如前文所述，乡村士绅阶层的终结意味着乡村知识精英主导时代的结束，从而也标志着乡村得以整合的核心、乡村公共事务、公共场域的代言人、分散的村民得以聚合的"主心骨"不复存在了。在现实中就表现为村民的原子化和村庄的离散化等现象的出现（徐勇，2002；贺雪峰，2003），曹锦清先生将其称之为农民的"善分不善合"。

也正是循着对现实乡村困境的根源的探讨思路，笔者选择了与历史上的乡村士绅有渊源的乡村知识群体作为研究对象，因为，相关的研究表明，当前乡村社会在现代化进程中之所以出现诸如"原子化"、"离散化"、"善分不善合"等一系列困境的根本原因在于处于社会转型中的乡村在旧的秩序、规则已经被打破而新的与现代化发展要求相适应的制度、规则因缺乏支持的社会基础在乡村还无法建立的情况下出现的一种混乱现象。由上对乡绅功能的分析可知，传统中国社会中的乡村知识群体——乡绅曾在乡村社会恰好发挥着诸如"联络官民、善举劝业、赈灾济贫、民事仲裁、排难解纷、刊布善书和主导乡论"等代言乡村共同体建构乡村公共空间和公共领域的功能。而当士绅阶层伴随着科举制度的废除和一系列的政治运动走向终结以后，乡村的公共权力即为新诞生的强权精英所代替。但乡村公共权力的更替并没有带来乡村的自主性空间和公共领域②的自然延续与轮转。考察一下中国近、现代史可知，不管是

① 许纪霖："近代中国变迁中的社会群体"，载《社会科学研究》，1992 年第 3 期。

② 这里的乡村的"自主性空间"和"公共领域"的含义是指与国家权力（主要指国家行政权力机构及其政治行为）相对应的来自乡村内部并为村民所认同的民间权威及其所建构相对独立的自由空间和村民主动参与的公共性的活动及其长期沉淀而形成的文化"惯习"与影响。

在长期战乱时期横行于乡村的痞化的“武力精英”，还是在历次政治运动中靠行政力量抬出的乡村“政治精英”均未能在乡村建构具有上述特质的公共空间。因为前者缺乏民众支持的合法性的社会基础，而后者实质上是一种国家力量的政治安排，因此，其在利益上是代表国家政权而非乡村共同体的利益，因而其角色决定了它不可能建构相对独立的乡村自在的自主性空间。因此，历史的经验告诉我们，乡村知识群体的历史命运与其根据特定的政治、社会情境赋予自己怎样的角色内涵及其依之而形成的“公”之观念和参与村庄公共事务行为的价值取向紧密地联系在一起：当改革的序幕在乡村拉开，乡村知识群体的命运重新被改写，1980 年代的乡村到处可以听到来自知识群体的赞歌。在当时乡村生产、生活条件还非常艰苦的环境下，我们却在那时的乡村听到了和谐与催人奋发的声音。这一信息的传递者和氛围的营造者就是 1977 ~ 1985 年第二代乡村知识群体；而当改革进入持续和攻坚阶段，乡村面临一系列困境、乡村关系（包括村民之间的关系、村民与村干部的关系和村庄共同体与市场、国家行政权力等外界力量的关系）出现较大张力的情况下，乡村知识群体又在各种矛盾中小心地游离，在力所能及的范围内发挥着“公共调节人”的作用。乡村知识群体的这一作用在村集体整合能力和宗族势力均已弱化的村庄表现更为明显。

因此，不管是历史，还是现实，透过对乡村知识群体的群体特征及其在不同时期参与村民、村庄公共事务行为的价值取向的考察和分析，可以为我们更深刻地认识乡村中这一特殊的群体提供一种历时性的视角。

第三节　已有的研究与相关的学术回顾

一、关于历史上乡村士绅的研究

传统中国社会中的乡村士绅阶层是特定历史时期活跃于乡村社区的一个特殊群体。它以科举制度为依托，并凭借“功名”之身而享有政治、经济、社会和文化等诸多方面的特权；在乡村社会中发挥着重要的功能。它上连官府和城市，下接乡村社会和地方民众，成为沟通国家政权和乡村社会的中介和桥梁，维系着乡村社会秩序的稳定和运行。然而，自 19 世纪中叶以来，在中国近代化浪潮的冲击下，乡村士绅阶层的传统机体逐渐发生裂变和分化，以至渐趋衰亡。士绅阶层的这种独特群体性质和历史命运引起了国内外学者的兴趣，许多学者都投入到这一研究领域中去，并取得一定的研究成果。尤其为史学界

（特别是社会史）和社会学界所关注。社会史学家们多从不同历史时期士绅阶层活动的史实及其统治阶级的关系和对历史发展趋势影响的视角来认识这一群体的历史地位、历史命运及其发展规律的。而社会学家们则更关注某个特定历史时期这一阶层的构成、功能、特征与流动及其在整个社会阶层结构中的地位与作用。

（一）关于“乡绅”、“绅士”、“士绅”等概念区分的研究

据社会史学者①的研究，作为官宦特指的“缙绅”与普通的士（包括最低功名如“生员”者，古称为“衿”）分属两个不同群体，其特权、地位、声望、影响等均有较大差异。明末清初颜茂猷就“乡绅”有如下说法：“乡绅，国之望也，家居而为善，可以感郡县，可以风州里，可以培后进，其为功化比士人百倍。”② 我国学者傅衣凌先生则对“乡绅”作了较为广义的界定，指出“乡绅”已大大超过了这两个字的语义学涵义，既包括在乡的缙绅，也包括在外当官但仍对故乡基层社会产生影响的官僚；既包括有功名的人，也包括在地方有权有势的无功名者。他认为乡绅的特点是为国家所承认，国家利用察举、荐举、科举、捐纳和捐输等社会流动渠道，将之纳入政权体系之中，授予官职、功名和各种荣誉。③ 关于“乡绅”的构成，史学家们认为，不同历史时期其所指的人群也有所不同。就清代“乡绅”而言，不仅包括退居乡里的官员，而且包括本籍的现任官员。康熙年间，黄六洪说：“本地乡绅，有任京外者，有告假在籍者，有闲废家居者。”④

而美籍华人何炳棣则认为，生员、监生应排除在士绅群体之外，因为他们虽有别于平民的特权，但并不能进入仕途，仍是“民”的身份⑤。

日本学者山根幸夫对“乡绅”与“绅士”的概念予以了澄清：“乡绅是指从绅士阶层中退职的官僚以及中进士者，而不包括举人、监生、生员等”（山根幸夫，第507页）山根幸夫又将绅士分为两个层次：上层绅士和下层绅士。

---

① 参见徐茂明著：《江南士绅与江南社会》，商务印书馆，2004年。

② 颜茂猷：《官鉴》，引自陈宏谋《从政遗规》卷3，上海谢文艺刊斋本，第41页。转引自徐茂明《江南士绅与江南社会》，商务印书馆，2004年，第14页。

③ 傅衣凌：“中国传统社会：多元的结构”，载《中国社会经济史研究》，1988年第3期，第2～7页。

④ 黄六洪：《福惠全书》卷4《待绅士》，康熙三十三年刻本，第九页，转引自徐茂明《江南士绅与江南社会》，商务印书馆，2004年，第14页。

⑤ 何炳棣著：《中华帝国的成功之梯：1368～1911年》，哥伦比亚大学出版社，1962年。转引自徐茂明《江南士绅与江南社会》，商务印书馆，2004年，第36页。

前者是指那些有进士以上资格的而和官僚有关的绅士，而下层绅士则是指举人、贡生和监生等与官无关系的绅士。

韩国学者吴金成也认为，“乡绅”为官职经历者，而举人以下未入仕途者为“士”，因此，他将“绅”与“士”分为两个层次的群体，并进一步解释说，前者在宋代以后就已经形成，而后者则是在明代以后才形成的一个完整的社会阶层。具体地说，15 世纪中叶，50～60% 的生员、监生和举人由于不顺而沉淀于乡村，他们享有政府所赋予的免除徭役的特权，有着共同的社会活动、生活方式、价值观念和阶层意识。自明代中期以后，“绅”与“士”两层群体通过科举、学校、诗社、文社等介质而联系越来越紧密，并在里甲制度瓦解以后二者共同承担维持乡村秩序的任务。从而，社会开始将他们视为同一个社会阶层。

由此可以看出，“绅士”的概念是包括“绅”与“士”两个不同群体的，前者与官职紧密联系在一起，一般指在职的官员，而后者则是指非在职的退居乡里的官员或在职官员的家属和没有做官但有一定的功名或没有功名但因其品行、能力和善举而获得较高声望者。而本书所研究的乡村知识群体主要侧重于对后者的关注。为了将其与前者和西方中世纪以后所出现的“绅士”概念区别开来，我们将其称为“士绅”阶层。对此，徐茂明先生说：“‘士绅’主要是指在野的并享有一定政治和经济特权的知识群体，它包括科举功名之士和退居乡里的官员。”①

（二）关于士绅阶层的群体特质与功能的研究

早在 1940 年代，老一辈社会学、人类学及历史学家就中国历史上的士绅阶层的群体特质及其发挥的社会功能进行了研究。其主要代表人物有费孝通、吴晗、胡庆钧等。

费孝通先生在《中国绅士》（原英文名叫“China's Gentry”）② 中以“双轨限制体制”③ 来论述士绅阶层在皇权与民众之间的重要作用。他认为，中国幅员辽阔，在如此巨大的空间内，国家主权很难通过直接派遣官吏的方式进行统一管理，正式的官僚行政机构只到县一级为止，而县以下的广阔空间则存在

① 徐茂明著：《江南士绅与江南社会》，商务印书馆，2004 年，第 23 页。

② 该书是 1949 年费孝通先生口述给美国雷德斐尔德夫人的，1953 年由雷德斐尔德夫人在美国整理出版。

③ 费孝通先生认为，一轨是对皇权的限制，另一轨则是通过士绅的变通法术对行政干预的限制，使行政权架空以维持乡村相对自在的空间。

着一些自治性组织。自治团体是由当地人民具体需要中产生的，而且享受着地方人民所授予的权力，不受中央干涉。他先从士绅的由来开始谈到了皇权统治下贵族与士绅此消彼长的关系，然后谈到了士绅阶层在皇权体系下的社会功能，最后，他从传统中国社会中“知识分子”的社会责任和独特性的视角出发论证了乡村士绅阶层对知识垄断的必然性，同时，他指出，传统中国社会中的知识分子的“知识”是和“技术”相分离的。因为，对于垄断知识的阶层来说他们关注的是如何巩固自己的社会地位而不是生产如何获得发展。费老的研究为中国社会史研究从整体观向社区史、地方史的转型提供了社会学理论的坚实基础。

吴晗的《明代的新仕宦阶级，社会的政治的文化的关系及其生活》是运用历史学和阶级分析的方法，以占有土地的多寡为评判标准，把绅士与先前各个时期的官僚、士大夫等进行了比较，分析了他们的趋同性。胡庆钧则侧重分析了绅士的经济基础并提出“绅士的领导地位有一定的界限”，即绅权的区域性。胡庆钧指出，绅士的领导地位有一定范围作为界限，尽管范围是有大有小。一个绅士如果离开了他所居住的社区，就不会对别人产生影响，从而也就无从拥有控制别人的权力。胡庆钧的研究不但关注了绅权的经济基础，并且注意到了与绅权相关的基层网络结构及其相互之间错综复杂的纠葛关系，特别是在“新政”导向支配下政府权力的渗透对基层组织方式的影响，重点探讨了绅士和农民与政府相结合又对抗的微妙关系及其作为中介角色的变化。可以说，国内的这些研究已经为士绅研究导向地方史范畴创造了理论条件。①

1966 年，周荣德先生出版了他的《中国社会的阶层与流动——一个社区中士绅身份的研究》，该著以在云南昆阳县多年的实地调查为基础，对中国传统社会阶层结构及权力体系中的核心阶层——士绅阶层进行了全面、深入地分析和描述，较为明确地阐释了士绅阶层的起源、阶层特征、社会功能、生成方式乃至阶级属性，并重点强调了中国社会阶层的结构的开放式秩序和士绅流动性生成的多种途径。书中引用了大量事实、详细的士绅个案生活史资料，为人们展现出一幅幅生动、丰富的士绅生活图景。

该研究将当地社会划分为昆阳县的官吏、底层农民和地方士绅等三个阶层。作为该书主要研究对象的士绅阶层是指当地有权势的家庭所组成；在另一意义上，从外地短期派来进驻的官吏家庭自然也属于这个阶层。学者、退休官

---

① 胡庆钧：《论绅权》，天津人民出版社，1988 年版，第 118～129 页。

僚和读书人虽也与士绅阶层有关联，但士绅阶层的核心则为大地主，其次是富商。这些名义上经营农业的人自己却不种地，他们依赖向承租其田地的佃农收取地租过活。其他如医生、教授和其他高等教育工作等自由职业者的家庭也包括在士绅阶层之内。士绅对教育极为重视，无论是旧学或是新学。

与周荣德先生的研究相类似，王先明先生也在其《近代绅士——一个封建阶层的历史命运》中，描述了绅士阶层的地位和角色，论述了他们的社会权利和职能，着重分析了绅士的流动与转型及由此引起的近代社会结构的错位和变动，并分析了其走向衰落、消亡的原因。但王先生的研究主要是从历史学的视角对这一阶层描述和分析，而没有把士绅作为传统乡村社会中一个重要的社会精英阶层独立出来作为一个行动的主体——知识精英群体来进行研究。虽然如此，我们仍可以从王先生的描述和分析中了解中国近代以来士绅阶层所处的时代背景和他们的活动放在历史的维度来考察具有怎样的意义。

1980 年代以后，美国本土学者对中国士绅的研究也进入了一个新阶段，一些新的概念、理论被引入。其中比较著名的是费正清（John King Fairbank）的《美国与中国》第 4 版问世，他认为，士绅的产生用来填补早期官僚政府与中国社会之间的真空；士绅家族之所以能主宰乡村居民不仅在于他们拥有土地，更重要的是他们中的相当一部分将可能步入士大夫阶层。费正清还认为，“士绅与官府的勾结，务必使商人始终受其控制，使其不能独立，从而最终阻碍了资本主义的发展。”① 同一时期，孔飞力出版了他的《中华帝国晚期的叛乱及其敌人：1796 ~ 1864 年的军事化与社会化结构》书中着重研究了士绅阶层办各类团练的形式、规模、财政基础及与官僚各种制度如保甲、里甲、社会治安、征税网络等之间的关系。孔飞力认为，士绅阶层是地方军事化的推动力量，从而也推动了传统中国社会结构向近代社会的转型。因此，孔飞力认为中国的社会转型不早于 1864 年及太平天国被镇压的那一年。孔飞力还指出，中国的乡村士绅并没有伴随着科举制度的废除而消失，而是以另一种变化的形式适应新的环境，但伴随着城乡差距的拉大、士绅阶层向城镇的转移，城镇与乡村的士绅的价值观念日趋分化，从而加剧了传统乡村士绅阶层的瓦解②。

---

① 费正清：《美国与中国》（第 4 版），世界知识出版社，1999 年版，第 37 ~ 50 页。

② 孔飞力著，谢亮生等译：《中华帝国晚期的叛乱及其敌人：1796 ~ 1864 年的军事化与社会化结构》（哈佛大学出版社，1980 年，第 1 ~ 7，224 ~ 239 页。转引自徐茂明著：《江南士绅与江南社会》，商务印书馆，2004 年。

（三）关于某个特定历史时期士绅阶层的研究

20 世纪下半叶以后，日本学者从发展的观点来研究明末清初社会剧烈变动时期的乡绅及中国社会。其研究认为，明末清初，乡绅利用其特权集聚大量土地而成为实际土地所有者或地主。重田德在其《乡绅支配的成立与结构》中认为，乡绅制不仅仅是土地所有制的问题，而是越来越成为阶级统治的范畴，乡绅地主不仅对佃农进行盘剥和统治，同时对其他社会阶层进行统治。

1960 年，萧公权在《中国乡村：19 世纪的帝国控制》一书中对 19 世纪的中国乡村的士绅、家族、仓储等地方控制途径分别进行了详细论述。他认为士绅影响的大小与地方经济发展水平相关，士绅是乡村经济的核心，缺少士绅的乡村很难具有组织的生活和活动。萧公权认为，一般情况下，士绅是支持现存统治秩序的，但由于私欲的膨胀，一些士绅也会介入与地方政府的冲突中。正派士绅的稳定作用常常为劣绅所抵消。近代士绅为了安全和扩大活动范围，相当一些人迁入城市，在此情形下，士绅不但不能成为帝国控制的有效中介，相反，在年成不好时还会加剧乡村对地方政府的不满，阻碍政府对地方秩序的维持。①

兰钦在其《中国的精英活动与政治变迁，1865 ~ 1911 年》② 著作中运用“公共领域”的概念来解释晚清的精英活动。他认为，太平天国之后的“同治中兴”时期，由于战后地方重建的需要，浙江省出现了官僚体系之外的地方精英的自治性社会空间，主要涉及福利、教育等领域，并向其他领域扩展。③

我国学者张仲礼先生在他的《中国绅士——关于其在 19 世纪中国社会中作用的研究》通过参阅大量的方志、士绅人物传记等详实的资料，分别阐述了如下几个方面的问题：一是考察了 19 世纪中国绅士的构成和特征，并着力描述和解释了绅士的职能及其与政府的关系。二是量化统计了这一时期的中国绅士人数，以及绅士阶层内部不同集团人数的比例。三是探讨了绅士与科举制

① Hsiao King - Chuan: rural China: Imperial Control in the Nineteenth Century, University of Washington Press, 1960, pp. 316 ~ 320.

② 兰钦著：《中国的精英活动与政治变迁，1865 ~ 1911 年》，斯坦福大学出版社，1986 年。

③ Mary Backus Rankin: Elite Activism and Political Transformation in China: Zhejiang Province, 1865 ~ 1911, Stanfortd University Press, 1986, pp. 15 ~ 21, 92 ~ 107. 转引自徐茂明著：《江南士绅与江南社会》，商务印书馆，2004 年。

度的关系并对科举制度作了批判性的评价，认为“科举制度不仅是进入绅士阶层最重要的入口，而且是政府控制绅士的工具。”最后，对 19 世纪中国绅士传记作了分门别类的分析①。

瞿同祖先生在《清代地方政府》中对清代士绅的构成、声望、地位、特权、群体归属感、与地方政府的关系、士绅的家庭、士绅的剥削与非法活动等内容②进行了分析。他从另一个侧面揭示了历史上“乡绅”的特权与维系旧秩序的一面。

郝秉键在《试论绅权》中认为，明清时期国家政权向乡村社会的低度渗透为士绅空间提供了空间。士绅通过对乡村政治、经济和社会资源的垄断以及向村民提供“庇护”而获得权力。绅权的社会结构包括宗族姻戚、州县官宦、幕友吏胥、里甲组织乃至地皮流氓。绅权的存在为官民之间建立了一个缓冲带③。

上述学者及其论著、论文对某一特定历史时期的研究主要立足于其所研究历史背景下的社会结构的特征及其社会发展状况。这样的研究具有对士绅阶层深入剖析其社会根源之优势。但与此同时，这种停留于某一时间段的研究很难能够把握士绅这个阶层的发展、变化趋势，因而，可能会因缺乏宏观动态的分析而导入局限性的历史窠臼。

（四）关于中国早期近代化与士绅阶层变迁与流动的研究

随着清政府势力的日趋衰落，中国社会的各方力量都在探寻着救国之路，从“中体西用”的洋务运动到维新者的革新变法再到孙中山先生领导的辛亥革命，虽然都未从根本上找到指引中国走出困境的道路，然而，它们却从不同方面促进了中国现代化因素的萌芽。其中，现代的西学教育和科学、民主意识的萌芽与传播对乡村士绅阶层的再生与转变起来相当大的推动作用。因此，张敏认为，开埠后的江浙沪粤地区开始出现一个新的士绅阶层。他们包括一些脱离传统科举道路而转入新式商业和文化事业的读书人，19 世纪 50 年代末迫于

---

① 张仲礼先生 1941 年毕业上海圣约翰大学，后留学美国，先后获华盛顿大学硕士、博士学位。历任华盛顿大学经济系副教授，远东研究所研究员，上海社科院经济所研究员，社科院院长等职。主要研究中国近代经济史、中国企业史、中美经济系史。其著作《中国绅士——关于其在 19 世纪中国社会中作用的研究》于 1955 年出版于于美国，1990 年代对中国产生较大的影响。

② Ting – tsu chu: Local Government in China under the Qing, Harvard University Press, 1962, pp. 168 ~199.

③ 郝秉键：“试论绅权”，载《清史研究》1997 年第 2 期。

太平天国战争而流寓沪上的士绅，以及开关后参与了沿海通商国防等事务的中下层官吏幕僚。他们属于上流社会的中下层，但却关心时务，富有远见卓识。因此，这一批知识群体通过译介、传播西学教育对传统中国社会的改造发挥了较为重要的作用。但同时，张敏也指出，这一阶层很复杂，其既具有革新的一面又与传统的社会力量有着千丝万缕的联系①。

高钟在《文化激荡中的政府导向与社会裂变：1853～1911 年的湖北》中指出，中国传统社会是由王统、道统和族统三位共构的动态平衡系统。在该系统中具有多种功能的“士”阶层居于极为重要的中心位置。它既是官僚的候补者，又是儒家文化的传承人，还是官民沟通的中介。1905 年科举制度的废除从根本上破坏了这三位一体的动态平衡，从而开启了乡村社会结构发生巨大变迁的闸门②。从此以后，传统社会的士绅阶层开始发生裂变，并逐渐分化，新的士绅阶层也在乡村社会产生，但此时的士绅阶层的构成、特质也在发生变化。

关于士绅阶层的研究除了上述所说的研究视角以外，还有诸如针对士绅阶层个别人物家族史的研究、士绅与公共领域、士绅与宗族社会和关于士绅阶层社会功能的研究等其他研究视角，由于这些研究视角大多包含在上述已经提到的学者研究及其成果中，这里不再赘述。

（五）关于乡绅研究的述评及其对本研究的启示

纵观国外学者对中国乡村士绅的研究，他们分别从不同的角度和不同的历史时期对士绅阶层的构成、来源、特征、所承担的社会功能等问题进行了研究，这不仅为我们了解传统中国乡村社会的性质提供了论证的资料，而且，为我们认识历史上的乡村士绅的群体特征及其在乡村社会中所发挥的功能提供了一些基本的判断。就本研究而言，乡村知识群体与历史上的士绅阶层在群体特质、共识性心理和行为逻辑及其在乡村社会所承担的角色、所发挥的功能等诸多方面有许多相似性的联系。因此，了解历史上的士绅阶层是研究乡村知识群体的一个前置性背景。

从另一方面看，士绅研究也为我们认识和解释乡村提供了较好的视角，如

① 张敏：“沿海地区新士绅群体与中国早期近代化运动”，载《上海社会科学院学术季刊》，1990 年第 3 期。

② 高钟著：《文化激荡中的政府导向与社会裂变：1853～1911 年的湖北》，华中师范大学出版社，1998 年第 1～23 期，第 181～192 页。

关于士绅与国家政权、乡村社会互动关系的视角、“公共领域”的视角和“权力的文化网络”视角等。因此，这些研究对本书有较好的借鉴和启发意义。例如，士绅的公共行为赋予其在乡村权威合法性可以启示我们去思考关于乡村知识群体在乡村权威合法性问题。

更为重要的是，费孝通先生所提出的“衙门－乡绅－屋门”的“双轨权力运作”机制是本书研究知识群体作为国家、社会与乡村、村民联结纽带的重要参照模式之一。也恰恰是有了费孝通先生的“乡村士绅整合机制”，也才引发了笔者对现实村庄中知识群体的思考。

但是，需要指出的是，历史上的乡绅终究是旧社会的产物，它本质上是封建制度（尤其是科举制度）下乡村有知识的贵族阶级，他们的公共行为，客观上是乡村治理和整合的一种方式，但其本质是为旧社会制度服务的，因此，作为乡村的知识精英，它必将伴着旧制度的消亡而被新的历史所塑造。

二、关于知识分子公共性的研究及其对本研究的启示

目前，国内外关于知识分子的研究有很多，有关注知识分子群体特性与社会功能的，也有关注特殊时期知识分子个人命运的，然而，在众多的研究中，以知识分子的公共性为主题的研究占有非常突出的位置。这里，我们根据关于知识分子的研究主题的类型将与本研究有关的一部分文献分为以下几类进行介绍。

（一）关于“知识分子”的概念及其来源的研究

许纪霖先生在《公共性与公共知识分子》一书中就“知识分子”概念的来源问题谈了两种说法，其中之一是，“知识分子”（intelligentsia，intellectuals）来源于19世纪的俄国。在当时较西方落后的俄国有这么一批人，他们属于社会结构的上层，接受过西方的教育，这样一种知识背景使他们对当时俄国现行的社会秩序和制度有一种强烈的不满和背叛意识。因此，这样一批与主流社会有着强烈的疏离感和背叛意识、对现实有着批判精神的群体在当时被称为“知识分子”。关于“知识分子”（intellectual）的另一个来源是19世纪的法国。1894年法国发生了一起著名的“德雷福斯事件”。德雷福斯是一个上尉，由于犹太人的关系遭受诬陷，这激起了一批有正义感和社会良知的人（如左拉、雨果等）的不满，他们出来为德雷福斯辩护，于1898年1月23日在法国L’gurora发表了题为《知识分子宣言》的文章。后来这批为社会正义进行辩护、批判不正义的人士被敌对者蔑视为“知识分子”。由此可见，在法国，

“知识分子”的称呼是含有贬义的。19世纪法国的知识分子主要是由自由职业者，包括一些文人和作家，他们他们在精神气质上有点像哈贝马斯所描述的坐在咖啡吧里聊天、讨论时事的公共领域的知识分子。

德国社会理论家曼海姆在给“知识分子”的定义时说：“在寻求一个恰当的知识分子的概念时，我们必须从使我们能够对这一现象投以最初的一瞥的那些环境开始。”因此，“知识分子”具有一下两个核心特征：一是它是一个相对不受约束的阶层；二是他们是受过教育的人。可见，在曼海姆的定义中，知识分子的相对独立性是作为知识分子的首要特征提出来的。

美国的哥伦比亚大学教授萨伊德给“知识分子”下了一个简洁的定义，他说，“知识分子是以代表、再现艺术（the art of representing）为业的人，不管是演说、写作、教学或上电视。”① 对其涵义的理解主要有两层意思：一是“艺术”，即知识分子是以知识、艺术为业的人，说明了这一群体的知识背景。二是“代表或再现”，其意是指“知识分子是有能力向（to）公众及为公众（for）来代表、再现、表明讯息、观点、态度、哲学或意见的个人。”②

余英时先生对“知识分子”的概念给予了如下的界定：（1）以某种知识技能为专业的人；（2）同时还必须密切关怀着国家、社会以至世界上一切有关公共利害之事，而且，这种关怀又必须超越个人的私利之上。③

由“知识分子”的概念的由来与学者们对之及所给予的解释可以看出知识分子群体具有以下两个方面的突出特征：一个特征是，一般说来，知识分子主要是指以“知识”为业的人，但知识分子又不全然是以职业来界定的群体，有时他们中有并不以“知识”为职业，但他们必然与“知识”发生这样那样的联系。而且，知识分子中以“知识”为业的占主体。知识分子的另一个特征（也是最为重要的特征）是，知识分子具有公共性。从“知识分子”概念的两个来源可以看出，被称为“知识分子”的一群人首先是有社会良知的人，他们并不是为自己之私利而参与批判的人。他们的目标在于维护社会的正义与公平。因此，“公共性”是知识分子天然之特性。

（二）关于知识分子群体属性与社会功能的研究

知识分子的群体属性与其在社会中所扮演的角色和所承担的功能紧密联系

① 【美】爱德华·萨伊德著：《知识分子论》，单德兴译，北京三联书店，2002年版，第17页。
② 同上。
③ 余英时著：《士与中国文化》，上海人民出版社，1987年版，第5页。

在一起。多数学者认为，知识分子的群体属性在于其“公共性”，即承担超出个人私利之外的民众公共事务和维系社会秩序的责任。美国哥伦比亚大学教授萨伊德在其1994年出版的《知识分子论》中指出，按照知识分子“传统的”历史形象，将知识分子理解为精神上的流亡者和边缘人，是真正的业余者，是对权势说真话的人。他认为知识分子永远是批判的，为社会和民众而对抗权势的。同时，他指出，知识分子的任务不是“代表”被压迫者，而是再现被压迫者，而关于“被压迫者”的知识也就是在这种“再现”中生产出来，他说：“知识分子是以表达/再现的艺术（the art of representing）为业的人……知识分子的代表是在行动本身，依赖的是一种意识，一种怀疑、投注，不断献身于理性研究和道德判断的意识；而这使得个人被记录在案并无所遁形。”① 福柯也认为，知识分子的真正作用不是在于为民众代言，而是与身临其境的权力形式作斗争，揭示知识话语与权力统治之间的隐蔽关系②。对知识分子有深入研究的德国社会理论家曼海姆对“知识分子”的社会功能有如下论述：

“……我的观点仅仅是：一些特定类型的知识分子享有最大的机会，去检验和利用社会上可以得到的视野，去检验他们中的矛盾和不一致。……社会上没有一种职业、没有一种地位要求了解一切人的事情。正是那些受过教育的人保持着对我们公共事务的同情，而不仅仅是他们自己的事情，也正是在这个意义上可以说，他们卷入到涉及我们全体人的环境中……”③

我国学者许纪霖先生认为，中国古代知识分子——士是以“道统”对抗“正统”的，“道”反抗“势”，以平“道”之正义。他指出，处于“道”与“势”之间的知识分子之所以敢于对抗“势”，内心所凭借的是儒家的价值信念。④ 就中国的知识分子和西方的知识分子的区别他指出：

“现代之前的欧洲知识分子是远离世俗的，不是沉湎在知识的理念世界之中，就是向往上帝的天国。无论是他们的知识，还是他们的信仰系统，其背后都有一套形而上学的传统，作为‘道’的最终依据。然而，中国文化的精神

---

① 【美】爱德华·萨伊德著：《知识分子论》，单德兴译，北京三联书店，2002年版，第17、23页。

② 【法】福柯著：《知识分子与权力：福柯与杜勒兹的对话》，载《福柯集》，杜小真编选，上海远东出版社，1998年。

③ 【德】卡尔·曼海姆著：《文化社会学论集》之“知识阶层：它过去和现在的角色”，辽宁教育出版社，2003年版，第123页。

④ 许纪霖主编：《公共性与公共知识分子》，江苏人民出版社，2003年版，第93页。

不同于西方，它既不是宗教型的，又非知识型的，从先秦开始，中国文化就表现为消解形而上学的倾向，体现为一种人文精神。”①

余英时先生把西方的“知识分子”与中国文化中生长出来的“士”进行了对比，认为二者在维护社会秩序与道德价值的功能方面却是相似的。他在《士与中国文化》有如下论述：

“知识分子常常被西方人称为‘社会的良心’，认为他们是人类基本价值的理性、自由、平等的维护者。知识分子一方面根据这些基本价值来批判社会上一切不合理的现象，另一方面则努力推动这些价值的充分实现。知识分子除了献身于专业技术工作以外，同时，还必须深切地关怀着国家、社会以至世界上一切有关公共利害之事，而且，这种关怀又必须超越个人的私利之上。所以，有人说知识分子事实上具有一种宗教承担的精神。由此，西方人所谓的“知识分子”与中国的“士”的内涵是极为相似的。孔子说‘士志于道’便指维护基本价值之涵义。”②

关于中国知识分子的特性，钱穆先生给予如下的评论：

“中国知识分子有一共同之点：厥为其时，始终以人文精神为指导精神之核心，因此一面不陷入宗教，一面也不能向自然科学深入（因而缺乏科学精神），其知识对象集中在现实人生政治、社会、教育、文艺诸方面，其长处在凝聚精光，短处则在无横溢四射之趣。”③

由上述诸位学者关于知识分子的群体属性和社会功能的观点的介绍可以看出，知识分子群体的基本属性在于其以知识为背景的批判性和公共性，其中最突出的是它的公共性与社会性。由此也决定了其致力于维护已身之外的公众利益、维系社会秩序与公共道德的神圣使命与功能。

（三）“知识分子及其公共性研究”对本研究的启示

已有的关于“知识分子”及其“公共性”的研究中，多数是与“乡村知识群体”没有直接联系的，其研究对象——知识分子更多的是指向脱离乡村场域的知识群体，他们是以“知识”为职业的，以“知识分子”作为群体的

---

① 许纪霖主编：《公共性与公共知识分子》，江苏人民出版社，2003年版，第93页。

② 余英时著：《士与中国文化》，上海人民出版社，1987年版，第4~5页。

③ 王小波等著：《知识分子应该干什么——一部关乎命运的争鸣录》，时事出版社，1999年版，第53页。

特征和社会地位的，在这里，它是作为一个阶层而存在的。尤其是西方学者所称的“知识分子”是有特定来源和涵义的，它与在城乡二元结构长期存在的中国具体情境下的“乡村知识群体”有很大的不同，不管是从群体成员的职业、来源、构成等群体中个体的属性来看，还是从其在社会中所扮演的角色、所处的地位与所发挥的功能等群体的整体特征来看，二者都有相当大的差异。因为，本书所研究的“乡村知识群体”既非完整意义上的阶层，因为它的构成较一般意义上的“知识分子”的构成复杂，而且，在不同的历史时期，这一群体的成员的变动也是相当的大。同时，它在不同社会时空中的地位、角色和功能又有相当大的差别，有时它在乡村中处于边缘地位，有时它在乡村中又处于精英地位，有时它是体制内的，有时它是体制外的，有时它还是体制边缘性的。因此，对这一群体既无法视之为一个阶层，又无法称之为“乡村精英”，更没有理由将其等同于一般意义上的“知识分子”。

虽然如此，我们仍可以从关于“知识分子”的研究中得到许多启发和有借鉴意义的东西。首先，从“知识分子”的概念来源和基本涵义来看，知识分子所具有的“批判现实”、“伸张正义”、“维系秩序”与中国传统知识分子所独有的“士志于道”、“以‘道’抗‘势’”的群体属性与社会功能在乡村发展的不同时期在“乡村知识群体”身上或强或弱地体现出来。尽管有程度上的强弱差异，但乡村知识群体这种或隐或现的群体属性与社会功能在乡村发展的不同时期的特定的情境下以不同的形式存在着，并且，在乡村社会情境中，它成为使知识群体不同于其他群体和一般民众的主要衡量标准，尽管在知识群体处于边缘地位时期这种标准并不明显地表现出来，但它隐含在乡村中仍然为村民所感知。其次，知识分子的公共性与乡村知识群体在乡村公共领域职能的承担有着很大的相通性。知识分子的公共性使其在社会中的群体地位获得了合法性的基础，同样，乡村知识群体在村民中威信的获得在很大程度上依赖于其在乡村公共领域中所承担的功能。而知识分子公共性的丧失在一定程度上标志着其社会公共权威的降低，从而使社会对其在社会中地位的评价会有所降低，这也将会通过各种渠道影响乡村知识群体在乡村中的位置。再次，由于乡村知识群体中有部分是乡村教师，他们作为连接国家与乡村、大环境与小区域的中介，他们以国家正统的教育与现代文明改造着乡村的同时，其自身也受来自大环境与小区域环境的影响。因此，当城市中的知识分子的群体特征和在社会中的地位发生变化时，乡村教师也难免不受影响，并进而影响乡村及其他知识群体。

由此可见，“知识分子”的概念与“乡村知识群体”的概念及其这两个群体的构成与特性上有很大的不同，但由于其在各自所处的社会环境中所具有的“公共性”特征、在公共领域中发挥着重要的功能和“以道维序”、“代言民众”的职责，并且二者都是在各自所生活的环境中较一般民众或其他群体所受的教育程度要高，所拥有的知识量相对也较多一些，因此，二者在许多方面又是相通的。鉴于二者所存在的差异，本书将后者称之为“知识群体”，但由于二者又具有相通性，因此，研究中仍然会借鉴已有的关于“知识分子”研究的一些成果，如研究视角与群体特征等。

三、关于我国乡村社会的特征、变迁与治理的研究

正如费孝通先生所言，传统的中国社会实质是一个具有礼俗传统的乡土社会，因此，传统中国社会的性质和中国乡村社会的性质基本上是一致的。这里在回顾关于传统中国乡村社会性质时不能不谈到关于传统中国社会性质的相关论述。这里我们分国外、国内学者的相关研究分别予以介绍。

国外关于中国乡村社会结构与社会性质的研究中，首推美国学者黄宗智对中国乡村的研究。其研究成果主要体现在《华北小农经济与社会变迁》和《长江三角洲小农家庭与乡村发展》两部著作中。前者通过 1930 年代人类学家调查所得的资料，尤以日本“南满洲铁道株式会社”研究人员在华北平原 33 个自然村实地调查所得的资料和历史资料的分析探讨了华北乡村自清代到 20 世纪 30 年代经济、社会所发生的深刻变化。黄先生认为，在 1850 年以前的华北村庄是一个相对封闭的有着内在自给性和自我整合性的共同体，而且，由于华北乡村并不像华南地区和江浙一带的村民那样具有较强的经商意识，因此，华北乡村也不具有像施坚雅所认为的中国的村庄是以市场为基础的共同体（即“基层市场共同体”）的性质。黄先生认为，村庄的这种共同体性质是建立在村庄内部自生结构的整合性和相对于外界的自给性基础上的。而在 1850 年以后，随着帝国主义的入侵所带来的对中国乡村的冲击以及中国的现代化在器物层面、制度层面和文化意识层面的启动，中国的乡村社会结构在发生着深刻的变革：由封闭逐步走向开放。这种开放一方面表现在村庄与外界联系的加强，另一方面表现在小农的半无产化，这标志着村庄原有的自给性和独立性逐渐被打破。虽然如此，黄先生认为，20 世纪 30 年代的华北乡村依然是比较封闭的，虽然国家政权多次试图向乡村渗透，但这种渗透始终是有限的，乡村的实际事务的决策和操作还是由乡村自生的领袖——士绅来执行的。（黄宗智，2000：229）他在《长江三角洲小农家庭与乡村发展》中探讨了自 20 世纪 30

年代以来长江三角洲地区乡村的变迁和发展的过程。他指出，长江三角洲地区乡村工业和副业的发展实际上是一个“反内卷化”（或叫“反过密化”）的过程。作者在这两部著作中都对乡村的社会结构及其变迁进行了分析，尤其对士绅在村庄与国家政权之间所起的中介作用。用黄先生的话说就是，国家是通过士绅间接对乡村进行控制的，而士绅才是村庄的真正首领，即使在民国时期“保甲制度”的实行也是如此。（黄宗智，2000：241~243）

杜赞奇利用满铁的“惯行调查”中6个村的材料所创作的《文化、权力与国家——1900~1942年的华北农村》是一部从“国家与社会关系”的视角探讨20世纪上半叶中国乡村社会结构和社会性质的经典之作，杜赞奇在此提出了“国家政权建设”和“权力的文化网络”两个核心概念，由“国家政权建设”的概念杜赞奇引申出了“国家政权内卷化”和两种类型的“经纪人”概念，杜赞奇认为，传统中国乡村社会在外来力量入侵的背景下正在由“保护型经纪”向“赢利型经纪”转变。以“权利的文化网络”杜赞奇探讨了村落中的公共权力与文化网络的关系问题，并在此基础上进一步分析了20世纪上半叶国家政权在乡村社会丧失合法性的原因。他的权力网络文化包括市场、宗族、宗教以及水利控制之类等级组织以及庇护人与被庇护人、亲戚朋友之间的非正式的相互关系网。由于这些网络与组织攀援依附于各种象征性价值，从而赋予文化网络以一定的权威、地方政府与中央政府高度依赖于文化网络以建立自己的权威。

1984年，赵文词（Richard Madsen）利用他与陈佩华（Anita Chan）、安戈（Jonathan Unger）在1975~1978对移居香港的广东陈村村民的调查、访谈资料创作出他的一部在学术界有较大影响的著作《一个中国村庄的道德与权力》。该书从权力与文化的视角阐述了陈村的道德权威与村庄公共权力、村庄秩序的关系。作者认为，在小传统（即嵌入村庄的儒家文化传统）与大传统（即体现国家意志的社会主义、共产主义意识形态）的互动中产生了两类不同的村庄精英，一是符合村庄传统道德权威的内生型精英，这类精英具有杜赞奇所说的“保护型经纪人”的角色特征，因此这类精英常常为村民所认同。二是符合国家意志的体制内精英，他们常常以国家所倡导的社会主义、共产主义意识下的道德期望为行为规则，类似于杜赞奇所说的“赢利型经纪人”的角色。赵的研究也是从国家与乡村社会关系的视角分析在集体主义时代国家的意志如何通过“仪式”与“道德话语”嵌入村庄的日常生活，并进一步探讨了它与村庄自在的权威规范是如何互动、冲突与达成妥协的。“强调了社会主义意识形态与传统德治父权统治之间的根本差异和潜在矛盾与冲突"①。

除了国外学者的研究以外，国内学者中也有许多对中国乡村社会结构与社会性质给予关注和研究的，其中不乏像费孝通先生对中国乡村给予"乡土社会"那样经典性解释的论述。费孝通先生认为，传统的中国乡村社会具有以下几个方面的特性：一是传统中国乡村社会的乡土性。费先生这里所谓的"乡土性"的涵义指生活在传统中国社会的乡村人因为对土地这一根基性生产资料的依赖而使其生活的各个方面都带有乡土的气息，并且形成相应的情感依恋性，费老称之为"乡土情怀"；其二是地缘的固定性和地缘的血缘化。这一特性前面的"乡土性"紧密联系在一起，即指由于乡村人对故土的依恋从而使得乡村的共同体多具有地缘与血缘重合的特点，即生活在一起的村民不仅具有由于地缘关系的连接而产生共同体的情感，而且这些聚居的村民多数是有血缘、姻亲关系。这双重情感凝聚而成的乡村共同体长期以来形成了中国大大小小的村落，这些村落在国家行政力量未曾直接干预之前一直具有很强的自治性。这便是费老所说的乡村社会的第三个特性，即乡村社会的自治性和自主性。费先生所说的乡村社会的第四个特性是乡村社会的关系本位性。他用"差序格局"这一概念来解释乡村社会的这一特性。他在《乡土中国》一书中把中国农村社会结构与西方社会结构进行对比后认为，传统中国乡村社会的社会结构的特征可以用"差序格局"这一概念来概括，意思是说，中国人以"己"为中心，按照亲属关系的远近向外扩展的亲疏关系网，他作了一个形象的比喻，这种关系好像把一块石头投掷水里，在水面上所发生的一圈圈推出去的波纹，波纹所及就发生联系，而且随着它扩展，越推越广，越推越淡②。

我国早期乡村建设运动的倡导者梁漱溟先生把中国社会和西方社会进行了对比之后也认为，中国社会既不是社会本位也不是个人本位，而是关系本位的。他认为，在一个关系本位的社会里，不把重点放在任何方面，而从乎其关系，彼此相关联，其重点放在关系上。③

由国内外学者关于中国乡村社会性质的论述可以看出，尽管学者们的研究视角和关注的焦点略有不同，但学者们对于传统中国乡村社会性质大致形成一些近似一致的认识，如关于传统乡村社会存在自由空间和自治共同体的认识、

① 陈吉元、胡必亮著：《当代中国的村庄经济与村落文化》，山西经济出版社，1996 年版，第 199 页。

② 费孝通著：《乡土中国·生育制度》，北京大学出版社，1998 年版。

③ 梁漱溟：《中国文化要义》，《中国传统文化》，三联书店，1988 年。

关于体现于乡村公共权力运作机制中的国家政权与乡村社会互动关系的认识、关于乡村地方精英对于乡村公共作用的认识和关于乡村在中国遭受外来力量的入侵被迫实现由传统向现代转型的过程中日益陷入无发展的恶性循环圈，出现了黄宗志所说的“经济内卷化”和杜赞奇所说的“政权内卷化”现象的认识等。这些对传统乡村社会的共识将有助于我们对中国乡村社会的历史根基和文化传统有一个基本的认识和判断。

四、文献述评与启示

前人的研究成就是自己研究的起点和基础。目前关于乡村的大量研究涉及政治学、社会学、历史学、经济学、文化人类学、甚至是农学、法学等许多学科的学术背景，对乡村关注的焦点和研究的视角也有很大的不同，因此，关于乡村的研究进路在学术界存在很大的争议。目前关于乡村的研究中，比较有影响的大概有以下两大类：一是以乡村治理和村民自治为主题的经验研究，如徐勇、张厚安、于建嵘、贺雪峰、吴毅等学者，其理论背景多是以政治学的学科视野为主，其研究的策略主要是经验研究和区域比较研究。另外，从政治学和社会学的学科视角关注乡村治理的还有张静、肖唐镖等学者。另一类主要是以历史学（尤其是社会史）、人类学的学科视角对乡村进行研究，其研究策略是以“叙事”或“口述史”的方式对所研究的问题进行详细地描述，以尽可能的还原事情的原貌。但在这里，“叙事”不是简单的描述，它其实一种研究策略，是带着一种问题意识和理论导向的“叙事”。目前后一类研究似乎更受到学界的关注，大概是基于以下几点原因所致：

第一，正如费孝通先生所言，中国乡村社会公共权力的运作具有很大的变通性，在国家正式权力延伸到地方基层政府以后不再直接面对村庄，村庄内部一般有一套自己的非正式的运作机制，有学者称之为“柔性政权”① 或“土政策”②，这是中国社会的特点。

第二，中国乡村社会转型的过程性。历史上，各种力量催发的中国社会的变革带给中国乡村四次大的社会转型：①在外国列强入侵中国的炮火声中伴着西方资本对中国市场的冲击和占领及资本主义其他因素的影响，中国乡村社会被迫由传统社会向近现代社会转型；②1949 年建国以后，随着三大改造的完

---

① 吴清军：“乡村中的权力、利益与秩序——以东北某“问题化”的村庄干群冲突为例”，《战略与管理》，北京，2002 年第 1 期，第 5～17 页。

② 翟学伟：《中国人的行动逻辑》，社会科学出版社，2001 年版，第 100～117 页。

成、社会主义制度的建立和国家力量向乡村社会的强势进入，中国乡村社会进入被部分学者称之为“共产主义文明”[1] 的时代；③1978 年改革以后，中国乡村结束了集体主义和计划经济时代，在国家各项关于农村改革的政策中迎来了改革初期的繁荣，乡村社会的性质也在发生着根本的变化；④1990 年代以来，随着城市改革的推进和市场经济体制在我国主体地位的确立，中国乡村又在深化改革所带来的新的挑战和由市场经济大潮所带来的整个社会的深刻变革中发生着又一次社会转型。目前，这一转型仍在进程中。由此可见，自 1840 年始，伴着中国由传统走向现代等一系列的运动、战乱与改革，中国乡村一直在不停的转型过程中，转型是主旋律，也是其特点。这就决定了对于中国乡村的研究必须深入其变迁的历史时空中去分析。同时，转型的过程带有许多不稳定和不确定因素，因此，我们研究乡村需要深入到所研究的乡村的具体的历史背景中去分析，而不是完全以西方的某个或某些理论来套中国乡村的现实。理论可以参照，可以用于比较和检验，但它不是研究中国乡村的蓝本和全部。

第三，研究中国的乡村，必须以乡村生活的现实为情境，而乡村的日常生活又常常是模糊的，也会存在很大的偶然性，这就需要研究者在研究过程中要用细致的观察和深入理解的方法才能够把握特定情境中事情和某一行动者行动的真幕[2]。因此，加芬克尔的“本土方法论”的视角以及人类学的“叙事”方法对于研究中国乡村更有现实意义。

也正是基于对这些研究视角和研究策略的思考，本书选取了笔者在对所研究村庄的探索性研究的过程中所发现的“知识群体是隐匿于正式权力已经失去合法性的村庄的民间权威的核心与来源”这一事实作为研究对象。目前关于像汪村那样的被贺雪峰成为“B 类村庄”的村庄，有的学者在区域比较的基础上认为，这类传统的宗族权威已经消解又缺乏现代权威得以建立的社会基础的村庄是以“小亲族”为行动单位的，因此将其称之为“小亲族”区域类型的村庄。而事实上，在这类村庄的内部，村民的行动单位，和村民合作的基础并不一定“五服之内的小亲族”，村民的合作与联系的纽带是以一定的信任和权威为基础。这一信任和权威的载体便是目前隐匿于村庄中不同时期的知识群体，这一群体分散在村庄的不同的“片”中，在其周围形成一定的权威，

---

① 郭于华：“转型社会学的新议程——孙立平" 社会断裂三部曲" 的社会学述评”，《社会学研究》，2006 年第 6 期。第 195 ~ 211 页。

② 关“叙事”方法对于研究中国乡村意义的论得益于应星教授在第四届乡村治理暨新农村建设高级研讨班的主题演讲，在此表示感谢。

在面临公共事务时，他们常常是那一“片”村民集体行动幕后的策划人。为此，本书形成了以“乡村知识群体”为视角的研究主题，以有着区域特殊性的村庄为个案进行实地研究，力争能在对乡村的研究进路上探寻出一条新的路径。而这一研究路径一方面是以前人已有的研究成果为铺垫，另一方面，它又是前人研究基础上的一种新的探索，力求给乡村一个新的解释，寻找新的发现。

第二章

研究设计

第一节　关于乡村权力运作的三种研究视角

一、已有的两种研究视角

从前面的文献部分可以看出，目前关于乡村的研究虽然有很多，但从研究视角来说，大体可以分为两类：一是从村民自治和乡村治理及其演变的视角来研究乡村的公共权力的运作；二是从乡村精英的视角来研究乡村的自治和自主性空间的问题。而在这两个研究视角背后，都有一个国家正式政权与有着自身文化传统的乡村自有的社会空间之间的互动关系。这种互动关系，并不是必然的直接互动，而是都有一个起着连接纽带作用的中介环节：前者为曾一度被纳入行政体制的村民自治，纽带是村委会和村干部，其理想的权力运作的逻辑是民主制，但在现实的乡村中表现为“柔性”和“变通”的特征；后者为有着相对独立空间的共同体自治，其核心是村庄中精英人物（它不等同于村干部），包括传统型精英和现代型精英，权力运作的实体为被大家所认可的村落共同体，权力运作的机制是魅力精英依据村庄既有的被大多数村民所认可的传统和规范来进行运作。

（一）视角之一：“衙门－乡绅－屋门”的“双轨权力”运作机制

早在1940年代，费孝通先生在他的一些著作中就提出关于传统中国乡村社会的“双轨”权力运作的机制①。他认为，在传统中国乡村社会中，权力运作是按两条线路同时进行的，一条是“自上而下”的官僚体系线路：皇权体

① 费孝通在《中国的绅士》、《中国的皇权与绅权》等著作中对传统中国乡村社会的“双轨”权力运作机制均有论述。

系从皇帝专权开始，通过各级官僚体系向下延伸，至县衙门止，县衙门以下，在民国以前是不设正式的行政单位的，虽然，在有些朝代，下面设“伍”、“什”、“邻”、“闾”、“里”、等乡里制度①，但这些设置均属于自治机制，不属于皇权官僚体系的。虽然皇权体系是止于县衙门的，但由于其要向乡里征收赋税和摊派劳役，因此，皇权还必须通过一定的渠道与乡村的老百姓打上交道。这就需要它将皇权的影响力往下延伸，通常是采取委派皂隶、差役到的方式各个乡村与地方的代表——“乡约”② 接触，传达上级的命令与决策，然后再由“乡约”将这些命令与决策带回村里，报告给地方的“头人”——乡村士绅，“头人”再召集在村里有影响力的人传达和讨论上级的命令与决策。至此完成“由上而下”的信息传递任务。

另一条是“自下而上”的乡村自治的线路：即以乡村有权威的人物（包括乡村士绅与宗族领袖）为核心的自我整合、自我调解、自我认同与根据官府和社区民意自我决策、变通维护社区利益的自治机制。如前所述，当官府的意志传达到乡村以后，村庄的“头人”——一般是有名望的乡村士绅或宗族领袖——会和村上其他人商讨此事，如果他们不能接受官府的命令或决策，则他们将这个不可接受的意见推给“乡约”，然后由“乡约”将此意见报告给官府，官府得到此消息后，会将怒气或责备施加于“乡约”绅士，斥责其办事不力。同时，乡村士绅则以非正式的方式访问官府官员，因为他们拥有与其相当的地位，并有地方威望。如果经非正式拜访仍达不成协议，乡村士绅则会通过其他非正式的关系把事情反映到更高一级的官员那里，直至经双方的妥协达成协议为止。如果政府的决策是笼统的，或部分可以接受的，或强制必须接受的，则地方精英们在经过商讨以后，一致达成集体的意见，这一意见多是经过变通的，它既符合官府的基本要求，又可以为社区多数成员所接受。

由此可见，在传统乡村社会中，官府的命令与政策是通过中间起关键作用的乡村士绅来具体执行的。乡村士绅虽然不直接与官府命令接触，但他们是幕后的决策者。他们往往以自己的身份和地位与政府打交道，因此，他们有与官府可以平等对话的资格。同时，他们又是地方的代表，他们代表着地方社区整体的利益，并在维护社区利益的过程中赢得其在社区的威望与权威。

---

① 赵秀玲著：《中国乡里制度》，社会科学文献出版社，1998 年版。

② 费孝通先生在《中国绅士》中指出，“乡约”是地方社区的代表，它不是地方的精英，只是代言地方的意见，起着代表地方和官府差役联络的作用。它一般由社区中的成员轮流担任。参加费孝通的《中国绅士》，中国社会科学出版社，2006 年版，第 50 ~ 51 页。

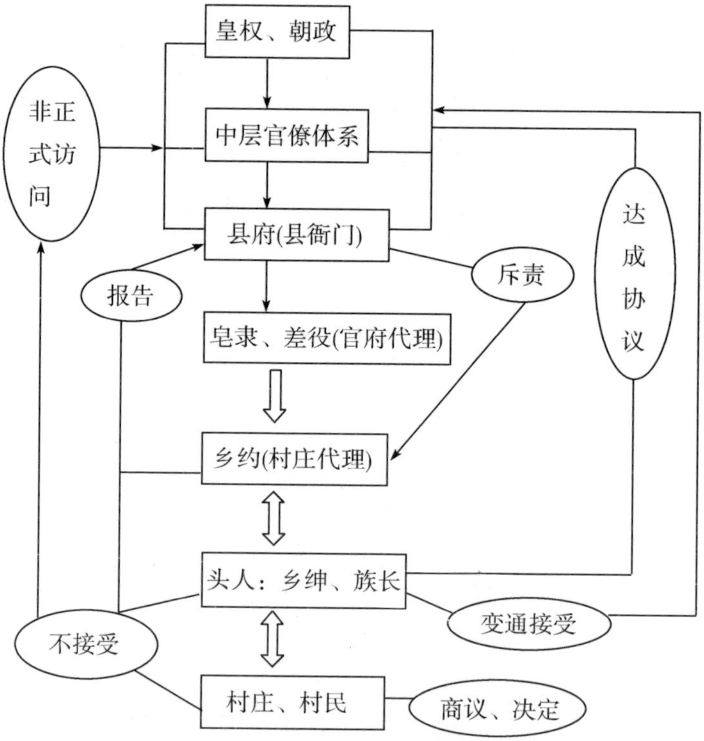

图2－1　费孝通的“衙门－乡绅－屋门”的“双轨”运行机制示意图

尽管费孝通先生的这一解释模式是针对传统中国乡村社会的，用它来分析现代化进程中的村庄，显然存在一个时空差异的适用性问题，但是，用费孝通先生的这一模式来解释有着深厚的宗族和士绅传统的我国江南地区（如徽州地区和赣、闽、台等地区）的乡村仍具有很强的解释力度。因为在江南的乡村，历史上宗族和乡绅势力较为发达，这些地方的乡村多是自成一体，有深厚的地方传统与文化，村落的整合、凝聚力都很强。虽然村落内部也有贫富等级的差别，但在面临外来势力入侵时，村落能够有一个凝聚的核心，形成一种集体的力量一致对外，维护本社区的利益。因此这些村落多具有共同体的性质。同时，江南地区也还是历史上乡绅活动频繁、乡绅对乡村影响较大的地区。如皖南的徽州、江苏的苏州、江西、湖南等地都是乡村士绅力量影响较大的地区。在这些地区，因为有地方的宗族、士绅等传统权威调解、整合作用，使其有可能在皇权没能深入到乡村的情况下，依靠其公共性的行为所获得的权威以实行在接受官府“自上而下”的官僚集权统治的同时，也实行“自下而上”

的自治“双轨”运行机制。

但这一解释模式对于由于受“自然灾害”和“战乱、匪患”等因素影响深重而缺乏士绅、宗族传统的中原地区的乡村来说，其解释力度是有限的。淮北地区由于受“天灾”、“人祸”的双重影响，该地区的乡村人口迫于生计和免于战乱的侵扰常常在发生灾荒和战事年份背井离乡、远离家园，因而，地区的流动性很大。同时，沉重的自然灾害与人为的祸患不仅破坏了当地的农业生产，使其发展相对滞后，而且破坏该地区乡村所固有的传统和文明，使得该地区乡村的地方性知识和地方性规范在村民意识中的主导地位被大大弱化了，从而使其在遭遇外来意识、规范和价值取向等文化特质侵入时很容易被乡村所接受，并很容易成为销蚀乡村传统和习惯的主要力量。这样，就使得运用费孝通关于以“乡村士绅”为纽带的“双轨”权力运作机制来解释淮北地区的乡村是行不通的。

（二）视角之二：“国家－自治组织－村民”的“村民自治”模式

自 1990 年代中后期以来，以徐勇、贺雪峰等为代表的以“村民自治”和“乡村治理”为研究主题的学者们对中国乡村所进行的“村民自治”研究及其后者于近期所进行的关于“乡村治理的社会基础”和“区域比较研究”都是以“村民自治”和“乡村治理的民主化”为研究主题和观察视角的。由此引发了国内一系列的关于中国乡村基层政府机构及其权力运作机制、乡村自治组织、乡村地方政府与村民自治组织的关系、乡村权力运作机制与逻辑、乡村传统权威（如宗族、宗教）在乡村治理中的作用、乡村面临的困境（如乡村的分散化、乡村负债、村民自治组织和职能的“行政化”）和乡村关系（如乡村人际关系冷漠化和利益理性化、人际信任危机）等大量的研究。这些研究虽然研究主题各异，但其研究的视角和研究的进路都是和“村民自治”、“乡村治理的民主化”等研究视角与路径是基本一致的。他们认为，乡村权力运作的机制是沿着“中央政府－地方政府－村民自治组织（村委会）－村民”的路径进行的。其运作逻辑示意图如下：

由图可以看出，这一研究视角的其核心理念是现代性的“民主制度”运作的理想模式如何被操作化为中国乡村“村民自治”实践的以及在此过程中当它遭遇乡村固有的传统和文化时又是如何被乡村体制内精英（包括乡村基层地方政府和村干部）所变通和重新建构的。这一模式里，基层地方政府和村干部是起着关键作用的。村委会的职责和职能是否是按照民主化的程序进行、公共权力运作的逻辑是否符合现代民主制度的规则是决定乡村治理状况和乡村秩序是否稳定的关键因素。而村民村委会及政府之间几乎是单向的被决定关系。因此，这一解释模式对于村集体力量强的村庄是有效的。

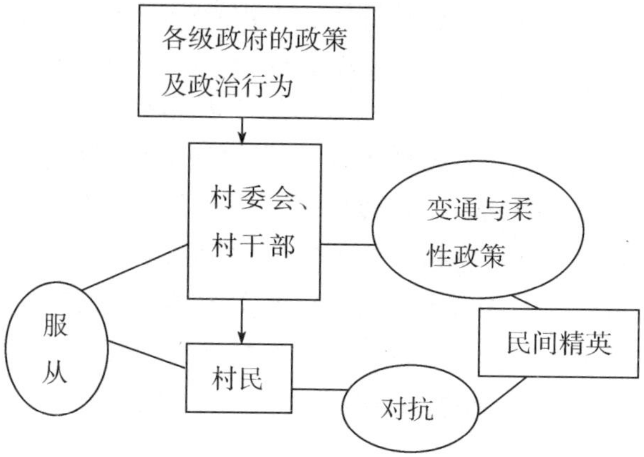

图 2－2　“村民自治”模式权力运作示意图

虽然，这一模式是以乡村治理的“民主化”为导向进行的，但从这一制度设计的实施方案上就可以看出，它事实上是以现代民主制度的理想模式来考量我国乡村治理的现实——村民自治。这些研究取得了很多有益的探索，如前文已经提到的诸多研究成果在国内学术界影响都较大。但是，由于种种原因，这种理想模式在乡村现实生活中并未能真正实现。杨善华教授等在一篇讨论农村村干部直接选举的文章中曾经说到：

“当一种新制度被引入农村社区的时候，是存在着一种对原有社会结构和制度环境的‘路径依赖’的。即它不可能在抛开这样的社会结构和制度环境的前提下被贯彻实行。在新制度被引入的过程中，原有的社会结构和制度安排自然发生作用。”“这样，在‘民主选举’和原来的‘乡村政治’之间就有了一种连接和融合，民主选举也随之进入了原有的‘乡村政治’的轨道，成为村落中各派政治势力角逐权力和资源的工具，从而使这样的选举只具有一种程序或形式的意义。因此，乡村政治，首先是村落社区的政治是有它自己的运作规则的。当像村干部直接选举这样的‘民主选举’制度进入村落社区的时候，并不意味着它会改变这种运作规则，相反，倒是只有它自己融入这种运作规则设定的轨道才能发挥作用。①

① 杨善华、罗沛霖、刘小京、程为敏：“农村村干部直选研究引发的若干理论问题”，《社会学研究》，2003 第 6 期。

1990年代中后期以来乡村公共权力的“行政化”和由此而引发的乡村干群关系紧张等一系列问题的出现使这一理想模式受到更大的现实挑战。

于是关注这一领域的学者开始将研究重心下移，将目光转向对乡村社会内部，如对乡村社会结构、乡村柔性政权和乡村非体制精英的研究。而这类研究中对乡村非体制精英（或叫民间精英）的研究也主要是对乡村传统权威（如宗族）领袖和改革中涌现的经济能人的关注。前者主要是以有宗族传统的南方乡村的研究为主，而后者对改革中涌现的经济精英的研究也主要是对非农经济（尤其是个体经济和私营经济）较为发达的沿海地区的乡村的研究。而对于地处相对偏远、非农经济发展相对滞后而传统权威又已经消解的皖北村庄来说，这两种非体制精英在乡村的影响极为有限。因此，这一研究模式是不适合用于淮北的村庄研究的。

二、第三种视角：以乡村知识群体为纽带的民间权威运作机制

（一）村庄的特点

本书所研究的村庄是位于东部中原腹地淮北平原的一个普通村庄，说其普通，是因为它具有许多中原地区村庄的一般特征：首先，该村庄位于以季风性气候为主的平原地带，因此，四季分明和雨水分布不均是其基本的自然环境特征，频繁的自然灾害对村庄造成严重影响。其次，该村庄至今仍是一个传统种植业为主的村庄，其生产链条相对单一，几乎没有像样的非农产业，除了村民农闲时外出打工有一点外来收入外，村民的收入主要来自土地。再次，由于该村庄是一个被多种外力（如自然灾害、战乱、政治运动和市场经济大潮）多重影响的村庄，因此，其传统与地方性知识和规范被多次打破和重构，其脆性是可想而知的。这就使得该村庄既不具备“明星村”的资源优势和可以凝聚民心使村民可以一致行动的凝结核或介质（如具有个人魅力的权威精英和一种为大多数村民所认可的精神与信仰），也不具备有着宗族传统的江南、闽、赣等地区传统权威统摄下的村庄的特性。从村庄的整合力度和现状来说，它是中国中原地区千万个普通村庄中的一个，既不具备“明星村”的传奇色彩，也不具备江南村庄深厚的文化底蕴。但是从村庄所处于的地区类型来说，它又具有特殊性。这种特殊性是其所处区域的特殊性，而不是村庄个案的特殊性。这种区域特殊性主要体现在以下方面：

一是自然灾害频繁与战乱频仍两大因素影响了汪村所处的淮北地区的区域类型的性质。由于受这两大因素的影响使得该地区传统权威（宗族）影响力

历来很弱，在历史上的政治运动和1990年代以来市场经济浪潮等多重力量的冲击下日益走向消解。因此，历史上士绅统治乡村的传统对汪村所在的区域影响相当于江南是弱的。

二是由于宗族势力的弱小和政治运动贯彻的彻底使得村庄缺乏统一的传统权威，地方性知识和地方性规范也被每一次运动和变革的主流意识形态所重构。因此，村庄的传统文化由于被外力肢解得支离破碎，它对村民是缺乏很强的统摄性和影响力的。

三是由于该村庄远离城市，没有独特的自然资源，主要以传统的种植业为主，非农经济发展也相对滞后，因此，村庄的村集体因缺乏强大的集体经济的支持其影响力和相对于国家政权的独立性也是相对较弱的。甚至在国家实行农业税改革后陷于瘫痪状态。

另外，由于没有显著的非农产业的发展，因此，也就谈不上在全村有较大影响的经济精英的出现了。既然传统精英、体制内精英和市场经济条件下的经济精英在本村都很弱，那么，当公共领域的事件（如对抗外来侵扰和对抗村集体的非法行为）发生时，隐含在村民一致性行动背后的力量是什么呢？通过调查研究，笔者发现，这一力量来自于隐藏在村庄不同“片”中的乡村知识群体。这一群体由不同的人群构成，但其突出又是共性的特征是，这些人被村民公认为“读过书的人”或“有文化的人”。这里我们将其称之为乡村知识群体。

（二）以乡村知识群体为整合力量的民间权威整合视角

本书所研究的村庄汪村既是一个行政村，也是一个自然村，因此，在改革开放前，其村落共同体的特征并没有完全被汪村的“天灾（自然灾害）”、“人祸（战乱、匪患）”所冲淡和消解。但其存在的形式不像江南的乡村那样以宗族、乡绅为中心，而是在不同时期以不同的知识群体为中心，由若干权威中心聚合而成，其内部时而存在一定的张力、时而统一的共同体。这一共同体的性质既具有滕尼斯所说的“共同体”的特征①，但又不是滕尼斯所说的人类社会发展的原始形态。在这里，我们借用滕尼斯关于“共同体”与“社会”相区分的概念，用“村落共同体”指没有分化前的传统村庄形态。但需要指出的是，由于前面提到的区域特征的影响，改革前的汪村虽然存在着共同体的性

① 如“共同拥有的东西或亲密伙伴关系”、“休戚与共，同甘共苦”、“一种持久的和真正的生活”等。

质，但它又不同于以往所说的以宗族、士绅为中心的权威统一的“共同体”的特征，即“一种原始的或天然形态的意志的完善统一体”。在汪村，改革前的共同体形态受自然灾害和战乱两大因素的影响而出现了非统一性的特点，建国后，虽然村庄在国家的行政性安排下仍具有统一的自然村落的形式，但已不具有共同体的实质：统一的共同体精神与规范凝聚着的村民统一的行动逻辑。它已呈现村庄内部离散化的倾向。突出表现在，村庄的六个村民组内各有若干个权威圈。这些权威圈的核心人物的构成虽然复杂，但其有一个共性，他们或有一技之长，或有较一般民众高的文化程度，如村庄中的医生、中小学教师、复转军人、在外工作人员的亲属及其退休后归居村里的工作人员本人和1980年代中后期以来高中毕业回村务农的部分人。这些人分散在村庄的不同村民小组中，各自在其周围形成一个小的权威圈子。这种格局在建国前就已经形成，中间虽然经历土地革命、集体化等政治运动，这种隐形的权威格局有时被激烈的社会运动所打破，有时为表面上的革命意识形态和政治运动所掩盖，但这种分散的权威格局一直没有消失，并在不同时期以不同的形式变换着存在。

如果按照韦伯的三种权威类型来看，汪村的知识群体权威是一种魅力型权威，但又不完全等同于这种权威类型。韦伯所说的“魅力型权威”主要是指“权威来源于某人所具有的某种特殊的人格品质，就这方面来讲，被看作天资上具有超自然的、超人的或至少是极不寻常的、不是任何人都能获得的能力和特质。”① 但韦伯同时认为，魅力型权威的核心特征是以其个人的品质和能力来赢得支持者和追随者，突出的是权威对民众的感召力。就汪村而言，不同时代背景下的知识群体虽然对周围的民众有一定的影响力和感召力，但其权威所依赖的个人品质与能力并不能和韦伯所谓的“神所赋予的非凡能力和品质”具有宗教色彩的魅力型权威类型的精英人物相提并论。在汪村，知识群体的权威既没有韦伯所说的“魅力型权威”所具有的神圣性，也没有它所能获得的强大的感召力和影响力。在很大程度上，知识群体的权威来源于其一定文化程度上基本的社会道德素质、行为模式和依靠其拥有的知识为村庄的公共利益所做的事务。因此，知识群体的权威在支持它的民众当中已经剥去了神圣的外衣，因为它不是来源于神圣，而是来源于现实的行为特征。这样，知识群体权威的震慑力和稳定性都是不能和传统的魅力型权威相比的。它因时因势而变，随时都有可能因受外力的影响而失去其权威合法性的基础——民众的信任、认

① 【德】马克斯·韦伯著：《经济与社会》，北京：商务印书馆，1999年版，第140页。

可和支持。

关于“政府－村委会和乡村知识群体－村民”的双层权力运作逻辑图示如下：

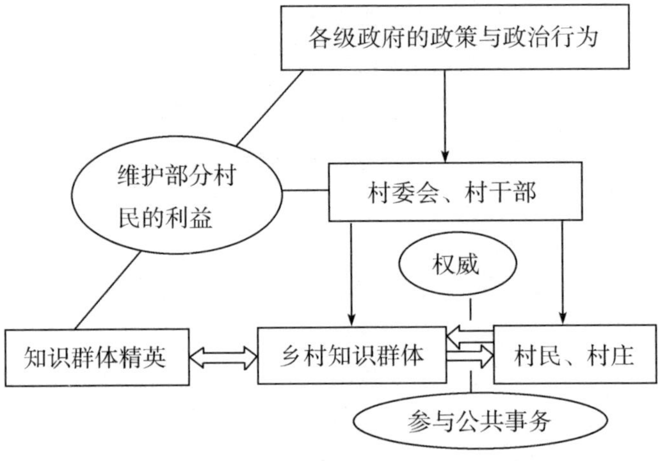

图 2－3 “乡村知识群体”模式权力运作示意图

注：实线箭头代表正式权力的运作；空心箭头与细线代表的是民间权威的运作

由示意图 2－3 可以看出，乡村权力的运作是包括两类不同性质的权力（权威）运作机制与运作路径的。在上层“自上而下”的行政权力运作空间里，国家权力是直接延伸至乡、镇的，乡、镇以下形式实行以村委会为主导的村民自治，而事实上，在汪村，由于村委会除了执行镇里分配来的任务外几乎处于瘫痪状态，因此，村委会的自治功能和权威的合法性基础已不复存在。在村庄内部，权威已发生转移。而在村庄内部则隐含着另一种权威的运作，其权威的核心是不同时期的乡村知识群体，其主体包括乡村教师、乡村医生、1980 年代中后期以来未能升学的乡村高中毕业生与乡村复转军人等。这一群体在村民中的权威虽然是隐匿的，但它却是村民一致性行动的一个基本单位。

由图 2－3 可以看出，对于像汪村这样村集体因缺乏强大的集体经济的支持而几乎处于瘫痪状态的村庄而言，国家权力和意志显然没有受到什么过大的阻力很容易进入乡村的，但它进入村庄以后，职能是停留在村委会的工作台上，在村庄能否顺利执行不是取决于村委会本身，而是取决于分散在不同片中知识群体对上级命令和村委会执行方案的反应与讨论。在村庄的日常生活中，知识群体更是村民的核心和纽带。不管是遇到常规的村庄礼仪（如婚、丧、嫁、娶），还是村民遇到的突发事件（如村民纠纷及其他突发事件），都是以知识群体为核心和纽带的。就连村民在日常生活中的集体交流、讨论也都是以这些知识群体的住所为聚集的场合的。这在后文还会有涉及。

同时，调查中笔者发现，受乡村社会结构、乡村干群关系和乡村治理状况的影响，乡村知识群体可能转化为乡村整合的障碍因素，在汪村主要表现为：由于村庄离散化的状态、不同时期乡村复杂的干群关系、村民关系和国家行政力量的干预等原因的影响乡村知识群体在村民中的认同范围受到一定的限制。从而形成以各知识群体个体为核心的“小片区”类型的不同派系。这就使得本应成为公共的权威却异化为小派系之间冲突的根源。这可能是村庄走向离散化的一个重要原因。

第二节　研究对象与研究思路

一、研究对象

本书的研究主题是，在乡村社会变迁的背景下描述和分析自建国以来乡村知识群体的构成、角色、地位、功能及其个人命运、价值观、参与乡村公共领域事务的态度与行为在不同的社会时空中所发生的变化以及这种变化对乡村社会所产生的影响。重点关注乡村知识群体的公共行为及其在村民中所形成的权威在不同社会时空下的乡村生活实践中的影响和这一群体与正式权力、与村民的关系及其变化。

具体来说，本书所关注的乡村知识群体（研究对象）主要包括：乡村中、小学教师、乡村医生、乡村礼仪的文书、管事、有一技之长的民间艺人、目前居住在村庄的在外工作人员、改革初期及1980年代中后期以来未能升学的乡村高中毕业生和退伍军人等。当然，本研究所涉及的乡村知识群体的人员构成在不同时期会有所变化，但构成其作为本书研究对象须具备以下3个基本条件：

1. 有较一般村民高的文化程度，并接受过中等以上私塾或正规的学校教育①；

---

① 这里的“接受过正规的中等以上教育”在不同时期会有不同的指涉，在建国前后或更早一点出生的知识群体里，也包括那些读过私塾，毒到“四书五经”程度，能胜任乡村的一般文书写作、记帐等。从正规的新式学校教育来说，这一代知识群体中接受过初中或初等师范、技校、职校等一类的教育的人已被视为知识群体。而改革后的知识群体的文化程度主要指高中或中专以上文化程度。

2. 被村庄或其所在的周围公认为有影响的“读过书的人”和“有文化的人”；

3. 曾在村庄居住一定时期并被村民们认为是本村的人。

这里需要指出的是，并非所有的上述人群都进入本书的研究对象，他们必备的条件是被村民认为是“有文化的人”或本身接受过较高教育的人。例如，在“民间艺人”和“退伍军人”的群体中，只有较高文化程度的“民间艺人”和“退伍军人”才是本书的研究对象。

二、研究思路

由于受自然灾害与战乱两大因素的影响，村庄人口的短期流动性相对较强，村庄的传统权威与地方性知识、规范遭到破坏，从而使得村庄在经历历史上的历次政治运动及其主导意识形态和乡村改革以来国家政权向乡村的延伸等事件时，能够将国家的意志和主导型意识形态贯彻得较为彻底，这又进一步加剧了乡村传统文化和村庄传统权威的快速解体。在这样的背景下，对于村庄而言，其地方性规范的重建与再生一方面与国家意志和主流意识形态通过教育、大众传媒等途径渗入直接相关，另一方面则与乡村的教育和地方性知识、地方性规范的载体——乡村知识群体对于地方性规范的建构有相当大的关系。由此，可以透过对不同时期乡村知识群体对于村庄地方性知识、规范和村庄公共领域建构的考察来理解村庄的地方性知识、规范在经历社会时空发生转变背景下的变迁。另一方面，在传统权威已经消解和非农经济发展相对滞后的村庄，乡村知识群体成为乡村整合的重要力量。其整合的方式和整合的效果如何，在不同的社会时空下，因知识群体在村庄中的地位、角色与功能的变化而发生相应的变化。

具体来说，这种分析逻辑是：宏观社会变迁－村庄的变化－知识群体的群体特征（来源、构成、知识体系、价值观）的变化－公共行为及其价值取向的变化－对村庄的整合作用的变化。具体的分析框架如图 2－4 所示：

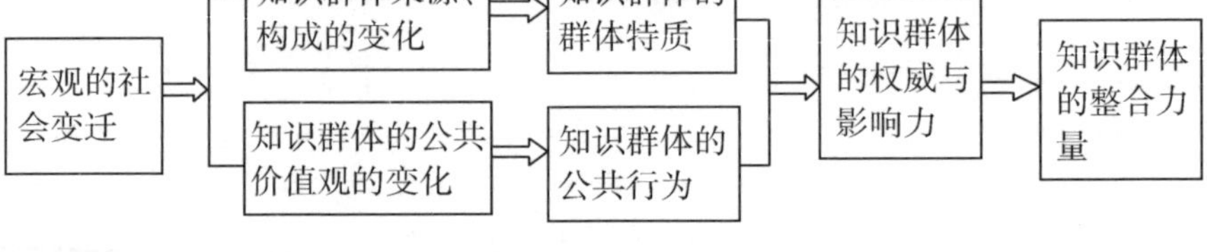

图 2－4　关于知识群体的分析逻辑

理论预设是对社会现象之间关系的一种尝试性的解释，它需要用事实来验证，因此，在本研究中，理论假设的来源主要来自于对现有研究成果和相关文献资料的分析以及笔者对所研究社区的探索性研究，而真正深入村庄及其历史去观察、解释和分析对这些假设去验证才是论文研究的核心。理论预设不仅为本研究提供了理论分析的框架，还将作为一个主线索引导着研究的进行。

三、分析的维度

由于不同时期乡村所处的时代背景与所面临的时代主题不同，因此，对于不同社会时空下的知识群体关注的侧重点会有所不同。例如，在集体主义时代，乡村的主题是以革命的名义贯彻国家的意志，此时的乡村面临的是国家的政治意志与革命时代的主导精神以社会运动的形式对乡村固有的传统和权威进行破坏和肢解。乡村知识群体在乡村中的地位日益被边缘化，知识群体的个人命运也在历次政治运动中屡屡受到冲击和影响。此时，对该群体的分析，我们将侧重关注其地位被边缘化的过程中乡村其他阶层的人们对这一群体的态度和这一群体自身的变化，包括个人命运与社会态度的变化。而对于改革开放以来乡村知识群体的研究我们将侧重关注这一群体在改革不同时期权威的变化及其与乡村正式权力体制、与村民的关系。因此，在不同时期，分析维度会有所不同。大致来说，对于乡村知识群体本书拟从以下维度进行分析：

群体来源、构成、知识结构、“公”之价值观与公共行为。

知识群体在村庄中的地位、角色、功能（参与公共事务的行为）及其与村庄正式体制的关系、与村民的关系。在特定历史时期还表现为知识群体个人命运及其个人经历的考察。

知识群体如何建构村庄公共领域，主要通过不同时期村庄公共聚集据点的变化与公共场合议论主题的变化来考察。

在具体关于知识群体权威与正式组织的权威关系的分析中，将按“两种权威类型在村庄影响力的高与低”与“两种权威类型的关系（冲突还是统一）”两个维度进行分析。

在分析知识群体在乡村社会中地位与作用的分析时，将按照知识群体所具有的“职业角色”与“公共角色”双重角色及其在不同时期的相互转化进行分析。其中，对于知识群体“公共角色”的分析将从意见领袖、立法者的作用、村庄公共决策的规范、建构村庄地方性知识与地方性规范和文化传播等方面来进行。

第三节　基本概念解析

一、"乡村士绅"与"乡村知识群体"

乡村士绅：根据史学家们的研究，这里的"乡绅"、"绅士"是不同历史时期形成的历史性概念，其涵义本身就有一个变化的过程。在明代及其以前"乡绅"的概念主要侧重于"缙绅"之意，即主要是与官职相关称呼；而在晚清至民国时期的"绅士"的概念则包容了"绅"、"衿"两大群体，更侧重于强调"士"的身份；而在民国时期由于科举制度的废除及支撑其特殊地位的基础——儒学文化——主导地位的丧失传统乡村社会中的士绅阶层本身发生裂变、分化和重构，从而使得"士绅"的内涵也发生根本性的变化，即，这时候的"士绅"的构成出现多元化的趋势，如，在民国时期，一个家庭中只要有一个人做了大官，则其全家人都进入士绅的行列。周荣德先生在研究民国时期的士绅阶层时指出，在民国时期，由于大地主富商和地方政客取代了旧式的学者身份的士绅地位，因此，这一时期的士绅的阶层意识及其阶层特质都发生了根本的变化。① 根据目前学界形成的共识，为了避免由于不同历史时期在概念内涵上的差异所造成的混乱和区别于西欧中世纪以后出现的具有"贵族"内涵的"绅士"的称呼，本书将活跃于传统乡村社会中的精英群体称为"士绅"。在这里的"士绅"是指活跃于乡村的并不现时担任官职的并享有经济、政治、文化特权的知识群体。它包括乡村有功名但未做官的人员、在职官员的亲属和退居乡里的退役官员等群体。

乡村知识群体：这里的"乡村知识群体"是指曾经长期或一直生活在乡村较一般村民文化程度高、接受过正规中等以上教育并被当地村民公认为"读过书"或"有文化"的人所组成的群体。由此决定这一群体需具备以下条件：①曾经或长期生活在乡村，并被本村村民认为是本村人的人；②有较一般村民高的文化程度并接受过中等以上教育；③被周围村民公认为"读过书"或"有文化"的人；④这一群体并不一定以"知识"为专职职业。这一点区别于我们日常所说的以知识为业的"知识分子"。这一群体在不同时期由不同的人群构成，主要涉及乡村教师、乡村医生、乡村司仪（婚丧嫁娶的管事）、

---

① 周荣德著：《中国社会的阶层与流动——一个社区中士绅身份的研究》，学林出版社，2000 年版，第 5 页。

乡村复员军人、生活在乡村的工作人员等人群。但需要指出的是，并非这些人都能进入本书的研究对象，只有当他们具备了上述四个条件才称之为“乡村知识群体”。

二、“地方性知识”与“地方性规范”

这里的“地方性知识”与“地方性规范”是借用贺雪峰教授在“地方性规范与农民的行动单位”① 一文中所提出的两个概念。所谓“地方性知识”是指一个地方的人们所共知的关于本地方的风俗、习惯、做事的行为规则、人际互动模式与规则等约定俗成的知识体系。它是一个地方的历史与文化、人际关系与社会互动长期积累的产物，体现着该地方的人情风貌与文化内涵。简单地说，地方性知识就是指一个地方的人们关于规则、规范共识性的认识。

而“地方性规范”则是指主导一个地方的人们关于什么行为是被允许的、什么行为是不允许的或应该受到谴责和惩罚的认识的规则。它是一系列的关于人们行为的正确与错误、褒扬与贬斥的判断标准。它体现的是共识性的行为导向、评价体系。

三、知识群体的“群体特征”与“公共性”

群体特征：是指某个特定群体所拥有的能够代表整个群体状态、意向和行为模式的一系列表征和属性。在这里，我们将其具体化为群体的来源与构成、群体心理、群体意识、群体态度、群体价值取向和行为模式、群体生活方式和“惯习”、群体整合程度和群体自治能力、群体与其他群体及社会的互动、关联的状况等。

知识群体的“公共性”：知识群体的“公共性”概念来自于学术界关于“知识分子公共性”概念的延伸。根据学者们关于知识分子“公共性”涵义的理解，我们这里认为，乡村知识群体的“公共性”主要有以下三个方面的涵义：①知识群体的行为是面向村民群众的，而不是指向自己或个人；②知识群体的行为是代表全体或部分村民利益的；③知识群体所做的事情是关于村民或村庄关乎多人或整个村庄的公共事务。由此可以看出，知识群体的“公共性”是关于知识群体参与村民、村庄公共事务的行为及其价值取向的总括性表述。

四、国家、社会与村庄共同体

根据本书的研究主题，这里的“国家”是指自在于乡村社会之外以各级

---

① 贺雪峰：“地方性规范与农民的行动单位”，载于“第四届农村研究方法研讨班”论文集《经验研究与中国社会科学的本土化》，2006 年第 7 期，第 16～20 页。

政府的政策、法规、制度和政治行为等形式对乡村社会渗透并产生强制性影响的国家政权的力量。其具体测量的方法是以量表和结构式访谈的形式对政府的相关政策、法规和政治行为向乡村社会和乡村居民生活渗入的程度和涉及的领域进行测量。

这里的“社会”是指乡村自在的独立空间。它介于国家政府的政权力量和乡村居民私人领域之间的之间地带，类似于哈贝马斯所说的“公共领域”和公共空间。这一空间的大小决定着乡村社会独立自治能力的大小。对此，我们仍准备以量表和结构式访谈的形式进行测量。

这里的“村落共同体”类似于滕尼斯的“社区共同体”。滕尼斯认为，“……关系本身即结合，或者被理解为现实的和有机的生命——这是共同体的本质；或者被理解为思想的和机械的形态——这就是社会的概念……一切亲密的、秘密的单纯的共同生活……被理解为共同体里的生活。社会是公众性的，是世界。人们在共同体里与同伙一起，从产生之时起，就休戚与共，同甘共苦。人们走进社会就如同走进他乡异国。”① 由此，笔者认为“村落共同体”的概念可以如下表述：村落共同体是指聚集在一定地域范围内的村民群体由于血缘、姻亲或外在的强制力量使其长期生活在一起逐步形成共同的生活习惯、共同的社会心理和集体凝聚力的对外界具有一致利益和相对完整意义上的独立实体。它由一定的自然资源、乡村人口、风俗习惯和独特的“共同体精神”等要素构成。村落共同体与自然村、行政村并不完全重合，有些生活在一起的村民聚集而成的村庄并不具有共同体的特点。

第四节　理论分析工具

任何一项社会科学研究都是在一定的理论指导下进行的，理论不仅是指导整个研究过程的灵魂，而且是针对具体研究问题的分析工具。根据本书的研究主题，在分析问题时将用到精英及其权威理论、国家与社会关系理论、知识资本及其权威的理论等。

一、关于“精英”及其权威的理论

一般认为，意大利学者维尔费雷多·帕累托和盖坦诺·莫斯卡是经典精英

① 胡鸿保、姜振华：《从“社区”的词语历程看一个社会概念内涵的演化》，《学术论坛》，南宁，2002 年第 5 期，第 123～126 页。

理论的创始人。他们的精英理论是建立在将社会的所有成员划分为“精英”与“大众”、“统治阶级”与“被统治阶级”等二元对立的理论视角之上，他们主要集中于对“精英”概念的界定和对精英群体特性的描述。这是我们借鉴帕累托关于“精英”概念的相关论述，帕累托首先在政治学的意义上使用了“精英”的概念并使之普遍化。据此，他提出了“精英”和“民众”的概念。帕累托认为，作为一个特定社会的“精英”他应同时具有以下两方面的素质：一是他要有高于一般民众的“阶层（或等级）高度”，此“阶层（或等级）高度”是可以通过一定的手段进行测量并易为大家所感知的阶层属性，如身份、地位、财富和声望等；二是此人必须具有相应的“精英才智”，如人的智慧、才干和能力等。由此可以看出，帕累托对于“精英”的理解不仅在于其对这一阶层所体现出来的特性的解释，更在于其对乡村知识群体所拥有的特权和地位的合法性的关注。在帕累托看来，精英既不是神喻的，也不是继承的，而是靠个人的能力和努力自致获得的。

在本研究中，乡村的“社会精英”的概念，一方面侧重于其对“社会整合”和“相对于国家政权的乡村社会独立空间、公共领域”即社会性的强调，另一方面则更侧重于对乡村社会精英合法性的关注。因此，在“精英”的概念的内涵上，本研究主要采用了帕累托的观点。而在具体分析知识群体作为乡村的社会精英所发挥的作用时则主要借鉴了拉斯韦尔的精英理论。其主要观点如下：

（1）精英是有异质性的。他指出，“精英是用于分类的、描述的概念。它指的是某一社会中占据高级职位的人。有多少种价值就有多少种精英。除了权力（政治精英）外，还有财富、名望和知识等方面的精英”①。

（2）与其他精英论者一样，拉斯韦尔也承认精英与大众之别是普遍的事实。但他批评帕累托和莫斯卡视民主政治为不可能的观点，他认为，精英和民主是可以同时存在的，他说：“在一个由少数精英领导的社会里，民主的仍是可能的”②，问题的关键在于对精英要能够进行有效地限制以使其不至于失职。而要达到对精英进行有效地控制，就必须建立精英对大众的“责任制度”，而民主政治恰恰就是民众在任何情况下都可能享有的最少量的权力，但这种少量

① 【英】哈罗德·D·拉斯韦尔著：《政治学》，商务印书馆，1992年版，转引自左高山：“论拉斯韦尔的精英理论”，载《中南大学学报》（社会科学版），第10卷第5期，2004年10月。

② 同上。

的权力集聚成的整体理论却可以和精英整体抗衡，以使之能对民众负责。因此，在拉斯韦尔看来，权力的分配在一个特定的社会中可能是不平等的，但只要这个社会的精英是向民众负责的，而民众又能对占据统治地位的精英的权力进行有效地限制，同时能确保社会可以提供给所有民众以平等地获取权力的机会，这个社会就是民主社会。①

帕累托对精英素质的关注与本书所关注的精英合法性的问题紧密相关。而同样对于精英统治合法性意义进行有益探讨的是拉斯韦尔的政治统治理论的论述。拉斯韦尔对于“民众对精英权力的有效限制以确保其对民众负责和民众能够拥有足以整合成可以与专制力量相抗衡的整体力量的合法权力即民主力量”的论述也是本书后面分析乡村的知识精英合法性的一个重要视角。因此，帕累托对“精英”概念内涵的界定及其精英循环理论和拉斯韦尔的“精英与民主社会”论述是本书分析乡村社会精英对乡村进行统治（或治理）合法性的理论基础。

二、韦伯关于权威的类型及合法性理论

由于本研究将涉及乡村知识群体在村庄中权威的相关讨论，因此，在对此部分的分析中我们将用到社会学和政治社会学等相关理论中关于权力、权威的论述。根据研究的主题和分析的需要，这里我们主要用到韦伯关于权威类型及权力合法性的论述、利普塞特关于权力的有效性和合法性的相关论述等。

在权力的相关研究中，权力的合法性问题一直是关注的核心问题。由于权力是公共性的，因此，权力的运作必须按照人民的意志来运作才是权力运行的正常逻辑。这样，权力的合法性问题也就是权力是否代表人民意志、是否得到人民支持的问题。这是合法性的一层含义，合法性的另一层含义是指权力在法律许可的范围内运行，由法律代表赋予权力（权威）以公共的认可。常常把后一类意义上的权力（权威）叫正式权力（权威），而把前一种意义上的合法性叫作社会权力的合法性。韦伯关于权力、权威合法性的意义更侧重于对前一种意义上的肯定，即权力得到支持的社会基础。

从社会学的视角探讨权力的合法性问题的主要代表人物是马克斯·韦伯。韦伯认为，任何政治统治秩序的有效性都要建立在外在的客观有效性和内在的主观有效性的基础上。所谓外在的客观有效性主要指服从的习惯、习俗或强制

---

① 【英】哈罗德·D·拉斯韦尔著：《政治学》，商务印书馆，1992年版，转引自左高山：“论拉斯韦尔的精英理论”，载《中南大学学报》（社会科学版），第10卷第5期，2004年10月。

性的法律，内在的主观有效性是指权力的支持者发自内心地认为，统治者有权指挥他们，而自己也有服从权力的义务。据此，韦伯区分了三类合法性的权威：传统型权威、个人魅力型权威和法理型权威等。传统型权威是指权威的形成和维持是靠从古到今沿袭下来的风俗习惯和伦理道德。权力的运作主要靠一种公认的规范与法规，其权威的合法性是神圣的和世袭的，权力一旦形成就具有天然的合法性，被支持者所认可。传统型权威在中国乡村的表现就是宗族、宗法、宗教型权威。而个人魅力型权威则是指权威是建立在个人具有非凡的才能与品质基础上的，并且这种非凡的才能与品质被权力的支持者所认可。因此，个人魅力型权威具有很强的凝聚力和影响力，很容易形成一个类似“共同体”的精神。

根据韦伯对权威类型的划分，本书也将在这一框架下讨论汪村的三种权威：一是代表国家政权的权威，包括各级政府的决策、命令及直接干预村庄的政治行为和政权力量延伸到村庄内部的已经“行政化”了的村集体组织（村两委)。这类似于韦伯所说的“法理型权威”，其权威来自于法律和正式权力体制的认可，并以国家的法律和政权力量作后盾，带有很大的强制性。这种权威在本书称之为“正式权威”。二是来自于村庄内部的有个人魅力的知识群体的权威，其权威来源是知识群体的个人能力和品质。这种权威类似于韦伯的“个人魅力型权威”，其特点是权威被村庄和村民所认可。有时也被村集体组织所默认，但不为国家正式体制和法律所认可。在本书中，这一权威称作“非正式权威”。在村庄的发展史上还会涉及来自于宗族力量的传统权威。虽然这一权威在汪村的影响力趋于弱化之势，但在特定历史条件下，这一权威对村庄的权力格局和人际关系也产生着重要的影响。这一权威力量在特定社会情境下与村庄的正式权威和知识群体权威发生着各种各样的联系。以宗族力量为背靠的传统型权威在特定历史年代还形成了村庄的共同体精神，这一共同体精神曾经一度主宰过村庄的自主性空间与秩序。

在汪村发展的不同时期，村庄的正式权威、知识群体权威和传统权威存在着各种各样的复杂关系，因此，在不同时期、不同的社会背景下，论文将会借用利普塞特的“权威的有效性与合法性二维坐标”的理论来分析不同权威间的关系和每一种权威在村庄中的影响与作用。重点关注知识群体权威是如何在村民中获得合法性和在村庄中发挥有效性的。

三、哈贝马斯关于“公共领域”的理论及其在本研究中的应用

哈贝马斯在《公共领域的结构转型》一书中认为，“公共领域”本身有许

多不同的涵义，而且，在不同的社会制度下，“公共领域”与“私人领域”的边界也不尽相同。因此，要想给“公共领域”一个广而用之的定义是很困难的事情。但是，对于在人类社会发展史上最有典型意义的资本主义市民社会背景下的“公共领域”的涵义似乎更能够表达这一概念的真正内涵。哈贝马斯所谈的“公共领域”就是在这一背景的涵义。哈贝马斯著作下的“公共领域”与“公共性”、“公众舆论”、“大众传媒”和“市民社会”紧密联系在一起。哈贝马斯说，“公共性”本身就意味着“公共领域”，它和私人领域相对，同时，也和国家权力机关相抗衡。民众可以通过“公共领域”将自己的意见不受约束地表达出来，彼此之间可以就关乎大家的公共性问题进行讨论、协商、各抒己见。而且，公共领域中的每一个人都是平等地对话。用哈贝马斯的话说，“如果说生的欲望和生活必需品的获得发生在私人领域范围内，那么，公共领域则为个性提供了广阔的表现空间。”① 由此可见，哈贝马斯关于“公共领域”的概念是与资本主义生产关系的性质、资产阶级的“自由”、“民主”思想和资本主义制度下的市民社会联系在一起的。和以往社会制度的“公共领域”发展的状况相比，与发达的市民社会联系起来的“公共领域”更能够发挥出它应有的公共参与和平等协商的功能。

本书在研究乡村知识群体公共性功能的过程中也将用到“公共领域”的概念。由于是借用哈贝马斯的概念，这里有必要对其概念的内涵进行延伸。我们这里所谈的乡村“公共领域”既汲取了哈贝马斯关于“公共领域”概念界定的合理内核，又进行了适宜于中国乡村情境的涵义延伸，主要有以下含义：(1) 它是相对于国家正式权力（包括已经被“行政化”了的村委会）及其不合理行为的乡村自主性空间；(2) 它是相对于村民家庭私人领域的公共空间；(3) 它与村民的日常生活紧密联系在一起，但这种日常生活大多不是发生在单个家庭内部，它既有可能是婚丧礼仪，也有可能是突发事件的应付，既有可能是日常矛盾的调解，也有可能是平时村民聚集在一起闲聊与议论，还有可能是集体决策、集体行动等。需要说明的是，虽然本书也会涉及村民在公共空间的讨论，但并不是哈贝马斯所言的市民社会充分发展基础上的“公共领域”的交流，因此，其有些方面的特性在这里是弱化的，如积极自愿地参与公共讨论与决策、绝对平等地讨论与对话等。对于目前的中国乡村而言，奢谈西方市

---

① 【德】哈贝马斯著：《公共领域的结构转型》，曹卫东等译，上海：学林出版社，1999 年版，第 4 页。

民社会已经充分发展背景下“自觉参与”、“平等对话”和“去权威化”等所谓西方模式“公共领域”的内涵显然是不切实际的，应有所取舍。哈贝马斯在讨论“公共领域”的概念时，本身就提到了这个概念的多重涵义。另外，他在回应别人对他理论的批评时也谈到，“公共领域”应该有一个边界，还存在一个亚文化的“公共领域”的问题。由此可见，将“公共领域”局限于哈贝马斯所讨论的资本主义市民社会背景下的“公共领域”涵义的理解并应用于一切情境下的“公共领域”的解释是不妥的。

布迪厄在《实践感》一书中提出了“场域”、“惯习”、“结构”与“资本”等诸多概念以阐述实践的运作逻辑。在布迪厄看来，“惯习”是一种生成性结构，它塑造、组织实践，生产着历史，其本身也是历史的产物，是一种人们后天所获取的各种生成性图式系统（杨善华，1999：280）。布迪厄认为，“场域”是指“由许多社会位置之间的关系所构成的网络。”① 这些位置与其相应的规则、规范、制度关系联系在一起，并被赋予相应的权力与义务。“场域”具有以下特征：首先它是一个运作空间，即“场域”作为一个与一系列规则、规范和惯习相联系的情境空间，一旦行动者进入这个情境空间，“场域”各方面的特性就会对行动者产生刺激和对其行动起约束作用。其次，“场域”是一个竞争的空间，即“场域”中存在所处位置的优劣，占有优势地位者运用各种策略来确保其优势位置为己所有。最后，“场域”包含一种投入，即当一个人进入某一个场域以后，他就就被“场域”强加给相应的规则、规范，同时，自身也处于自觉不自觉意识与顺从的状态，即布迪厄所说的“内在性的外在化”（杨善华，1999：280～281）。

本研究在分析知识群体的群体属性、个人的思想与行为时将会用到阶层“惯习”的概念。在“惯习”的基本涵义上，本书中所谈的关于乡村知识群体的“惯习”内涵与布迪厄所讲的基本一致。但这里需要说明的是，布迪厄的“惯习”是一个微观层面互动的逻辑，而本书关注的是一个群体的“惯习”，显然，这存在一个逻辑上的跨度问题。这里，我们认为，群体中的个体行为受群体属性和群体行为模式的约束，当群体中的个体成员在相应的场域行动时，其“惯习”本身就包含了群体的行为模式，同时，群体中个体成员关于某一“场域”的“惯习”的形成受群体属性和规范的制约。因此，个体的“惯习”与群体的关于本群体的行为模式与行动规范的意识有很大的融通性。因此，本

① 【法】布迪厄著：《实践感》，蒋梓骅译，南京：译林出版社，2003年版，第102页。

书将在“阶层或群体意识”的意义上看待群体的“惯习”。

在分析特定社会情境（如政治运动时期、集体化时期）下村庄知识群体及其他阶层人们的思想、态度与行为时，将用到“场域”的概念。但这里的“场域”不完全等同于布迪厄的《实践感》中不断被实践所建构意义上的具有动态意义的“场域”，而是一个相对静止的具有“历史”意义的空间。另外，布迪厄的“场域”概念主要是针对微观层面的互动来将的，而本书则更倾向于将“场域”指向宏观或中观，主要指特定时代的社会背景或情境。但这一“情境”具有布迪厄“场域”概念的内涵。

第五节　研究方法

一、研究方式

对于一项研究而言，选择什么样的研究方式与研究方法应根据其研究主题的特点和研究的目的与意义来确定。本研究的主题是乡村知识群体的行为及其在村民中所形成的权威，在不同社会时空下的乡村生活实践中的影响，以及这一群体与正式权威（或叫体制内权力）、与村民的关系及其变化。由于这一研究主题需要对一个具体的村庄作深入、全面地考察和剖析才能够实现，因此，从研究方式来说，本书主要以实地研究为主。与此同时，由于要对历史上乡村知识群体的属性、角色与功能，以及建国后中国经历一系列政治运动时期知识群体长时段的考察和分析，就需要依靠历史文献资料和相关的已有研究成果，因此，本书对这部分还将会结合文献、口述史等研究方法来进行。

对于实地研究而言，除了对现象描述以外，解释现象间的关系，经常成为研究的主题。本书主要是分析乡村知识群体在特定区域类型的村庄内的角色、地位、作用及其与正式权威体制、与村民、与村庄其他群体的关系。并将其放在村庄所经历的不同社会时空下来考察。这就决定了本研究更侧重于描述和解释性研究。从历时性研究来说，它是以纵观研究为主，同时在分析当前村庄的现状时，也会有横断面的分析。

二、收集资料的方法

由于本研究主要采用实地研究法，因此，在对村庄的现状及其存在的问题、村庄的当前的权威类型和村庄权力结构、乡村知识群体与其他群体的关系及其对相关问题的看法、态度等方面资料的收集将主要用参与性观察、深度访谈、开座谈会、追踪调查、个案专访、问卷、量表等方法。在具体调查过程中，还运用观察、理解、反思、解释等定性研究的相关策略。特别是在特殊历史事件情境下的访谈与座谈中，以已有的文献资料和他人的观点来投入理解访谈对象的思想与行为，并比较分析访谈结果与已有的相关论述的差异。与此同时，由于本研究是一个历时性的研究，因此，为了收集到村庄历史上的史实资料还将会用到查阅文献法，对个案进行专访时还会用到口述史法等。

三、分析策略

论文在具体研究过程中，主要运用定性研究或质性研究的相关策略。

陈向明认为，质性研究方法是“以研究者本人作为研究工具，在自然情境下采用多种资料收集方法对社会现象进行整体性探究，使用归纳法分析资料和形成理论，通过与研究对象互动对其行为和意义建构获得解释理解”①。同时，她还认为，质性研究方法强调“对一个事件进行考察时，不仅要了解该事件本身，而且要了解该事件发生和变化时的文化背景以及该事件与其他事件之间的关系”②。

从整个研究策略来说，本书的研究属于定性研究。因为实地研究的类型本身已经决定了研究方法的性质和具体的研究策略。由于本书是针对一个个案村庄的实地研究，因此，在调查、研究过程中所用的方法主要是定性研究方法中的一些策略，如投入理解、反思、归纳、建构和解释等方法。在调查村庄某一现象时将用到“观察－理解－反思－再观察－再理解－再反思……”循环观察－理解等方法。在分析村庄某一具体事件时将会用到查阅文献和追踪研究等具体方法。

从另一方面来说，由于本书的研究主题是关于乡村社会变迁情境下的知识群体的历时性研究，因此，在研究过程中，必然要对特定历史背景下的社会情境进行分析，这必须借助于定性研究法中关于历史文本的解释、理解与反思等方法和策略。同时，在对知识群体的个体的经历、活动的分析时，也要用定性的分析方法。

---

① 陈向明著：《质性研究方法》，北京：教育科学出版社，2000年版，第7页。

② 陈向明著：《质性研究方法》，北京：教育科学出版社，2000年版，第7页。

第三章

研究的村庄及所属区域的特征

第一节 汪村所处的地理环境及其所属 S 市、区的概况

一、地理位置及 S 市、区的概况

图 3－1 S 市在安徽省的位置

图 3－2 S 市所邻周围县、市

汪村所属的 S 市位于安徽省的东北部，面积 2868 平方公里，人口 164 万。该市属于黄淮平原的一部分，地势由西北向东南倾斜，西北部和东北部有部分小丘陵地带，其余为平原地区。S 市 YQ 区（原 S 县）东西最大距离 44 公里，南北最大距离 91 公里，总面积 740 平方公里，现有耕地 212.59 万亩，人均耕地 1.83 亩。

该地区主要以低山、丘陵和平原为主。汪村处于 S 市 YQ 区的黄泛平原地区。S 市黄泛平原面积约 981.98 平方公里，占土地总面积的 35.97%。黄泛覆

盖层的厚度，已不足1米~16米左右。根据地貌分类，可分为黄泛高滩地、黄泛低滩地、黄泛缓倾斜坡地、黄泛洼池。其中，汪村所处的"老汪湖区"则属于黄泛洼地类型。这类地区沉积物细而少，土壤以粘土，淤土较多，因此，这一地方的耕地虽不算贫瘠，但其生长能力比透气性好的黄沙土和蕴藏深厚沉积物的黑土要差一些。这在一定程度上限制了该地区的农业生产。

从气候来看，该区属暖温带半湿润季风气候，因此季风是支配气候的主要因素。冬季干寒，夏热多雨是该地区气候的主要特征。季风性气候给该地区经常带来或旱或涝的自然灾害，据S县县志记载，自清朝起，该县发生比较大的自然灾害有44次之多①，几乎不隔两、三年就有一场涝灾或旱灾。

频繁的自然灾害不仅破坏了农业生产，使该地区发展滞后，而且使该地区人口流动较为频繁。在灾荒年份，这里的村民为了生存不得不背井离乡，四处乞讨，成为流民。社会史学者池子华教授在《中国近代流民研究》一书中对淮北地区的流民有如下描述：

……不宁惟是，淮北农民还经常遭受饥馑的袭击。这主要是灾荒造成的。淮北是全国有名的"灾害"高发区，特别是自然灾害，频发率之高，程度之严重，是全国其他地区所罕见的。1938年人为造成的特大水灾，淮北又是首当其冲，黄流滚滚，淮提溃决，淮北尽成泽国。水势所至，"澎湃动地，呼号震天，其惊骇惨痛之状，实有未忍溯想。间多攀树登屋，浮子木乘舟，以侥幸不死，因而仅保余生，大都缺衣乏食，魄荡魂惊。辗转外徙者，又以饥馑煎也，疾病侵寻，不为溺鬼，尽为流民。②

……1910年淮北大水，各州县遭受不同程度的损失，尤以皖北宿州、灵壁、涡阳、蒙城、亳州最为惨重。宿、灵"几乎全境陆沉，无论岗洼，无无水之地，无不灾之区"，"难民死者半，逃者半"。③

……1911年淮北再被水灾，"闾阎困苦，惨不忍闻"，"其景象较去岁尤为惨酷"。江皖20余州县灾民三百万，饥毙者近百万，"周环数万方里，不闻鸡鸣犬吠之声"。④

① 参见《S县县志》。

② 池子华著：《中国近代流民研究》，安徽师范大学内部教材，1994年版，第32页。

③ 《东方杂志》，宣统二年七月二十五日，转引自池子华著：《中国近代流民研究》，安徽师范大学内部教材，1994年版，第43页。

④ 张廷骧：《不远复斋见闻杂志》第10卷《江皖沈灾》，转引自池子华著：《中国近代流民研究》，安徽师范大学内部教材，1994年版，第43页。

严重的自然灾害和由此引发的人口的大规模流动对该地区的经济、文化产生重要的影响。从经济方面来说，频繁而严重的自然灾害使该地区的农业生产受到严重的破坏，几乎不隔三、两年就会有一场水灾或旱灾。在当时农业生产水平非常低的情况下，农民一年内从地里收获的能够一家人一年内消费的就是较好的年份了，几乎没有什么剩余和积累。在如此频繁而严重的自然灾害面前，农业破产，农民为了生存，只能选择逃荒、乞讨。更谈不上经济上的积累和发展了。这一状况虽然在建国后因为加大了水利设施的建设（如治淮、治滩、治奎工程）灾情有所缓解，但自然灾害的威胁仍是影响该地区农业生产和经济发展的重要因素。因此，池子华教授说，自然灾害使得淮北人民“跳不出‘生活条件压迫生产条件’的怪圈”。① 从1980年代至今，汪村遇到较大程度影响农业生产的水灾和旱灾也有11次之多，其中一年内同时发生水灾、旱灾的有4个年份。其中最为严重的水灾发生在1982年夏秋之交和1986年秋，最为严重的旱灾发生在1999年秋。前2个年份的水灾是靠上级救济度过难关的。可见，自然灾害已经成为影响该地区发展一个重要因素。而且，更为重要的是，由于汪村地处被政府划为“老汪湖蓄洪区”② 范围内，这里又成为皖北其他农业地区在水灾之年灾害的承担者。

从文化方面来说，自然灾害造成的人口的频繁流动，一方面在一定程度上改变了该地区村民的生存方式——流民的生活方式成为一种文化③；另一方面，频繁的人口流动加速了宗族的分裂与解体。就前者而言，当流动的生活成为一种文化，一方面反映了自然灾害所造成的恐慌已经在人们的心里产生阴影，在无法抗拒的“天然力量”面前，逐渐地形成了一种“宿命论”的思想，认为，人的命运和生活并不是自己可以掌握的，“上天让你干什么，你就不得不干什么，这就是命!”④ 一种对自然和命运的惧怕和屈服的心理迫使人们去改变对世界的态度和看法。而背井离乡的流浪、乞讨生活和异地风俗文化的影响也在逐步地消解他们固有的价值观、世界观和改变他们固有的生活习性，他们整个的生活世界都因为流动而改变。另一方面，当流动成为一种文化也意味着村民生活习性和生活态度的部分改变。例如，当他们遇到并不足以使他们生

① 池子华著：《中国近代流民研究》，安徽师范大学内部教材，1994年版，第23页。

② 老汪湖蓄洪区是国家划定的淮河流域蓄洪区之一，参见附录：《蓄滞洪区运用补偿暂行办法》文件（中华人民共和国国务院令第286号令，2000年5月23日国务院第28次常务会议通过）。

③ 池子华著：《中国近代流民研究》，安徽师范大学内部教材，1994年版，第47~52页。

④ 访79岁村民LDJ，此人为汪村的礼仪知事，是村里婚丧礼仪最有权威的知事。

活不下去的困难时，他们多数的选择是逃避，而不是想办法解决困难。当一种流动的生活成为一种习惯，当他们在村里稍微遇到一点困难或不如意就会心向外，偏离村庄。就后者而言，灾荒之年，村里少数年老体衰的因饥荒、疾病死亡，而多数人为了生存逃离家园，四处乞讨，也有少数移居他乡，以至于家族多是残缺不全的。又由于该地区本来就是移民的后裔，因此，家族和宗族的势力，在自然灾害和下面所讲的战乱与匪患的合力推动下进一步弱化。

二、S市的历史沿革及战乱灾害

S市历史悠久，文化源远流长。早在3000年前的春秋战国时期，周朝天子将此地封为“宿国”。1949年3月25日，成立S县地区，区政府在S县。1979年国务院决定在S地设立S市。同年，S县城关镇复置S市。1992年S县、S市合并成新的S市，1998年12月原S市改制为地级市S市的一个区。

S市地区沃野千里，系历代兵家必争之地。自战国时期秦、楚争霸以来，不管是古代的楚、汉大战，还是近代的太平军、捻军起义以及解放战争中的淮海战役均在这里拉开战事。据S县县志记载，发生在此地规模较大、决定时局的战事有12次之多①。

社会史研究学者池子华教授在《中国近代流民史研究》中关于淮北地区的战乱、匪患有如下的描述：

淮甸自古以地险隘要著称，向为兵家必争之地。从秦末农民起义开始，这

---

① 据《S县县志》、《S县地区志》记载，这12次具有决定意义的战事是：公元前223年，两军在S县的蕲南展开激战，秦击败楚军。公元前209年，我国第一次农民大起义就是在S县大泽乡爆发的。汉高帝二年（公元前205年），楚汉大战于濉水之上。项羽大败汉军。后刘邦、项羽逐鹿中原，S县为主战场，最后刘邦逼项羽刎命于S县东北的垓下。公元前195年，淮南王英布造反，刘邦将之击败于S县境内，评定汉之大局。及至魏晋，中原多故，南北分壤，谯、沛二郡长期为北方少数民族政权所占据，S地则“久成戎马之郡，遗民南迁，郡多侨置。”隋大业之年（605年），开通济渠（即汴渠）横穿S地，境内甬桥成重镇。唐宪宗时，“东南漕运悉经汴水”。甬桥“当舟楫之会，中原和东南联系的枢纽、漕运的咽喉，因而割地置S州以镇守。”宋金对峙时，S州地处前哨，旋德旋失去。人民深受战争灾难的痛苦。战时S地满目疮痍，万户萧疏，以致生民百不存一。降至元明，S州迭遭浩劫，连年罹兵，至今民间尚传“三洗凤阳府，九洗南宿州”之说。清咸丰、同治年间，太平天国北伐军数经S境北上。所经之处必有战事。其后，捻军崛起时。S地“从捻者甚重”。反清斗争遍及各地，屡败清军。1932年，4月到8月，王效白率农民在包括汪村所在区域在内的永安、桃沟、时村、解集等地起义。1938年3月~1945年8月，日军开始侵占S县，S县人民的抗日战争也持续不断，直至1945年8月25日解放汪村所在的时村的战斗结束。1948年冬，淮海战役拉开，S地为重要战场，邓小平领导的淮海战役总前委和华东战役野战军指挥部曾设于S县。战役开始后，S地一方面作为战场，另一方面又作为前方战场的军事人力、物资供应地。汪村的许多老人都曾参加过支援淮海战役的战斗。

里一直成为农民战争的重要战场和农民起义军、军阀、土匪杂交的温床。长期的战乱，使人民痛苦不堪，淮北流民因此而名闻天下。近代以后，中国江河以下，帝国主义入侵，军阀崛起，兵灾匪祸更为频繁。兵去兵来，耕作失时，农民“流离颠沛”，使淮北社会经济遭受巨大破坏。北洋军阀统治时期，各派军阀连年混战，兵差浩大，种类繁多，当时的淮北就是这样名目繁多的兵差的供应基地。淮北农民困苦不堪当可想而知。国民政府成立后，新旧军阀混战不已，淮北人民更受战火之灼烤。抗日战争开始后，淮北人民又遭受日本侵略者的蹂躏。广大淮北农民，在烽火连天刀枪夹迫之下，不得不扶老携幼，背井离乡。

兵灾之外，匪患也给淮北农民造成无穷灾难。1927 年出版的《东方杂志》有一段较详的记载：“淮北自改国以来，土峰起。大者揭竿为旗，聚众千人，有钢枪盒子炮等犀利之军械，横行乡里，集镇为墟。每破一圩，死伤者百计，掳去者称是；其家筹资赎回，必罄其资产之所值，名曰财神。所至大小农民俱弃家逃，佃户与之周旋。逃亡之家，匪至必焚其庐舍，往往周围百里内，赭垣斗立，鸡犬不闻。逃亡之人，匪去归来，四壁之外，欲食无粮，欲炊无薪，又无农具以供操作，家人饮食痛；斯真人世之至惨者也。小匪……出没无常，晨昏莫定。……偶一不慎，即为匪所乘；十五年中，未遭匪难者，盖寥寥可数也。”①

同样，关于这一地区的天灾（自然灾害）、人祸（战争、战乱）《安徽省通志》也有记载：

“咸丰三年（1853 年）3 月始，安徽省以长江中流屏蔽太平天国，受兵祸特重，在清军绞杀太平军与捻军起义十余年战争中，本省成为太平军与清军搏斗的主要战场，人口受到极大损失。…皖北则益以苗捻之疫，又大兵后累有凶年，人民死丧无数。”②

“从安庆往皖北的 S 县、亳州一带，‘千余里间，人民失业，田庐荡然’、‘田地荒芜、耕种无人’、‘终日不过行人，百里不见炊烟’。”③

---

① 张介候著：《淮北农民之生活状况》，《东方杂志》第 24 卷第 6 号，第 73 ~ 74 页。转引自池子华：《中国近代流民研究》，安徽师范大学内部教材，1994 年版，第 31 页。

② 安徽通志馆编纂：《安徽通志稿·民政考稿》，民国 23 年铅印本，成文出版有限公司印行。转引自《安徽省志·民政志》。

③ 曾国藩著：《曾国藩全集（奏稿）》，卷 21 第 77 页，卷 20 第 23 页。转引自《安徽省志·民政志》。

和自然灾害的影响一样，战乱与匪患也使这一地区的人们四处逃散，也破坏和阻止了该地区的农业生产。所不同的是，战乱与匪患并不是像自然灾害那样具有不可抗拒性，有些人恰恰是在兵患之年发了迹，改变了命运，有的却被沦为战乱的牺牲品。因此，战乱中并不是所有人都遭遇灾难。

由此可见，严重的自然灾害和频繁的战乱匪患是影响该地区经济、文化和社会的两个重要因素，它们使该地区的农业生产受到严重的破坏，人们流离失所，并经常地外出逃荒，加剧了村庄共同体的解体。同时，当流动变成一种文化，它不仅改变了人们的世界观、价值观和部分的生活习性，而且消解了村庄固有的传统文化，村庄的地方性知识和地方性规范被不断地打破和重构。和其他地区的村庄相比，它有明显弱化的趋势。

然而，需要指出的是，这两个因素的影响并不是绝对的。因为灾荒和战乱导致村民的外流，终究是短暂的，一旦灾荒和战乱过去，绝大多数村民还是回到自己的家乡。只是频繁的灾荒和战乱迫使人们经常性地颠沛流离，而产生了一种心理和文化上的改变，确是对该地区村民和地方性文化影响的重要因素。

三、区域文化类型

从文化归属上讲，该地区属于曹锦清先生所谓的“井耕文化”①。“井耕文化”这一称谓不仅表明了该地区农业生产的自然条件②和人为条件③聚合而成的区域性特点，同时暗示了由这种区域性特征长期沉淀而形成的文化特性对村庄和村民产生的影响。从历史文化层面的归属来说，它属于两淮文化。历史上的两淮地区被认为是中国道家活动的中心，其道教思想在这一地区有很深的文化根源，从而也在另一个层面塑造了这里居民的性格：

“……独特的自由开放的思维方式，蔑视王权、天命、神权，尊重人的自主创造精神，鄙视儒家的仁义道德，强烈的自然主义观念仍然在这块具有特殊文化素质的沃土上生长发育着。”④ 从而使他们具有明显的“智性文化”的特点：

“……活跃的思想、自由驰骋的广阔天地、较少的束缚、丰富的想象、开

---

① 曹锦清著：《黄河边的中国》，上海文艺出版社，2002年版，第85页。

② 季风性气候决定了该地区降水多寡不均，常常是春夏多雨、秋冬干旱，不利于农业生产。它属于旱涝并发较为严重的地区。

③ 该地区农业生产需要灌溉，但又没有常年稳定的河水资源予以保障，因此，只能依靠人工地下取水才能灌溉。

④ 陈广忠著：《两淮文化》，辽宁教育出版社，1998年版，第123页。

放的地域和惊人的适应性。”①

区域文化和历史文化的维度可以帮助我们了解所研究村庄的文化根基，但它不是所研究村庄文化和村民性格的全部，因为毕竟这一地区是历史上变迁最为激烈的地区（它处于中原腹地，是历史上数次战争展开逐鹿的场所和兵家必争之地）。长年的战乱和频繁的自然灾害使得这里的人们经常背井离乡、流离失所，从而也使得历史沉积的文化在战乱和迁徙中消解，甚至流失，或为外地迁徙来的居民所带的异文化所改变与融合。因此，区域文化和历史文化对汪村及其村民性格的塑造只是相对性的，它还受战乱、自然灾害和迁移等外在因素的影响。后文还将具体分析。

第二节　汪村的历史与现状

一、汪村的传说及其所处地理位置、环境、概况

汪村位于淮阳山脉余脉的子贡山下，关于子贡山（当地人称“贡山”、方言音为“空山”）在S县县志上还记载了这么一段传奇故事：

“子贡山在S县东北汪村北部拖尾河边。传说鲁哀公十二年（公元前483年），鲁使臣子贡、吴使臣太宰嚭会盟于此。双方共筑土台，举行会盟仪式，故名曰‘盟台’。鲁使臣子贡留恋此地山水，寓居较久，故山取名为‘子贡山’。后人在盟台上一座一庙。解放后，先后在此建小学、中学。如今台上松柏苍翠，台下拖尾河自北向南静静流淌。”②

同样地，关于汪村的由来也有一段民间的传说：

汪村位于S县东北105里处。传说，明代以前这里是一片低洼湖沼之地，芦苇丛生，荒凉而无人烟。由于经常遭遇洪水，这里就成为方圆几百里的自然蓄水池。每逢多雨暴洪来临，这里水浪恣肆，如蛟龙，汪洋海涛，尽是泽国。洪水撤退后，这里也多为沼泽、乱草之地，无人居住。明代以后，由于明政府下令从山西移民至荒凉地带垦荒、耕种，这片沼泽之地有了移民居住。据说，最早住在此处的人是胡姓和时姓两家。后来，历届政府着手治理淮河及其这里的分支濉河、奎河，原沼泽洼地越来越小，由几百里缩小至百余里。洪水也逐

① 陈广忠著：《两淮文化》，辽宁教育出版社，1998年版，第187页。

② 摘自《S县县志》。

步得到控制。但由于地势低洼，又处于季风气候的入侵区，因此，夏秋多雨水，并引发洪灾的年份也很多。再后来，从山东蓬莱辗转迁来一支原山西洪桐李氏兄弟家族在此垦荒、种地、繁衍。其中的一房家族在此定居。形成了现在的李氏家族。由于这个地方是有名的蓄水湖，人称“老汪湖”，方圆几十里都知有此地。①

本书所研究的汪村位于安徽省S县的东北部，地处黄淮平原，因此其地形比较平坦，没有山地和丘陵。汪村位于其所属S镇的东北部，距镇中心约为7.5公里的路程，是一个较为远离镇中心的村庄，被当地人俗称为“老汪湖”。所谓“老汪湖”是指该村的主要耕田处于由一条用于防御洪水的大堤围起来的一大片方圆几十公里的低平凹地内，像一个很大的湖底，一旦此地区发生洪涝灾害，这里就成了有名的“蓄水湖”。每逢特大洪水来临，这里就会“汪洋一片”，所以叫做“老汪湖”。汪村的耕地有三分之二以上在这“大堤”以北的“老汪湖”里，还有三分之一的“保命田”在“大堤”以南。这样，即使在雨水多的年份，只要不是特大洪涝灾害，村民的基本生活就可以得到保障。然而不幸的是，汪村面临的不仅是涝灾，还有旱灾，常常是在同一年份里，春末夏初雨水多，造成洪涝灾害，而秋冬季节又会干旱少雨，土地不能及时耕种，庄稼不能得到及时的浇灌，又因为农田水利设施因多年失修而废弃，加上“靠天吃饭”的那种习惯还在村民的思想中延续，因此，自然灾害是影响汪村农业生产的主要不利因素。

汪村现有人口1971人，共有耕地260.7公顷②。全村分6个村民小组，分为两大块，一大块为村庄的前半部分，主要以梁姓为主，附有胡、陈、康等小姓，它包括3、4、5、6等四个村民小组。另一大块是村庄的后半部分，主要以李姓为主，附有陈、付、章、金等小姓，它主要有1和2村民小组。其中，李姓与邻村CT村为同一祖宗。改革开放以来，人们的宗族意识已经逐渐淡化，但并没有完全消失，期间曾四次重修家谱，并于1999年通过大规模的集资和个人募捐的方式进行了“认祖归宗”活动，凡李氏家族均派代表前往商讨祭祀、修谱和建陵园等事宜。在各方的积极配合与努力下，新的家谱和“李氏陵园”终与李氏子孙见面了。当我问及村民为什么愿意参与此项活动时，他们说：“都是自己的祖宗，别人都这样做，我也没有理由不这样做；再

① 摘自“李氏家族族谱”。

② 数据来源：S镇各村2006年人口统计报表。

者来说，‘认祖归宗’的事，也可以使自己不受别人欺负。当遇到事情时，大伙也都愿意帮忙，当然好了。”望着颇为壮观和神圣的“李氏陵园”及其墓记，我心里在想，在我国现代化日益推进的今天，传统的东西根深蒂固地存在于“现代”村民的脑海中，左右着他们的行为。

然而，反过来想，又觉得一切都合情合理，在情感性人际关系日益淡化和社会关联日益理性化的今天，村民的归属无所着落的时候，传统意义的归附也许在这样一个社会激剧变迁的时代可以慰藉他们的心灵，以寻求一种精神上的支柱。当我们用一种所谓的“现代的”、“科学的”力量和各种政治运动来试图改造和破除乡村的“传统”时，乡村人赖以生存的心灵小屋在土崩瓦解中顿时成为一片废墟，一切历史都已成为破碎的瓦砾。无以庇护的乡村人急切地盼望着新的家园的重建。

从村庄的经济发展状况和生活水平来说，汪村是一个以种植业为主的纯农业村庄，由于该村耕地数量较多（人均 2.5 亩）、耕地的土质和生长能力都较好，因此，就以种植业为主的村庄而言，汪村的农业收入和生活水平基本上处于中等的水平，但由于它没有任何非农产业和特色经济作物，因此，和其他非农产业已取得较大发展的发达地区的村庄相比，汪村是落后的。汪村的这种状况在村集体经济十分薄弱的情况下，当村干部的角色和作为不符合村民的期望和不能代表村庄共同体利益时，村民和村干部的关系就会表现为较大的张力，村庄内部的矛盾与冲突就会被激化，并以激烈的群打群斗的形式显现出来。在像汪村这样传统资源已被破坏、传统权威已经弱化和消解的村庄，当村民与村干部的矛盾以私人群体之间的械斗表现出来的时候，村庄的自调节机制便无可奈何地落在了担当仲裁调节人的民间精英的身上。

二、汪村的历史：村民记忆中的村庄

由于汪村的村委会已易数届，关于以前村庄情况的介绍在村委会那里没有找到太多有价值的记录资料。同样由于保存不完善，在镇政府那里也没有该村的村史。无奈之下，只好去访村庄最年长的知事 LDJ（79 岁）和村民 LDY（76 岁）。在两个人的相互补充中完成了他们对记忆中村庄的回忆，下面是汪村的简略发展历史：

（一）汪村所属的行政体制的历史沿革

1930 ~ 1940 年间的汪村还不是一个村庄，因为当时实行保甲制①，分为前

① 据该县县志记载，1931 年，国民党实行保甲制度。

后两堡：前堡叫 WW 堡，后面的和目前邻村的一部分（一个叫 CL 的自然村落）合称 DCT 堡。这两个堡和相邻的另外两个堡（目前的 CT 村）合为一个乡公所。往上属 CL 区（即现在的 CL 镇）管，再往上属 X 县第十区管①。1958 年后，CL 自然村划给邻村，合为 CT 村，而 DCT 与 WW 合为一村，叫汪村。属于 S 区 CT 乡管。人民公社时期，由于农村先后实行大社和小社的体制变革，1951 年，汪村属于 HJ 乡（即现在和汪村东邻的 HJ 村）管，当时的 HJ 乡属于小社，管辖 5 个村。此后，汪村又恢复为归 CT 乡管辖。其间，1956 年、1969 年分别实行过“撤区并乡”和“大社改小社”的体制变革。此后又恢复为 CT 乡管辖。这种行政体制一直延续到 1992 实行“撤区并乡”，原属 S 区的 6 个小乡合为现在的 S 镇，原区政府改为现在的镇政府。汪村所属的 CT 乡同时撤销，直接归 S 镇政府管辖。这种行政体制延续至今。

（二）村民记忆中的村庄

下面是年长村民 LDJ、LDY 记忆中汪村的历时性变化：

1930～1940 年代，“村子叫 DCT 堡，保长和先生最有权，家里地也最多。”

关于当时的状况，村民 LDY 回忆说：

“那时候，各人种各人的地，一个门房（指一个小的家族）有 1～2 亩的公田（当时叫坟地），租给穷人种，公田收入用于祭祀、栽树、养坟等。但公田的收费不是由族内的年长者收，而是由保长收，保长收了以后，要进行提成，然后再分给各个小族作公共财产。”

“当时种地收得很少，小麦亩产才百十斤，但由于地多，一般夏、秋两季收入可以勉强维持生活。可是由于旱涝、虫灾，经常是十年才能收两三年。一般是秋天发大水，秋季庄稼就什么也收不到。一般人的生活都很困难。保长和先生（指会计）由于地多（一般都是 1 顷以上），日子好过一些。而穷人一般到春天就没吃的了，不得不卖地。穷人卖了地了，就更穷了。那些地多的人越有钱就越买地，买的多了也就更富了。”

1949 年，“建国，分地主的土地，实行单干，人民的日子好过一些。”

1950 年、1951 年，“发大水，日子不好，没东西吃。”

1951 年秋，“开始土改，历时 3 个月，到年底基本搞成。1952 年开始复

① 据该县县志记载，民国三十一年（1942 年），成立萧县宿铜县政府，许西连任县长。

查，纠偏、纠错。”

1952 年，“开始实行互助组。”①

1954～1960 年，“发大水，逃荒。”

1955 年，“开始入社。”

1956 年，“入高级社，吃集体。”

1958 年，发生的事很多，如大跃进、反右派和“稻改”等。

1960 年，“最困难的时候，没啥吃，生活艰难。”

1961 年以后，“就好一点了，但仍然困难，国家也开始纠正一些错误。”LDY 说：

“1961 年以后政策灵活了点，庄稼收成多了一点，日子好过一点。但还是困难。而且担心时局不稳定，所以，大家也还都小心谨慎。”

1965 年，国家出现了变化，按照当时的新政策，实行“三自一包”、“四大自由”②，实行包产到户，那时候就不再搞集体化，开始分开了。但是时局不稳，而且对于“分开单干”仍有一种担心，很快又回到了集体化劳动的路子上去了。

此后的一段时间（1966－1976 年），由于国家出现了一些动乱，因此，汪村在 1980 年以前也和全国其它地区的农村一样经历了曲折的发展道路。

1980 年，“开始实行分开、单干。”

两位村民回忆如下：

“刚开始的时候也不敢分，害怕！时局不稳定，如果再像上次那样就麻烦了。所以，谁也不敢动。后来，看别的地方都单干了，也就放心了，就彻底分开了。”

“没分开前，吃白芋（指红薯），分开后开始吃粮食，虽然是杂粮，但和以前比，是好多了。”

1990 年以后，“越来越好过了，就是前几年要的钱太多了。”村民 LDY 说：

“1990 年以后，日子就好过多了，吃饭都开始有熟菜了，虽然多是自己种的，但总算伙食改善了。也有经常去集上买的。自行车也都用轻便的了，电视

① 该县县志记载，1950 年春即开始实行互助组，但村民坚持认为是 1952 年开始的。

② 村民仅仅记得这个口号，但不知具体含义，大概意思是“包产到户”。

都有了。”

2002年以后，农业税费负担开始减轻，2005年农业税取消，我们的日子就要好过了，村民LDY如下评说：

“现在日子越来越好过了，啥都不用交了。生活也越来越好了，彩电、DVD、摩托车、三轮车、拖拉机等都有了，电话也安上了。种地也都是机械化了，不费什么劲就种好了。年轻人都出去打工，有时也能寄两个给家里（指汇款）。现在比什么时候都好过了！”

村民关于记忆中村庄的叙述基本上记录了村庄的发展历史。笔者后来再查阅该县县志时，在“大记事”部分看到了建国以后的相关纪事，然后将之与这部分的访谈记录相比照发现，村民所说的事件基本上与县志上所列的记事时间相一致，只是在一些细节上有一些差异。同时，由于县志可能出于其他原因的考虑，对于一些重要事件只是粗略提过，或者以一种委婉的方式表达。如对1960年的“饿死人事件”，县志以发生疾病的方式代过，“1960年春，由于灾荒饥饿，全县普遍出现了浮肿病。干瘦病，人口非正常死亡数激增。”① 因此，透过村民对村庄的回忆，我们基本上可以了解村庄发展的历史。

三、“水利”：一个和村庄纠缠不清的行政话语

从汪村形成的那日起，它就与水有着千丝万缕的联系，因为在汪村形成以前，这里就是一片湖沼水滩。自有人在此屯田开荒、居住以来，人就与水作着不停地抗争。明朝以后，随着从山东蓬莱辗转前来的李氏四兄弟在此垦荒定居以来，汪村的祖先就没有间断过和洪水的抗争。这从第一节关于区域的概况中所列的自然灾害中可以看得出来。

（一）与汪村有关的河道

汪村所在的区域河流属奎河、拖尾河水系。参照图3－3

濉河发源于砀山废黄河南堤，经萧县、濉溪、宿县、灵璧流入洪泽湖，是淮北地区主要河流之一。流域总面积为2381.3平方公里，流经宿县（S县）34.9公里，流域面积达232.2平方公里。濉河经过两次变迁：（1）1951年，从灰古黄庄经蒿沟、苗庵、小潘家改道；（2）1966年，开挖新汴河后，从老

① 如果说“浮肿”算作一种病可以说得过去，但“干瘦”只能算作一种饥饿导致身体虚弱的状态，而不能算作一种病。

符离东截入新汴河，称为萧濉引河。

奎河发源于江苏徐州石狗湖（今叫云龙水库），流域面积1231.4平方公里，全长65公里，S县境内812.5平方公里，长39.3公里，是宿北主要行洪河道。1921年截老奎河于凤凰蛋的老奎口（凤凰山口子门），开挖新河道至柏山与老奎河相接。1955年将老奎河堵死，成为蓄水河。

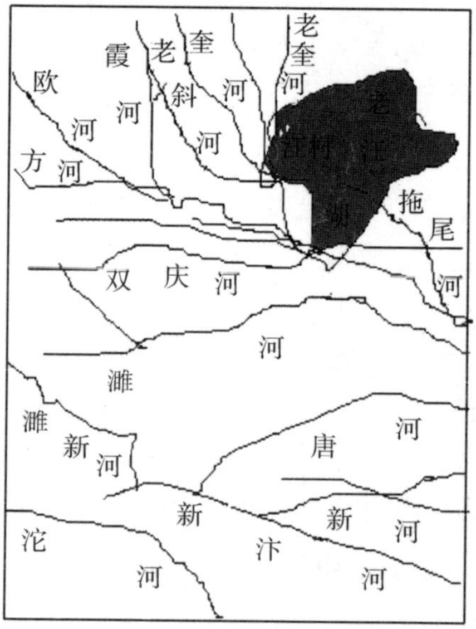

图3-3　汪村所处地区的河流分布

奎河河床弯曲，堤防单薄，行洪量大，河道上游支流多，加以奎河西有山丘分布，每汛期，山水汇集，来势凶猛，有时奎河容不下，造成严重水灾。1951年，建老汪湖为滞洪区，设柏山闸调节水位，奎河才免决堤。目前，奎河因徐州工业废水污染严重，已水草不生，鱼虾绝迹，成为害河。

双庆河是1976年挖的一条人工河，称新股河，截断股河的水源。现股河只作大沟使用。

方河是天然河道，发源于S县鹤山，东至夏桥而流入奎河。

新汴河是1966~1970年开挖的人工河，是治淮主要工程之一。新汴河在S县境内长40.4公里，通过沱河、濉河两河分流，使排洪能力提高3~5倍。①

① 资料来源：S县县志。

上述河流中，濉河与奎河是对于汪村影响最大的两条河流，尤其是奎河，在多雨的夏秋季节，上流来水凶猛，来汪村所在的区域又是被政府规划的蓄洪区，因此汪村经常遭受洪水之灾。虽然解放后政府加大了水利设施的建设力度，但是，由于该地区雨水季节分布极不均匀，经常在夏、秋形成强降雨，容易引发洪涝灾害，而冬、春干旱又容易形成旱灾。加之该地区村民靠天吃饭的思想依然存在，所以旱涝等自然灾害对农业生产的影响仍然严重。而且，目前该地区已被政府规划为淮河流域的一个典型的滞洪区，事实上，应不应该将该地区作为"滞洪区"，或者在将其作为"滞洪区"的情况下，如何进行补偿以及配套措施是什么都是值得思考的。

（二）水利设施建设

由于自然灾害（尤其是水灾）给该地区人们带来无比深重的灾难，建国后，政府加大了对该区域水利设施建设的力度，甚至在一定时期，它成为政府工作的主题和乡村的大事。在该县县志的"大记事"部分关于"水利设施建设"的条目有 12 条①之多。

因此，"挖河"成为汪村部分村民个人经历的主要组成部分，甚至被村民认为是自己在特定年代生活的主要方面。下面是关于村民 LDY 个人经历的访谈记录，看看他的经历中有多少与"挖河"相关。

土改以后就挖河。

"1951 年下半年就开始挖堤河、打大堤，一家都出几个人去挖河，要 18 天完成大堤，本县的人负责从柏山到闸口，灵璧县的负责从闸口往下挖，1952 年复查大堤，后又派濉溪民工来加宽大堤。大堤都是靠人力抬土筑成。"

1952 年，挖沱河，在大店附近，一村去几十人，干了一个多月。

1953 年，挖小黄河，在灵璧西南角。过了年就去，一直干到麦口（指收麦子的时候，下同）。下半年又挖唐河，在灵璧西南的围屯，干了几个月。

1954 年种完麦子就去泗县挖新濉河，一直干到年底，过了年又去，一直干到第二年的麦口。当时，一个村去几十人。

1955 年，发大水，大堤蓄水，不得不去山东逃荒。在山东临沂的沂山县和围山县交界的地方。做点小生意，如卖花生、贩青菜等，勉强可以维持生活。在那主要吃白芋和煎饼。

① 参见《S 县县志》的"大事记"部分。

1956 年回来入高级社。天天干农活，很累。吃集体，吃不饱。

1957 年去西安东郊的韩森寨干装卸临时工，干了一年。1958 年回来。

1958 年，大跃进，去修蚌埠闸，到 10 月份回来。回来后，年底又去符离集西边的西黄山砸碴子铺铁路（津浦线，即现在的京沪线）。铺铁路只管吃，没工钱。后来只剩下几十个人了，因为太累，又吃不好，都跑了。剩下的一直干到 1959 年。

1959 年下半年又到明光附近的石鸣山，开山洞、铺铁路，一直干到 1960 年。

1960 年，到蚌埠水电局劳动半年后，去洪泽湖挖河，一直干到第二年收麦子的时候。回来后就去了外村（亲戚所在的村）当会计，干了 2 年。

1963 年，发大水，都出去逃荒了，自己又去西安打工。一直到 1965 年麦口回来，开始干农活。

1966～1969 年，挖新汴河，主要挖南王集西南角的一段。接着挖 S 县地下环城河。

收完麦子以后，挖符离集西边新汴河上游四步闸河、符离集西南角的王闸口。

后来挖通往灵壁的宋路沟。再后来又修了几次大堤。

以后几年又挖拖尾河（1 个多月）、挖汴河（挖了 3 年）、挖一些小沟等，很多，就步一一说了。

分队以后，挖河就少了。①

由上可以看出，建国后，政府是加大了对水利设施建设的力度，但同时也耗费了大量的人力、物力，由于对治理后河流管理的不善，造成许多河道阻塞，不得不重返工程。大量的“挖河”工程占去了该地区村民大部分时间，根本无法顾及农业生产。在当时生产力极为落后的背景下，用这种极为原始的人工劳动力的办法来实施多项非常大的工程也是不得已而为之的事情。但是，在工程具体实施过程中，由于许多基层管理人员和少数村干部认识不到位，为了争先进、要功劳，不顾劳工的利益，瞎指挥、乱指挥，引起民众的不满，有些人在一些工程实施过程中无辜地被夺去了生命。因此，“挖河”事件本身是好事，是明智之举，但是受到集体时代干部优越性和特权意识及某种偏见、私

① 对村民 LDY 的个人专访，2006 年 5 月 26 日。

愤的影响，往往把事情办坏了。偏离了原本为民谋福利的目标，使许多人对“挖河”事件产生憎恨和不满。另外，繁重的劳役使许多人失去从事其他行业或流动的机会。许多人疲于应付无休止的水利工程成了会吃饭的机器，他们说：“与其这样，累死累活地干，还得不到好，真还不如在饥荒之年去逃荒！”

当前，“水利”仍然是政府和村民关注的主题。这主要表现在政府将汪村的几百亩良田视为“蓄洪区”。政府在这方面下了多次文件。如关于治理奎、濉河的、关于“老汪湖蓄洪区”规划的、关于“万亩林场”的、关于“护堤工程”的和关于规划水产养殖等等。政府的文件使得该地区成为“滞洪区”和发展其他产业的构想本身是矛盾的，也不现实。从已发的正式文件来看，政府对老汪湖的定位就是“滞洪区”，至于水产养殖、开发旅游等的提法仅仅是用以慰籍民心的一些远景构想，不切实际，也不现实。政府对此也没有任何具体的实施计划。因此，把老汪湖作为“滞洪区”是当前汪村面临的主要政策背景。但这里有一个配套措施的问题。目前，作为滞洪区的老汪湖并没有得到相应的补偿措施，仅仅在前几年规定，处于老汪湖境内的田地不用交农业税，可以免费耕种。然而，这一规定在全部取消农业税以后已没有实际的意义。老汪湖至今仍被规划为“滞洪区”，虽然国家曾下达“关于滞洪区补偿的国务院令”，但没见地方政府相应的措施出台。对于汪村而言，如果把老汪湖境内的田地亩数去掉，仅仅靠大堤南的田地，人均耕地还不到0.5亩，这对于一个以纯种植业为主要收入和生活来源的村庄的村民来说，是很难维持基本生活的。

四、价值观的变迁与人际关系的理性化

正如许多学者所指出的那样，改革开放以来，尤其是进入1990年代以来，在市场经济及其所属特质（如理性化，功利主义和自我中心主义）和政府的政治行为（如政治性运动）的双重作用下，转型中的村庄伴着其“传统”与“记忆”的消逝，其传统的社会特质也正在消解。主要表现在：（1）传统的以血缘、姻亲和地缘等为纽带的人际关系正逐渐淡化，人际关系日趋功利化和理性化。人际冷漠与遇事无助的现象成为村民抱怨最多的事。（2）传统的信仰机制与诚信机制正逐渐失去支持的社会基础，而现代契约型、理性化的信任机制还在培育中，在此过程中，村民的共同体精神较以前有所弱化。（3）当传统的联系（如宗族，血缘关系上的联系）被“现代”的外力所割裂，而新的与现代市场经济相联系的利益联系尚未建立且缺乏建立起来的社会基础，社区的村民日益走向原子化，正像马克思所描述的“一袋马铃薯”，表面上似乎紧紧捆在一起，实际上已经是彼此互不相干的一个个个体。由此，滕尼斯所谓本

来意义上的“社区共同体”正日益走向解体。原子化在汪村一个最明显的表现是，传统意义上的互助行为已日益为利益联系所代替。如原来各家盖房都是请亲戚或邻里帮忙，而现在主要是承包给别人干，即使请的是亲戚邻里也是以工钱作补偿的，而不是以前请帮忙吃上一顿饭就可以了。像盖房这种报酬形式的转移从经济利益的角度也许是可以理解的。可是当遇到那些本应属于社区成员互助范畴的意外事件时，却出现“缺场”的情况。这时候，我们就可以明显地感觉到人际关系的理性化背后所隐藏着的村民价值观向现代工具理性的转型。

在市场经济条件下，由于所有的事情、物品和行为都以相应的价值来衡量，因此，经济理性成为了人们行为的基本价值取向，这与根植于乡村固有的传统文化价值导向有根本的不同：建立在乡村传统文化基础上行为价值取向儒家文化重“人伦”、“人情”的“关系场”与“民间互助模式”，它是以维系“关系场”中的他人、集体与社会为导向的，而建立在经济理性基础上的行为价值取向则是以市场主体自身的“成本－收益”算计原则为导向的。我国建立市场经济体制以后，市场经济的规则及其运行机制在实践中不断地建构着经济理性的价值理念，影响着人们的社会行为。

五、村民的“主话题”：“传统”与“现实”双重意义下的村民生活

（一）盖房娶亲，养儿防老：乡村人演绎不完的“传统”

在汪村，如果让村民谈“最让他们欣慰的一件事”或“最为头疼的一件事”时，出乎意料的是，两个问题的答案近乎一致：为儿子盖房娶亲、为子女有个好的“着落”（意指生活的依靠，如工作。手艺和上学）煞费苦心后的成功而带来的喜悦和慰藉。在汪村这样一个相对封闭的村庄，传统中国社会的代际抚养与反哺方式还大量存在。当年轻的一代还无力承担生活的重担时，年长的一代用他们辛勤的劳动与苦心的培养为他们建立一个可以“无拘无束度过童年和青少年”的庇护型家庭环境，以此换来自己年老时有人“照应”的养老方式。不仅如此，汪村村民还将对子女的抚育成功（包括事业上的和婚姻上的）作为实现自己人生价值的体现。

在汪村，50岁以上村民都会谈到同样辛酸的历史。而对于三、四十岁的中年村民来说，他们谈的最多的也是如何为现在年龄依然很小的孩子“攒钱”（当地方言，意为“储蓄”），将来给他们盖房子、娶媳妇。如果子女争气，能考上大学，就用这笔钱供养他们上学。他们似乎也在延续着父辈们已经在他们

身上完成的使命。农民的眼光似乎很短浅，也很现实，那就是为了子女能够像自己一样成家立业，就算是自己最大的心愿了。当然，能考上大学更好，但他们似乎更现实地看待自己“农民”的身份，没有把“厚望”寄托于未来的子女可以飞黄腾达上，只求能够象自己一样，结了婚，安稳度日就可以了，这两种对子女的期待的差异在50岁和25～40岁两代人之间表现较为明显。在年长一代的村民眼里，子女只要听话、正干、能娶上媳妇就算是实现他们的愿望了。而在稍微年轻一点的中年夫妇对子女的期望中更多了一份“培养孩子上学，将来能有出息”的现代子女教育观的成份。时代的变迁可以推动社会的进步，也许在汪村两代人在子女的培养期望上也有所体现。

（二）形式化的礼仪社会

在汪村村民负担的调查中，除了自家子女结婚所带来的沉重的经济负担外，村民反映最强烈的是他们日益难以承受的人际间的“人情往来”，用村民的话来说叫“人情债”。在传统的中国社会，乡村人建立在血缘/地缘和姻缘基础上的互助行为，构筑了乡村社会带有浓厚的乡土意味的人情网络。这种曾经为传统的乡村社区的社会互动提供过极大支持的关系网络在乡村现代化的进程中日益起着阻碍作用。这种阻碍作用一方面表现在“乡村情缘”本来意义上的束缚作用，如，在我国乡村现代化进程中，这种来自传统力量对农民思维方式和行为模式的束缚作用。另一方面则表现在村民在维系这种互助模式的过程中所付出的沉重代价，也就是我们所说的“人情债”。在汪村这样一个已经失去社区传统与记忆的村庄，当村落“共同体”的本来含义在村民的意识中已经丧失的时候，这种用于维系乡村社会互助行为的“乡情”网络的互助模式也在发生根本的变化，乡村人原本发自内心的“救助”行为已逐渐为功利性的形式化的“人情往来”所代替。由此，建立在“乡村情缘”基础上的“人情往来”互动模式在还能承担传统意义上的乡村社会保障功能的同时，也因为其较高的成本日益为村民们的生活负担。在一定程度上，它已经替代甚至超过了农业税取消前农业税带给他们的负担。沉重的人情债又由于社会总体生活水平的提高、大多媒体的普及和农业收入的相对降低而加剧。

在汪村，由于没有像样的非农产业，村民主要依靠种植业和外出打工获得收入，因此，村民的收入水平是相对偏低的。但是，村民用于人情往来的费用却是与整个社会的物价水平和礼金标准相一致的。在对村民的消费支出情况调查中，村民用于人情往来的费用仅次于农业设备的购置居于第二位。村民既感觉压力大，又表示很无奈，毕竟，人情往来，在他们看来，是需要的维系的，因为这是本地的习俗，也是乡村人做人的标准。

六、村委会的整合力量在弱化

农业税取消后，汪村的村委会的自治能力因为缺乏经费来源而进一步弱化，其职能主要是例行上级的会议，完成上级安排的任务，自治方面的规划也很少，在对村委会的考察中，也没有看到关于村庄治理的文件和关于村庄发展的规划图。由于1990年代中期到2003年间农业税费负担过重等问题使得村委会和村民关系一度紧张，使其在村民中的权威有所弱化。加之没有村集体经济作支持，村委会一度处于瘫痪状态。2004年底，为了还上几届村集体欠下的私人债务，不得不将村委会的办公楼卖掉，用以抵债，自己搬到村小学去办公。由此可见，村委会的自治能力、整合力量和权威已经非常弱化了。

村委会权力的衰落与村庄的历史有着紧密的联系，同时，也与村委会日益走向行政化从而脱离民众的信任与支持有很大的关系。在现代化进程中，村委会的“行政化”是一个普遍的现象。但村委会的权威和能力衰弱到几乎瘫痪的程度，不能不说与村委会的行为、村干部的素质和村庄内部其他权威的挑战有很大的关系。汪村村委会权力的运作逻辑更多地是行政体制导向的权力运作，即行政化运作。其主要职能是执行上级政策和完成镇政府安排的具体任务。例如，汪村的历届村支书的候选人几乎都是由镇政府直接任命的，而村长等其他村委会的人选虽然是由村支书提名，经镇政府考察同意后任用的，而选民的选举仅仅是一个形式，使其程序合法。这种被“行政化”了的村委会的“职责”决定了它的成员必须对上负责。而根据“村民自治组织法”的相关规定，村委会作为自治组织，“自治”应成为其首要的职能，而且，也只有自治才能强化其在村民中的权威，其自治权力的运作也才有支持的基础。汪村的村委会主任这样评价自己的工作：

“我没有什么文化，也讲不出什么大道理。农民嘛，就是干实事。上级布置的任务要安排下去，老百姓要办的事我们都给帮忙办了。其实，村干部都是一份苦差使，无权无钱，而且净是（全是）得罪人的事，不容易干啊…”

“你觉得村干部主要干哪些事呢？”

“不就是每件事吗？对上要负责。对下要说好。上级安排的任务要按期完成，不能按期完成，上级一开会就点名批评，严重的还要追究责任。对下说好，就是让老百姓愿意接受上级安排的任务。农民有啥要办的事，比如开个介绍信、证明之类的都帮他们办了。现在的村民不好管理，你哪一样涉及他们的利益，他就跟你对着干。如果是好事，他们都还好说，比较配合，如果是对他们不利的事情，执行起来就比较麻烦，弄不好还会得罪人。”

“你觉得村干部是否有责任带领村民致富？是否应该协调村民的矛盾，对农村的社会治安是否有责任呢？”

“按道理是这样，可是现在怎么能办到？没有钱啊，以前村里欠私人的钱还是我们还的，现在又不能向农民收钱了，上级也不给，村子里也没有创收的门路，没有钱怎么搞啊？别说我们做不到，这个村的任何人都做不到。

你说调解矛盾，现在的人都是要钱不要命的。两家发生矛盾了，你调节中稍微得罪了哪方，他都不干，说你偏心。有的人平时对村干部就有成见，我们一去调解，他借机就会找你的事。有时候想，多一事不如少一事，可是，作为村干部我们还得管，但要想管好确实不容易。”

村主任的话多少显得无奈，但这不是他一个人的事，汪村多届村委都未能解决这一难题。实际上，这位村庄村主任是高中毕业，复转军人，为人比较和气，和群众的关系较为融洽，但村民却说：“人好有什么用？没有威信也不行，村里没人听他的。”可见，要想改变汪村治理的现状并不仅仅是换个村干部或村委会的事情，一个能够让村民看到实际效果并树立威信的带头人（或团体）和一套科学合理的治理、发展方案是必要的。

第三节　村庄中的学校与知识群体

一、村庄中的学校：连接乡村社会与国家意志的纽带

和其他地区的村庄不同，汪村是一个设有初级中学和小学两个学校的非中心村庄。在其他地区，一般拥有中学和小学两个学校的村庄多是一个乡或镇政府所在地的中心村庄，或者是民办的私营学校。而汪村在当地从来没有成为对其他村庄有管辖权，作为公社或乡镇政府所在地的中心村庄，它一直只是一个以自然村落为主体的行政村，却拥有中学和小学两个均被当地教育部门列为公办性质的学校。而在邻村曾作为乡政府所在地的中心村庄的 CT 村就已经有一所乡办中学了。这种不同所产生的结果是，在其他地区的中心村庄的乡、镇办中学一般有国家安排的师资计划。而汪村的中学在最初建立时清一色的民办教师，和村小学教师的来源基本一样。汪村中学的教师一般是从汪村以东（包括汪村）的三个行政村的小学中资格较老、水平稍高的教师抽调过来的。但

教师主要以汪村的为主，该校校长一直由汪村人担任。因此，汪村有了一批较别的村庄更多的兼职教育行业的乡村民办教师，后来国家和地方政府分别出台了关于民办教师转正的相关政策，汪村的中、小学教师中有相当一部分转为正式的公办教师。同时，汪村中、小学还是汪村一些未能升学回村的高中毕业生和初中专毕业生就业的主要场所。这样三十几年下来，在汪村的中、小学兼职或专职当老师的就积累了六、七十人。加上在附近和外地从事教育行业的一批人，汪村的教师队伍已经形成相当的规模。

汪村小学的出现似乎是天经地义的，因为在特殊年代，国家有政策鼓励兴办乡村小学，有条件的地区，一般一个行政村都设有一个小学，没有条件的地区，可以几个村共用一所小学。在汪村所在的地区基本上一个行政村都有一所小学。这样，汪村作为一个行政村拥有一所小学就很自然的了。但是为什么在作为乡中心村庄的邻村已经有一所乡办中学的情况下还会在汪村建设一个中学呢？两个中学几乎相连在一起，并都被纳入国民教育计划。其背后的原因既有时局的促使，又有人为力量的推动。从时局和政策背景来说，主要受两大政治运动的推动，一是“大跃进”；二是“文化大革命”。1958 年，安徽省为贯彻“教育为无产阶级政治服务，教育与生产劳动相结合”的方针，在“大跃进”的推动下，在“两条腿走路”办学原则的指引下，大力发展小学教育和初级农业中学的教育。1958 年 6 月，省教育厅报省政府批发《关于发展民办农、职业中学的初步规划和民办农、职业中学暂行办法（草案）》以促进乡村教育的发展。据《安徽省志·教育志》记载，与 1957 年相比，1958 年小学增加 10169 所，教职工增加 18890 人，分别增长了 48% 和 20.2%。“文化大革命”期间，一方面教育受到严重的摧残，许多乡村教师被批斗，有些教师在批斗中蒙羞死去。另一方面，安徽省为贯彻周总理提出的“普及小学教育是一项大政”的指示。1966 年、1972 年、1973 年和 1974 年，省教育厅多次下文指示普及小学教育的文件。在普及小学教育的过程中，一度盲目发展初中。一些小学为了顺应上级的意愿，不管有没有条件，都加设初中班。后来，干脆就将初中班独立出来，成立初级中学。但学校数量和规模的扩大并没有带来教育质量的提高，因为，在此期间，师资构成发生了质的变化，一批在职的乡村知识分子被批斗，离开了教师岗位，而一批小学毕业生和初识文字的村干部混进中、小学当教师。据《安徽省志·教育志》记载，文革 10 年间，全省小学专任教师增加 100691 人，其中，民办教师增加 127277 人，公办教师减少 26586 人。民办小学教职工占小学教职工的比例由 1965 年的 39.1% 上升到 69.06%。就是在这样的背景下，汪村中学的雏形在特殊年代就诞生了，但是，由于时局的变化，该中学曾一度被停办。但1978年以后，政府又积极提倡群众办学，农村职业中学得以重新创办。就这样，汪村中学一直持续了下来，并与邻村的CT中学一起，分担着该地区乡村的义务教育。

如果说时局与政策背景为汪村中学提供了得以产生的机会，那么，得到在当时被称为“又红又专”的权势人物的支持则是该中学得以形成和持续的关键性要素。这个人就是在革命年代参军，复员后区政府工作，后来一直任区委书记的汪村村民LQD。当时教育主管部门认为，一个乡不应该同时并存两个初级中学，而且两个又距离很近，而CT中学虽然坐落在CT村，但它是原乡办的中心中学，自有其存在的合理性。因此，有人曾多次提出撤销汪村中学。但在LQD的支持下学校最终还是被保存了下来，只是在性质上被界定为职业中学。但其授课的内容和所承担招生和义务教育的任务以及升学的指标分配都和一般中学没有什么两样。LQD任区委书记后，汪村中学发展得一路顺畅，升学率也逐年上升。1990年代以后，LQD调到市里工作，其所支持的原校长已退休。于是，汪村中学存在的合理性又受到一些人的质疑，又有人提出，撤掉这个中学。但是，由于该中学已经有几十年的办学经验，并有一批在此任教十几年的老教师的鼎立支持，在重新找人说情的情况下，汪村被以“职业中学”的名义保存了下来。仍然承担着附近村庄义务教育的重担。但由于没有上级和村里的财力支持，学校的发展遇到了许多困难。因为学校原来有村里划给的田地，并聘了几个职工，自己可以有一点收入，加上，以前可以以“教育附加费”的形式向村民收一点，那一段学校的日子好过一点。后来，村里收回了划给的田地，税费改革和农业税取消后，教育收费的路也断了。现在学校民办教师的工资完全靠学生缴的学杂费来发。学校目前仅能勉强维持。前不久，由于当地贯彻中央关于农村免费义务教育的政策，上级教育主管部门感觉教育经费压力过大，决定将汪村中学与毗邻的CT中学合并，原所有教师重新调整后继续任教。由此，伴随着汪村风雨走过近40年的中学宣告结束，但它培养的教师依然在延续着神圣的权威。

二、村庄中的知识群体

尽管汪村中学的存在合法性始终受到质疑，学校的发展也遇到诸多困难，但是汪村中学毕竟维持了近40年的历史，锻炼和培养了一批教师队伍。这些教师要么读过多年私塾，要么高中毕业后回乡务农的青年，要么是初中师范毕业后来这工作的。这些人经过十几年的锻炼，如今有的已经退休，有的正处事业旺盛之年，他们多年的教龄和实践使他们具有了丰富的教学经验，也有良好的师德。因此，在汪村具有很高的威望。汪村小学的教师也都是有几十年教龄的老教师居多，由于汪村目前的中年村民（45岁以下）及其子女基本上都是他们的学生，年长一些的村民也都目睹了这些教师几十年来的师德风范，对他们的人品都信得过。因此，汪村小学教师的威信在村民心目中也是牢固树立的。不管是国家正式编制的，还是民办的，汪村小学的教师通过平时的和善与友好，通过教师职业的自我塑造，将威信深深扎根在村庄中。特别是当村庄的其他权威都很分散而又很弱小的情况下，教师的这一权威更显得突出和深入人心。

在汪村，除了中、小学教师外，同样具有个人魅力的，还包括那些读过私塾或受过中等以上教育，被村民认为是“有文化”的人。这些人包括村庄里的赤脚医生、曾在外工作现退居村里的人员、复转军人、婚丧礼仪的知事、司仪和改革开放以来高中毕业回村务农但有一技之长的中青年等。本书将这些人和乡村教师一起称为“乡村知识群体”，因为他们的共性主要体现在他们所共同拥有一定的知识和他们对村庄公共事务的参与上，而后者恰恰类似于学者们所说的“知识分子”的公共性的特征。但他们既构不成一个阶层，又不完全等同于普遍意义上的“知识分子”，因此，我们将其称为“乡村知识群体”。

三、不同时期教师来源与构成的变化

由于特殊历史条件下的政策的推动，汪村小学的扩展和汪村中学的建立使汪村的教师队伍不断壮大，并在不同时期其内部构成也发生了相应的变化：建校初期主要是一些读过私塾的老知识分子，如LCY、LJY、LXL、LXC、LXA、LJH、LZJ、LQL、LQB、LSY、LJT① 等。而在“反右派”、“文革”等历次政治运动时期，一些老知识分子由于受到批斗或自杀或退出教师队伍，而在一些运动中的积极分子进入教师队伍，并在后来国家关于民办教师转正等相关政策允许的机会中转为正式教师。这一部分人除了积极分子本人以外，还包括一些大、小队干部的亲属。集体化时期，教师队伍相对比较稳定，没有发生太大变化。改革以后教师队伍发生了很大的变化，主要表现是新老教师的更替。新加入教师队伍的主要有两类人：一是在村庄中较有权威的老教师、老大队干部的子女；二是集体化时期村庄中“民间艺人（主要是参加戏班子的人）”的子

① 这些代码所指的具体人在书后附表均有说明。

女。而上述两类又可细分为高中、中专毕业和部队转业的两类人员。

表 8－4　汪村小学和汪村中学不同时期教师来源及构成变化

时期	教师构成变化的主要特征
建校初期	读过私塾的老知识分子、村庄中有威望老者成为教师的主体
政治运动及集体化时期	积机分子进入教师队伍，并在国家政策允许的适当时期获得正式身份
改革以来	新、老教师的更替：老教师、原大队干部的子女；集体化时期村庄中民间艺人（参加戏班子）的子女（具体为复转军人和初中、高中、职校毕业两类人）

1990 年代中期以来汪村中学开始有正规师范院校毕业的学生来此任教，但他们多数不属于汪村村民，不进入本研究的视野。

由上对汪村教师的来源和内部构成的变化的描述和分析可以看出，汪村的知识群体的变化除了受社会大环境变化的影响，还受到村庄拥有两个学校这样一个特殊因素的影响。后一个因素的出现当然与前者（社会环境）有一定的关系，但后者一旦出现就成为影响村庄知识群体内部构成变化的一个独立影响因素。在这两个因素影响下的汪村知识群体发生了复杂的变化：首先是知识群体的来源及其构成的变化；其次是知识群体的主体构成——教师——的来源及其构成的变化。这种变化一方面反映了社会环境的变化对村庄的社会流动产生的影响，另一方面也意味着知识群体的群体属性和整体权威因内部构成的复杂变化而出现许多变数和弱化现象，知识群体的社会公共行为及其权威在村民中被认可的程度因构成的变化而有所变化，总体趋势是趋向于弱化，影响范围逐渐缩小。这种变化的趋势在 1990 年代以来表现更为突出。其主要原因除与社会大环境的变化有较大关系外，另一个重要原因就是与知识群体的来源和构成的变化而有相当大的关系。这在后文还会分析其具体原因。

第四章

历史上的乡村知识群体

“土改”是中国历史上具有标志性意义的一场革命，它的意义不亚于一个新政权的建立，事实上它也是新政权建立的一部分，因为它是对乡村社会长期存在着的封建土地制度的摧毁，也是彻底瓦解地主阶级统治政权的一场政治运动。土改前后，中国乡村社会的性质发生了根本性的变化，这突出表现在土地的所有权和使用权的转移上，土地革命使乡村中的大多数群体——农业劳动者成了自己的主人，乡村社会的主体与乡村社会的性质均发生了相应的变化。由此也引发了乡村社会的一系列的变革，如乡村中的政权性质、经济体制、社会关系和主流思想与文化导向等。因此，“土改”事件是中国乡村社会性质发生深刻变革的一个重要的标志性事件。对于乡村知识群体来说，在此之前的知识群体被称为“乡村士绅阶层”，它与传统中国社会的性质紧密联系在一起，在传统的乡村社会中发挥着重要的作用，并伴随着乡村社会的转型与变迁而发生着构成、角色与功能等方面的变化。

第一节　传统中国乡村社会中的士绅阶层

传统中国社会中的乡村士绅阶层是我国传统乡村社会一个重要的社会阶层，它以科举制度为依托，并凭借“功名”之身而享有政治、经济、社会和文化等诸多方面的特权，享有特殊的生活方式，其行为举止被乡村居民视为文明的典范和身份、地位的象征。因为其是乡村与国家连接的纽带，因而在乡村社会中发挥着重要的作用，维系着乡村社会秩序的稳定和正常运行。在特定历史时期，它成为乡村社会的主宰，决定着乡村社会的兴衰成败。费孝通先生在晚年对乡村士绅曾有如下评述：

“中国的士绅是中国传统社会中一个特殊的群体，他们绝大多数是地主或退休官僚；他们有文化，虽然不当官，却和官府关系密切，在社会上有地位，在乡里说话算数；他们不从事农业劳动，但有的人设馆教书，传授书本知识。这种人物就是我们所谓的绅士，也叫士大夫。用现在的话说，他们是一批知识分子。寻根溯源的话，应该说孔夫子是他们的老祖宗了。

……事实上，士绅阶层在中国的社会结构中占有很重要的地位，离开了士绅阶层就不容易理解中国的社会。”①

就汪村解放前甚至更早时候的知识分子来说，村民们记忆最深刻的是“大户”人家的知识分子。村民们说，“那时候，有钱人才能读起书，穷人连饭都吃不饱，上哪读书去啊！”但年长村民也说，大户人家的人读书、做善事，那是解放前地主盛行时期的事。在这之前也还有一些只是读书出名但出身贫寒、家境不好的知识分子。据汪村中学老教师 LXL 回忆：

在很早的时候，这里曾有过贡生、秀才、举人，有的还当了地方的小管事。但这些读书人只是读书出名，没有什么权力。除了“大户”人家的少数几个子弟家庭背景比较好以外，多数读书人家境并不富裕，也无权无势。后来，科举废除以后，很多有钱人家的子弟开始进入新式学堂读书，成为了村庄里新的知识分子。但新式学堂出来的学生后来多数都离开了村庄，村子里剩下的还是那些读过私塾的老先生。这些老先生在村子里虽然很受村民尊重，可是，他们只教学或帮村民写写对联什么的，从不过问政事，也不经常参与村民关系的调节和村庄的公共事务。和“大户”人家的知识分子相比，他们在村民中的影响力要小得多。常常被村民戏称为“老学究，办不成大事！”

但“大户”人家的知识分子就不一样了，他们不但有文化，而且有钱有势，不但教学、帮村民写文书，而且，在灾荒之年和困难时期济贫和为村民做善事，同时，也经常参加村民纠纷的调节。在村庄很得民心，也很有权威。②

关于解放前知识分子的作用，LXL 老师还谈到了另一个细节：

“听我们上一辈的老人说，以前咱们这个村的大户人家都是一些有头有脸的绅士，他们不但有文化，而且有钱有势，在村子里说话很有分量。可以说是咱们村的当家人。据说当时咱们这个村还没合村，光是这个前庄就有两个这样的人家，一个是在迁来这个地方之前就是一个官员的下属的家属，后来这家人按照上级命令被迁到咱村来以后，这个官员的下属就升迁了，当了官，具体什

① 费孝通：“暮年晚谈”，《群言》，2005 年第 5 期，第 15～16 页。

② 访汪村中学老教师 LXL，2006 年春节期间。

么官不清楚，但肯定很有权势，因为，他每一次回来都有很多人跟随。所以那时，他是咱这个地方最有名望的人。家里也很有钱。他的两儿一女也都是咱这四里八乡有名的富户。后来因为动乱，他们都跑到县城去住了。听说他们在县城开了几家商铺。但他们在咱村还有很多地，每到收季就来收租。后来嫌麻烦，干脆叫一个远房的亲戚帮着收。只是过年的时候来一次祭祖。

另一个不是当官的，只是因为与官府关系好，经常帮村里办大事，因此，在村里，也很有威望。据说他们家的老爷子原来只是一个穷秀才，但后来不知怎么的，可能是因为有大户人家的推荐吧，他越来越得到官府的赏识。官府来了大事、小事都让他和他的儿子出面应付。有人说，主要是因为他儿子在大户人家认了干爹，所以才那么得势。也有人说，因为他和他儿子都会拍马屁，所以才能被重用。反正不管怎么说，他就是因为能办事而出名。他们家算不上大户，但在村里可是能数得着的。”①

LXL 老师只是讲到了较早期汪村前庄的 2 个大户人家的情况。事实上，在合村前，汪村的后庄也有大户，只是没有与官府有密切关系的大户而已。汪村 1 组年长村民 LDY 回忆说，在他的记忆中，汪村没有什么当官的，也没有什么世代繁荣的大户人家。只是听长辈们讲过 LXL 老师上面所谈到的情况。但 LDY 说，这些大户都没能延续很久。在动乱时期，汪村的大户都是那些挣到钱以后买了地的人家。这些人有的是靠勤俭持家逐渐积累钱财买下的田地；有的是靠经商（贩卖或开铺）赚了钱购置了地产。但这些人家的头一辈都不是知识分子，只是他们有了钱以后，他们的后代有了读书的条件，成为了知识分子。由此可见，LDY 所说的情况已经是在 20 世纪以后的事情了。

从村民关于解放前知识分子的叙述中可以看出，在汪村，解放前村庄中的知识分子与“大户”人家紧密联系在一起，虽然，他们最早不都是知识分子，但他们拥有家业以后，其后代因为有了读书的条件从而成为了后来的知识分子。而知识分子的身份和他们在村庄中的经济地位又决定了他们必然拥有一定的权力，这些权力在赋予他们许多的特权之余，也促使他们去承担他们作为“当家人”应尽的义务，这就是作为特权阶层的社会功能。

从已有的关于乡村士绅的研究可以看出，在传统中国乡村社会中，维系士绅阶层在乡村社会处于核心地位的一个关键因素在于其权威在乡村社会和乡村

① 访汪村中学老教师 LXL，2006 年春节期间。

居民心目中合法性地位的获得。这种合法性的基础一方面来自于该阶层在乡村社会所承担的社会功能，另一方面来自于其在乡村建立的能够代表村庄整体利益的共同体意识和自在的独立于外界的互动、交流的公共空间。由此可见，“公共性”和参与公共领域的行为，是乡村士绅在村庄中权威得以建立和持续的根本条件。因此，可以说，推动士绅走向裂变、分化，并使其走向衰落的主要原因是维持该阶层正常流动的制度性基础——科举制的废除和国家力量向乡村的强力渗透，但促使乡村士绅阶层最终走向终结的根本动因是该群体由于其构成、功能和特质的改变而使其在乡村合法性权威的丧失。这种变化在汪村主要表现为如下所述的两种：一是“大户人家”来源的变化；二是村庄中的旧式知识分子的秀才父子联结官府与村庄的纽带被官府与村民双向认可。

社会总是运动、变化着的，社会中的群体伴随着社会的转型与变迁发生相应的变化总是在所难免。然而，士绅阶层在“土改”中所受到的影响却大不相同，它不是一般意义上的变迁，它事实上是一个与特定历史时期的社会结构相联系的特殊阶层的终结。自“土改”后，“乡村士绅”这一具有时代特征的乡村精英阶层在政治运动和乡村革命的浪涛声中被逐出了历史的舞台，淹没在一个以“革命”为主旋律的乡村社会中。如果说，“科举制度”的废除是乡村士绅走向终结的开始，那么，“土地革命”则是其退出历史舞台的落幕。因此，“土地革命”不仅仅是一个简单的政治运动，事实上，它是中国乡村社会力量重组和乡村社会性质变革的一个根本性的标志。所以，我们这里以“土地革命”为界将中国乡村社会划分为前、后两个不同的时期来讨论汪村的知识群体的变化情况。

第二节　村民记忆中的“读书人”

一、村民记忆中的“读书人”

正如我们在前面关于村庄的区域类型和村庄的概况部分所谈到的，由于受自然灾害和战乱因素的影响，该地区村庄的农业生产和经济发展受到了很大的破坏和阻碍，从而导致了村庄的相对落后与贫困，同时也使得村庄人口短暂性流动较为频繁。并由于受“流动成为一种文化”效应的影响，使得村庄的传统文化和地方性知识、规范受到很大的破坏。受这些因素的综合影响，使得该地区乡村士绅这一阶层的传统远没有江南地区和闽台地区的乡村士绅传统那样深厚。尽管如此，在关于汪村所在地区的历史文献和老年人的记忆中还是零星地找到了类似于士绅的“大户”和精英人物。之所以说是“类似于”是因为这些村庄的“大户”和“精英”并不都是具有取得功名或与官府有关等史学家所说的“士绅”的特征，他们有些可以视为士绅，有些则不是。但他们却有一个共同特点，即在村庄的公共事务中发挥着重要的作用。

在汪村的历史上，一些有钱、有地和家庭条件稍好一点的人家出现了“读书人”，这些读书人后来或做了专职教师，或兼有非农职业。如在李氏兄弟中，老大 LDX 读过很多年私塾，学问很高，被村民们公认为那个时代汪村所在的堡文化层次最高的人。在张氏家族中，在汪村所在的堡当会计的 ZLZ 本人就是个有文化的人，其不但读过多年私塾，而且精通中医，常年为村民看病。只是在其担任村先生（会计）期间，由于公务较多，减少了行医的次数。后来在其经历一系列的批斗及其平反以后，其又操起老本行，用中医为村民看病。他是村里唯一一位资格较老、威信较高的老中医。另外，由于受他的影响，他的两个儿子均读了较多的书，并兼职副业，长子 ZDJu 学了一门理发的手艺，在家里开了个理发铺，在农闲时间为本村村民理发；次子 ZDJn 则在上级选拔农业技术培训人员时参加了县里举办的农业技术人员培训班，从而成为了一名兼职的农技员。另一李氏大户家庭成员虽然无人涉足村庄公共权力及职位，但其后代多数从事教师职业，其子 LQL 成为该县师范学校恢复重建以来第一批入学的师范生，也是汪村第一位正式的公办教师，后来任原乡办中学校长，直至退休。LQL 的三个儿子也都分别是 1980 年代初期的高中毕业生、1900 年代初期师范和中专毕业生，目前都在附近中学任教，包括邻村的 CT 中学、汪村中学和汪村小学等。其侄子 LQB（即 LQL 的堂弟）一直任汪村中学校长，直至退休。LQB 的儿子和三个女儿也都分别在外地和汪村中学当教师。LQL 的另一堂兄 LQR 学校毕业后在原区中心小学任教，并任校长。

由此可见，在汪村，家庭条件稍好的人家的子女有更多的机会和条件去读书或学技术，从事非农职业，如教师、农技员或其他行业的工作人员等，从而可能成为本书所关注的知识群体。这里需要说明的是，汪村的大户初创者本身并不是知识群体，他们仅是农业劳动者，只是由于积累了一定的财富为其子女读书、学技术创造了一定的条件。另外，由于其在困难时期接济民众和善举行为在村庄留下了较好的口碑，从而也为其本人及家庭积累了较一般民众多的社会资本。这样，在较好的机会来临时，这些家庭的子女就很容易抓住。当然，这些的子女之所以能够成为知识群体也与他们本身的教育和培养方式有一定的关系，但更重要于其拥有相对丰实的物质基础和利用其社会资本创造的转变身份的机会。

（三）“读书人”客观上的公共行为

这些解放前被村民称为“读书人”的知识分子在乡村所经历的巨大社会变迁中也几经沉浮。在社会主义运动中被改造，也在以后不同的时代背景中不断地调整着自己行为的价值取向和处事态度，从而使村民对这一群体的评价在不同时期存在着很大的不同。有人说他们是地主，存在剥削；也有人说他们只是大户，并不像宣传的地主那样坏；还有人说他们“有地、有钱，也有文化”，所以算作是村庄里的“文化程度比较高的人”，但不能算作知识分子，因为这些读书人中的绝大多数成员并非书香门第出身，多数是出身卑微，父辈多是一般的农业劳动者，因此，知识对他们中的多数来说并不是绝对的谋生手段，只是他们中的少数人依靠知识为职业资本去谋生。但必须指出的是，这些有钱人家的读书人为他们的后代获得较一般村民多的知识并使他们的子女成为知识群体创造了条件和机会。尽管村民的评价有所不同，但在村民的记忆中，有钱人家的读书人在村庄中善举行为是得到多数村民认同的。下面是村民对他们的公共行为的例举：

（1）代言村庄的公共利益。当村庄公共利益受到侵害时他们总是敢站出来说话，以“公家人”的身份代言村民行事。如当本村村民和外村人发生矛盾、当汪村因为田地问题和邻村发生纠纷和当外力侵扰村庄（如日本军进驻汪村和地方匪霸侵扰汪村）时，往往都是有一定影响力的读书人出来说话，或寻求和解的办法，或一致对外，保护本村村民的利益。在村庄内部，由于平时读书人也很受村民尊敬，当村民们遇到棘手的事情或者彼此之间产生了矛盾的时候，也都愿意找他们给调节。这样，客观上，他们已经成为村民和村庄公共利益的代言人和调解人。这一公共性的行为和公共利益代言人的身份是他们的一种自觉行为，并非来自于其他压力。虽然他们中的有些人当时担任公职——保长和会计，但他们中的多数人并无公职，在遇到突发事件威胁到村庄整体利益和声誉时，敢于出来说话的并不是保长和会计，而是读书人中其他有威信的人。在汪村主要是 LQL 的父亲和当教师的 LDX。当然，这里需要指出的是，在村庄中起调解作用的除了有钱人家的“读书人”有身份的人以外，还有一些来自一般家庭的知识群体，他们多数是乡村教师、村庄里的赤脚医生和一般的有点文化的村民。

（2）联系和承办村庄公益事务。汪村在农闲季节，尤其是过年前后的一两个月内经常会请一些戏班子来村子里唱戏。这是村民最高兴也是村庄最热闹的事情。戏班子送上门的有一些，但多数情况下，需要有人联系和邀请。这些大多也都是有威信的读书人来承担。在汪村联系最多的是 LQL 的父亲。他自己也喜欢看戏，加上他是个私塾先生，读书较多，联系广泛，所以认识很多民间戏班子的头人。这样，不但他经常主动去请戏班子，而且戏班子的人经常主动联系他来村子里唱戏。他则负责布置戏场和安排派饭等事务。于是村子里的人都管他叫“大红人”。在他的带动下，村子里也有一批跟着跑腿的，这些跑腿的后来也都扮演了联系公共事务的角色。除了唱戏以外，村庄也还有其他如婚丧嫁娶等日常公共事务，这些事务的最初的承担者也是大户家庭中有文化、懂婚丧礼仪的人，村里把这些人叫知佬或知事，我们这里称之为智者权威。后来一般家庭中的读过书的人也逐渐参与了这些公共事务。但较为隆重的场面多数还是需要大户中的礼仪权威者来主持。可见，村庄的礼仪延续者仍是大户家族中的智者权威。

（3）树立村庄道德规范。一个村庄的道德规范和风俗习惯多来自于村民日常生活和特殊场合的礼仪对过去的沿袭与实践，而真正的承担者和传递者是村庄中的礼仪权威，包括读书人中的智者权威和一般家庭中的知识群体。其中，有钱人家的“读书人”中的智者权威对于村庄规范的形成与延续起着重要的作用。在村民中流传者 LQL 的父亲为村民立规矩的佚事：

LQL 的父亲是一个很讲究又很严肃的人。他为村民请来戏班子在村子里唱戏，让大家都去听，但有一条规矩必须遵守，那就是唱戏的和看戏的必须男女分开，不能混在一起。决不允许男女坐在一起说说笑笑，要严格分开。用他的话说，就是“男女都要有规矩，不能乱！”只要是他请来的戏班子，凡是来看戏的都必须男女分开，不能混坐。如果他要发现有男女在看戏时不守规矩，他不留一点情面，当场呵斥，或直接赶出场。

在日常的生活和特殊礼仪的场合中，这些知佬或知事在践行村庄礼仪的同时，也利用闲谈的机会向其他村民讲祖先的规矩和诗书上的礼仪与美德。尤其是对那些想跟他学礼仪知识的学徒们，他们更是不失时机向他们灌输正统的儒家礼仪思想和祖先一直延续下来的规矩。他们认为最不可饶恕的事情就是“不敬、不孝、大逆不道”。因此，他们教育自己的子女首先要立德，然后才能立志。

二、解放前村庄中的一般知识群体

在解放前的汪村，除了有钱人家的“读书人”中的智者权威外，还有几类有较大影响的知识群体，一是村庄中的教师，主要是私塾教师；二是一些村庄中的民间艺人及广泛联系民间艺术团的人；三是经常为村民服务的一技之长者，他们主要是村庄中的3位赤脚医生（ZLZ、JMT和LXF）、1位读过私塾的理发师和懂得风俗礼仪的看风水先生。除此以外，还有一些读过私塾经常参加婚丧礼仪的知事，他们家庭都比较贫穷，因为懂得一些礼仪，所以，常常被村民请去做婚丧的司仪和知事。这几类人虽然家庭并不富有，也没有有钱人家的“读书人”那样有很强的感召力，但他们很受村民的尊敬和欢迎，在村庄的公共场合中经常出现，但很少参与村民矛盾的调解，村庄中遇到公共侵害时他们也很少出来说话，只是管好自己的事。他们中的多数人和普通村民一样，遇到受灾年份，家境也很窘迫，经常也要向大户借粮、借钱。难熬的时候，也要外出逃荒、乞讨。

据村民回忆，解放前，汪村的私塾先生有5位，其中本村的有4位，有1位是外来的，叫JMT，后来，他在汪村开了家诊所为村民看病，同时，教一些学生。外来的私塾先生教得好，很受村民欢迎。本村的私塾先生中有2位来自较为富有的大户家庭，生活条件较好。而其余2位的私塾先生则生活很是窘迫。村民回忆说，在汪村，学生到私塾先生家里读私塾，没有现钱缴费，就给私塾先生缴点粮食，缴的数量有多有少，年景好的时候就多缴，年景差的时候就少缴，有的生活非常困难的当年缴不起的就到下年收了粮食再一起缴。有的实在缴不起的也没有办法，只好免掉。所以，私塾先生的生活也很清贫。在当时困难的生活条件下，能读起书的家庭不多。一般情况下，家境稍微好一点的读几年私塾就不错了。只要能认得一般的字，能记帐就可以了。达到这种程度的私塾就是读到“诗经保本”，相当于初中文化程度。但是，这只是对能读起书的家庭来说的。一般的穷苦人是读不起书的。所以，即使念了一两年私塾在村庄也被认为是有点文化的人。这些读过私塾的人后来都曾在汪村及其他邻近的村庄当过会计或记工员，有的后来当了国家干部。

在村民的心目中，私塾先生和大户人家中的知识分子不同，村民们认为，私塾先生是值得尊敬的，他们的地位并不比一般的村民高，只是他们是教书的，更带有一种神圣性。村民都很尊敬先生。但村民有什么公共事务一般不找先生去解决，而是找村里有钱人家的“读书人”中有权威的人去解决。在村民看来，先生是教书的，是知识的权威，应该尊敬，但村庄中的公共事务与教书是两码事。公共的事需要在村中大家都信服的有权威的人去担当。

解放前的汪村是一个较为封闭的小村庄，由于交通等条件的限制，村庄与外界的交往圈半径很小，一般情况下只是方圆20公里以内的交往。因此，村庄相对是封闭的。它与外界的联系主要是两条线路，一是政府的线路，另一是民间的艺人的线路。前者自然是自上而下的单向联系。而后者则是一种民间的互动线路。主要表现为乡村民间艺术的演出，如戏曲、快板、扬琴、丝弦、大鼓、杂技等。这些民间艺术的演出，除了艺人挨家挨户的串门演唱外，就是村庄私人关系的邀请。而承担此任务的除了大户中有身份的权威人士外，还有一些村庄中在灾荒年份以卖艺为生的民间艺人。这些人虽然没有太高的文化知识，但他们一般有一技之长，或跟人学过，或天资聪明，精于某一民间艺术。不仅在灾荒年份，就是在一般无灾的年景，他们也利用农闲季节外出演出。虽然他们中的多数人并没依手艺发家，但他们经常性地为村民无偿地娱乐性演出和为村庄联系许多外来的民间艺术表演团，因此，他们很受村民欢迎，并在村民中很有人缘。尤其是那些与外界联系广泛的几个“戏头”在村庄中很有位置。

除了私塾先生和民间艺人外，解放前的汪村知识群体还包括3位赤脚医生（其中1位是私塾先生）、经常帮人看风水的风水先生、神巫人员与一些婚丧礼仪的知事。他们都有一些自己的专长，包括看风水、看病和懂礼仪。在村民看来，这些人也是“有本事”、“有能耐”的人。他们和以上其他几类知识群体的地位一样，是村里“公共性的人物”。有时他们也会参与公共事务的讨论与协商。在村民心目中同样具有一定的权威。

第三节　关于村民记忆中村庄知识群体的分析

一、解放前知识群体的构成与特征

从前面的描述可知，解放前汪村有影响的群体主要由以下几类人群构成：有钱人家中的知识分子、村庄中的私塾先生、村庄中有一技之长的民间艺人及热衷于民间艺术演出的联络人、村庄中赤脚医生、风水先生与神巫人员和一般家庭中懂得风俗礼仪、经常参与婚丧礼仪的司仪与知事等。这些人中虽然有些人并不能算作我们现代意义上的知识群体，但是，在访谈中，村民们多数认为，在那个年代的乡村，他们算是比较“有头脑”、“有文化”的人。虽然他们中的有些人仅仅读了一点书，甚至没有入过正式学堂，但由于他们经常涉足公共场合和广泛的交往，他们见多识广，能言善辩，有的足智多谋，因此，在村民看来，他们都应该看作是那个时代的乡村知识群体。

从群体规模来看，几类群体构成的比例大体相当。具体构成如下表：

表 4－1 解放前汪村知识群体的构成（人、%）

类型	“大户”中的知识分子	私塾及学校教师	乡村医生	一般的礼仪司仪与文书	其他（民间艺人等）
人数	6	8	4	6	5
所占比例	20.7%	27.9%	13.8%	20.7%	17.2%

注：此时的汪村知识群体只是指没合并前的汪村的部分，不包括1956年合并以后“前庄”梁姓的部分。

从影响力来看，显然是有钱人家中知识分子具有较大的影响力，其次是私塾教师，再次是乡村医生，最后是一般的婚丧礼仪司仪、文书及民间艺人。这时他们权威的来源和运作逻辑也有所不同，“大户”中的知识分子的权威主要来源于其个人的品行和济民、助民以及调解纠纷与主持正义的行为；而后面几类知识群体在村庄中的权威则主要来源于他们的职业行为。虽然两大类知识群体权威的主要来源存在明显的差异，但各类知识群体的权威塑造并非某一单一因素起作用，而是共同作用的结果，只是有所偏重而已。

由前面的分析可以看出，在这些知识群体中，他们的共性也是很明显的：一是他们都拥有一般村民所不具备的某一方面的专长，或者是知识，或者是技术，或者是某一方面的才能；二是他们都涉足村庄公共领域的生活，尽管涉足的面不同，但他们的行为都涉及非个人家庭；三是他们都有一定的权威和相应的社会资本。尽管他们的影响力大小不同，交往的范围也有大有小，在村民中的认同度有大有小，但他们有或大或小的公共影响力。由于他们的行为多涉及村庄的公共领域，因此，他们都有较一般村民广的人际关系圈子，一般人缘也较好。

尽管他们具有这些公共性的特征，但解放前汪村的知识群体的公共性行为多是一种不自觉的行为，他们中的多数虽然经常参与或涉足公共领域的行为，但他们并不是刻意去树立在村民中的公共形象和权威，只是所做的事情客观上赢得了公共性的权威。对于公共性的活动，有的只是因为自己的职业，有的是因为自己的爱好，所以才参与，他们并不是为了提高自己的位置以区别于他人或为某一个升迁的机会而表现自己。因此，此时的知识群体并没有有别于一般民众的意识。他们更多情况下是和普通村民一样，同样去劳动，也同样在灾荒的年份去逃荒，相互照顾，共同生活。

二、解放前村庄中的知识群体与村庄的关系

解放前汪村的知识群体生活在普通民众中，却又在不自觉地发挥着公共性的功能。他们并没有形成一个有着共同生活方式和共同意识的群体，因此，他们与一般村民之间并没有形成阶层上的差异。他们与一般村民所不同的仅仅是因为他们拥有某一方面的知识、技能和特长得以为村民服务及参与公共性的活动而拥有一定的公共性权威，而且这种权威也不是他们所刻意追求的。不管是村民还是他们自己，都认为他们和一般村民没有身份等级的差别。他们并没有高于一般村民的特权，也没有比他们更感优越的经济基础。当然，有钱人家出身的知识群体除外。因此，他们中的多数不仅来源于普通村民，而且和普通村民一起同构于村庄的底层，时常为穷苦的生活所困扰，和普通村民有着共同的命运。但他们又不等同于普通村民，他们有一技之长，有广泛的交际，一旦遇到困难他们会想办法去解决，甚至一旦条件允许，他们就可能走出村庄，另谋生路。更为重要的是，这些相对明智一点的知识群体懂得知识对于摆脱贫困的重要，尽管他们生活也很贫困，他们也总是想法设法让他们的子女多读一点书，或多学一门手艺。后面我们将会看到，也恰恰是这么一群人的子女走出了乡村和农业，或者在村庄中发挥着重要的作用。

这些知识群体多数本身是普通村民，因此，与其他村民一样，他们中的多数不涉足村庄的公共权力。但有钱人家也有知识群体，他们中的有些人文化程度很高，本身也是村干部，如当时的会计 ZLZ，不仅读过多年的私塾，有很高的文化程度，而且还是个老中医，在当时的社会条件下，算是医术精湛，周围方圆二十里的都请他看病。大户人家 LDQ、LDX 兄弟二人都是有一定文化的人，一个是保长，一个是教书先生，前者涉足村庄的公共权力，而后者则因为常常济贫和帮助村民而被村民所爱戴，也较前者更有人缘和权威。LQL 的父亲本身也是一个文化程度很高的私塾先生，他不仅有很大的家业，而且有良好的人品与威望，很受村民的尊敬和爱戴。虽然他不曾担任村庄公职，但他在现实生活中公共身份常常超越其大户人家的等级身份。多数村民认其为“当家人”，而不是村庄权力的发号施令者。因此，解放前汪村的知识群体基本上可以分为两大类：一是涉足村庄公共权力的，如 ZLZ、LDQ 及后来的 LDR、LH 等。另一类是不涉足公共权力但在村民中有公共威信的知识群体。这也分为两类：一是大户人家的知识权威者；二是出身普通农民家庭、没有特权但有一定的知识、技术、技能和特长为村民提供公共服务的一般知识群体。后两者在村民中树立的公共权威具有很强的感召力和认同感，更为村民所接受和认可。

由此可见，解放前的汪村知识群体是在特定社会背景下在村庄中突显出来的特殊群体，虽然他们有许多共同的特点，如都有一定的知识、技术、技能与特长，都涉足一些公共性的领域，都有一定的权威等，但由于他们并没形成区别于一般村民的共同意识和独特的生活方式，在日常生活和涉及公共分配时没有区别于普通村民的特权，因此，他们并不形成一个独立的阶层。除了大户人家的个别知识分子有一定的特权外，多数的知识群体与普通村民一起同构于村庄普通劳动者阶层。

第五章

制度变革重塑新的知识群体

制度变革对于中国乡村来说，无疑是一场有着深远意义的社会革命。经过制度变革，中国乡村社会的性质发生了根本性的变化。乡村的特权阶层——地主、富农经过改造几乎不复存在，经过社会主义的教育和改造，乡村知识群体的思想、知识结构和群体性质都发生了很大的变化。经过土改，乡村知识分子完成了由旧式的以传统儒家礼教为知识主体的教育体制向新时期的社会主义革命和共产主义理想的教育模式转变。从社会发展的角度来看，这无疑是一种进步。然而，由于中国乡村的土改是在革命时代①的背景下以社会运动的形式进行的，因此，在土改进行的过程中，部分地区出现了盲动和混乱的情况，同时，各地地改工作还夹杂着个人因素，从而使得运动对知识群体中的个人精神和身体造成了一定的伤害，这些会影响知识群体对社会变动的认识。

第一节　时代背景

汪村的土改是1951年秋开始的，属于新解放区类型的土改。对于新解放区来说，广义的“土改”包括三个阶段②：（1）初期阶段：清匪自卫、合理负担、清算恶霸。斗争的对象主要是地主中的当权派，而不是整个地主阶级。（2）中期阶段：减租减息。（3）后期阶段，即土改的实质性阶段：没收和分配地主、富农的土地，废除封建土地剥削制度。因此，党中央根据时局发展的需要在1947～1948年先后出台不同的政策指示，如：在1947年冬，根据解放区扩大的需要，为了尽快地稳定局势，中央工委要求半年内完成土改。这就导

① 安徽省地方志编纂委员会编：《安徽省志·大事记》，北京方志出版社，1998年版。
② 杜润生主编：《中国土改》，当代中国出版社，1996年版，第293～296页。

致了一些地区出现过激的行为，出现混乱现象。为了纠正这些现象，1948 年 1 月，中央根据“12 月精神”作出了纠正新解放区一年内平分土地的指示。1948 年 5 月毛泽东提出以“减租减息”代替没收土地、没收财产的政策。1949 年建国后，新解放区的“土改”的政策也有所改变，即先不动富农的土地、保护中农的土地，对于地主的土地采取“减租退押”的形式进行。具体来说，华东区的土改分以下三个阶段进行：（1）1950 年 7 ~ 9 月：小心谨慎、创造典型、稳步推进。（2）1950 年 10 ~ 11 月中旬：典型突破、逐步“推”、“跳”。（3）1950 年 11 月下旬 ~ 1952 年 5 月：点面结合、全面展开。①

为了确保“土改”稳步、有序地进行，中央政府和华东区工委采取了如下措施：（1）成立“土改委员会”，从中央到省、专区至县各级政府均设立“土改委员会”，党、政、统战机构共同参与。（2）建立和加强计划管理。（3）广泛宣传、解释党的政策、法令。（4）认真训练干部，全区共培训土改干部 17 万人。（5）建立严格的请示报告制度。（6）坚持由点到面、点面结合、波浪式发展的领导方法。（7）建立人民法庭。要求省级以上政府视情况需要命令或批准成立人民法庭。②

和老解放区的土改相比，新解放区的土改更多了一些理性和计划性。虽然如此，由于整个土改是在“革命时代”的背景下进行的，一种非理性的革命行动与激情仍然影响着整个运动的过程。因此，新解放区的土地制度变革运动仍然带有非理性行为的发生。但是，由于已经有了老解放区土改的经验，新解放区的制度变革运动相对要温和、理性得多，持续的时间也短。

第二节　制度变革对知识群体的重塑

一、制度变革对知识群体的重塑

土地制度改革作为乡村社会的一次重要变革，它对乡村社会的特权阶层——知识群体的影响是深刻的。对于乡村知识群体来说，变革是他们个人命运的转折点，而且是整个群体的群体特征的转折点。这种转折性主要表现在以下方面：一是宏观社会的主导的意识形态的变化。二是知识体系和价值体系的变化。三是知识群体的来源和构成的变化。这三者之间是相互递进的影响关

① 杜润生主编：《中国土改》，当代中国出版社，1996 年版，第 293 ~ 296 页。

② 同上。

系：首先是主导的革命意识形态成为对旧知识分子改造的主要指导思想，将他们的知识体系和价值体现转变到具有社会主义性质的知识体系和思想体系中来。然后通过知识分子在乡村中的知识权威和教育实践将革命的主流价值体系传输给乡村，从而使新政权的主流意识形态在乡村扎根和发展。

土地制度变革是一场深刻政治革命，革命的目的在于推翻旧政权的统治，建立社会主义性质的政权体系。因此，它又是一场全方位的社会革命。它不仅要砸碎旧的物质形态上的政权体系，而且要变革意识形态上的价值体系。而意识形态的变革在乡村革命实践中的表现主要是通过对在村庄掌握话语权的知识群体的改造来实现的。在汪村的土改运动中一方面对旧社会中的知识群体进行改造，另一方面对乡村教师进行集训。其目的只有一个，那就是要把知识群体改造成为具有与新政权性质相一致的意识形态的载体。使他们成为新政权及其革命的意识形态在乡村扎根和发展的宣传者和支持者。对乡村教师的改造和集训在汪村又表现为以下两方面：一是乡村教师来源和构成成员的改变；二是由大队干部在村小学校主讲的针对知识分子的“上课”训练和针对知识分子的改造会。就前者而言，制度变革前后乡村教师的来源和构成成员的情况发生了很大的变化：变革前的乡村教师主要来自有钱人家和一些教授私塾的老学究。他们一般都受过正统的儒家文化的教育和熏陶，因此有较深的传统文化的功底。而土地制度变革后，汪村的知识群体主要是由一些接受过社会主义教育和现代知识体系教育的中、青年群体构成，他们更多地接受和传授现代知识和观念。

集训活动主要是当时的干部到学校里给老师们所进行的社会主义教育。一位退休的中学教师讲，当时对老师所进行的社会主义教育是对知识分子的改造一种形式，知识分子被集训和其他形式的改造以后，被要求参与宣传土地革命的思想和参加土地革命的实际活动中来。土改时期，有些知识分子为了表示与旧的特权阶级的决裂和划清界限，在承认自己一些错误的基础上，也积极揭发和批斗其他顽固不化的分子，以表自己革命和改造的决心。此外，还有一些平时在村子里有影响的知识分子被大队和工作队请去当参谋、咨询、文书，帮助他们出谋划策或记帐、写报告什么的。

知识分子在制度变革时期以变通的方式参与各种形式的公共事务的行为客观上促进了新政权的建设，被改造后的知识分子通过学校教育和宣传等途径向村庄传递社会主义革命的思想，为新政权的主流意识形态和思想体系在乡村获得支持和合法性奠定了社会基础，而其参与变革中具体的公共事务则客观上促进了制度变革在乡村的顺利完成。

二、制度变革后知识群体的变化

历次政治运动后，汪村原有的知识群体对村庄的影响力明显减弱，原来在村中最有权威的LDX、LD和其他几位私塾先生经过社会主义教育和改造后很少再涉足公共事务，其他的知识群体也都不同程度地受到运动的影响，已经不再涉足公共领域，每个人都像其他村民一样各自地操持自己的家庭或做好份内的事，不再有人过问他人的闲事或公事。而且，原来的私塾先生、乡村医生或民间艺人经过运动后都放弃原来职业。由于激烈的批斗运动深深地触动了知识群体内心深处"公"的观念和行为逻辑，旧制度下知识群体开始变得消极和封闭。原来那种来自于传统礼教文化的"正义、仁爱与人本性善"的信念经过土改运动后开始变得脆弱。他们的许多价值观和处世态度都因为运动而发生改变。

土改后，村庄中原来的知识群体人数减少了，并且其参与村庄的公共行为也明显地减少了，很少有人参与村庄的公共事务。许多人开始变得沉寂和安分守己。正如有些村民所言：

"土改以后，汪村以前有些身份的人都像蛰伏了的一样，不再能看到他们在公共场合中的身影，连他们家的孩子都很少见到在公共场合玩。"

"土改以后，村子里以前有头有脸的人都被压下去了，他们见了人都低着头，像低人三分一样的。"①

土改结束后，村庄中"大户"人家的知识分子基本上被改造了，他们不仅被剥夺了财产，而且，他们个人在村庄中的地位和权威跌落到底层。这种剥夺和打击在摧毁旧乡村社会特权等级的同时，在一定程度上也模糊了人们对乡村知识群体的"知识价值"和"公共行为"的正确看法。在土改前，村庄中虽然存在"大户"与一般村民家庭在土地、财产及个人声望的差异，但由于"大户"人家中有部分以个人的善行和公共行为而得到多数村民认可的知识精英，因此，村民对村庄中的知识权威及其公共行为是认可和肯定的。如果忽略国家的、政治的意识形态不讲，仅就一个村庄社区来讲，土改前，汪村知识群体（不管是"大户"人家的知识分子，还是像私塾教师、乡村医生和婚丧礼仪的司仪、文书等普通的知识群体）的公共行为及其权威是被绝大多数村民

① 与村民LDL的访谈记录，2006年1月25日上午。

认可的，并在相当大的程度上对村庄起了整合作用。而“土改”以后，政治运动不仅打倒了“大户”人家中的知识分子，而且对村庄中的知识群体的公共权威起了很大的消解作用，一定程度上模糊了人们对知识群体的认识。但需要指出的是，这种扭曲与模糊的认识只是在政治运动的外力作用下所产生的客观效应，并没有从根本上改变知识权威在村民心目中的位置。事实上，“土改”以后，一系列的政治运动在打击某一群体具体个人的同时，也为村庄中另一部分人流入知识群体提供了机会。

第六章

集体化时期的村庄知识群体

据村民回忆，汪村的集体化进程始于1952年的互助组。1956年开始入社，中间经历了初级社、大、小社的反复，直至后来国家正式确立在乡村全面实行人民公社制度，汪村的历史也在被国家一系列的政令和运动改写着。在这一过程中，汪村和全国其他地区的乡村一样，也都又经历了一系列的政治运动。这些运动也都对乡村的知识群体产生了重要的影响。

第一节　集体化时期的汪村

一、制度变革后的集体化进程

与全国其他地区的村庄一样，土改后的汪村很快被纳入集体化的轨道。不管是村庄的公共权力的运作，还是村民的日常生活都带有集体化的色彩。从1952年的互助组到1956的入社，汪村的公共权力运作与村民的日常生产、生活都是在国家的政治决策和革命年代的意识形态的引导下进行，汪村的自主性空间被强力压缩，以致失去作为一个自然村落存在的相对独立性。同时，这一对于政治的隶属性又由于“合村”而加剧。1958年以后的汪村已经不再是原来的汪村，因为在1958年以前，汪村主要是以目前村庄的后半部分的李姓为主的“后李家”或叫“后庄”和堤北的CL自然村（目前已属邻村CT村的一部分）合为一个村庄。而1958年以后的汪村是包括原来的李姓“后庄”和前面的梁姓“前庄”合成的一个村庄。这时的村庄不再以李姓为主的主体姓村庄，而是包括李、梁两大姓并附有其他小姓的村庄。合并后的汪村的社会关系也有了一定的变化：合并前的汪村的社会关系主要表现为在同一姓氏家族内部的相互关系上。虽然在村庄中也有一定的地位、等级的差异，甚至在彼此交往中也有一些矛盾和摩擦，但由于村庄中的绝大多数都属于同一个李氏家族，传统的宗族权威在村庄中发挥着一定的作用。因此，在传统权威的整合下，村庄的内部矛盾大多也都表现为日常生活的小摩擦，并没有出现村庄内部的裂痕。而合并后的汪村却大不相同了，因为这时的村庄本身并不是一个整体，而是以行政的方式强行将两个本没有联系的村片联系在一起。这样，村庄内部本身就有裂痕：家族之间的隔阂与长期积累而成的共同体之间的隔阂。这些隔阂与矛盾在汪村的发展历史中，以汪村的公共权力与村民之间、乡村知识群体与公共权力和知识群体与村民之间的矛盾等不同形式表现出来。

二、集体化时期汪村的生产与生活

土改以后初期汪村的村干部主要是出身清白、在土改中表现积极的贫农团成员，党团员和民兵组织中的一些人。如：大队书记 LJR 出身贫农，政治比较清白，是个敢作敢为的人。大队副书记 LCY 虽然出身是中农家庭，父辈家庭相对较为富裕，但其自身很穷，并且在村庄的公共事务中，表现积极、与村民关系融洽，也很得上级的赏识；而村社主任 JMY 则是能言善辩，善于沟通的人，对上能得上级的赏识，对下能与民打成一片。在村社的大小事务中，他都能比较妥善地处理。治安主任 LXX 是当时汪村的民兵队长，其人平时比较严肃，对于坏人坏事有一定的威慑力，由于村民比较怕他，当村社执行特定的任务时也都因为有他而能顺利地完成。妇女主任 HFX 原是青年团宣传队的，村民们都熟悉她。大队会计 LY 是党员，是个有点文化的人，但他不是读私塾出来的人，而是进新式小学学校读过几年书而后自学的人。作为会计，他还兼管当时汪村的集体食堂。当时全村分三大食堂，分别按照村庄的南、中、北 3 个位置分布，分别由大队会计 LY、大队副书记 LCY 和村社主任 JMY 分片负责管理。1960 年以后，大队干部进行了调换：大队书记由 LDD 担任，其出身贫农，政治清白，人品较好，并读过几年书，由于其为人和气、做事务实，因此，很得民心。大队会计 LZP 则是一个比较有威望的知识分子，不仅读过很多书，而且，做事公正、秉直，因此，在村民中有一定的威望。

除了大队干部以外，集体化时期的汪村的各生产队也都设有很多管理公职，如生产队长、生产队会计、记工员、保管员、各组组长（2 ~ 3 人）、食堂管理员、管菜园的经济队长（下面管种菜园的有 4 ~ 5 个人）、饲养家禽、家畜的饲养队长（专管集体养羊、猪的饲养员有 4 ~ 5 个）。各生产队还成立队委会，队委会由 3 ~ 5 人。除此以外，各个生产队还有 5 ~ 6 个党员，每个党员也都有不同一般的权力。这些党员多是在运动时期表现“优秀”的积极分子。另外，每个生产队还有民兵、护青队（2 ~ 3 人）等公共保安人员。这些公共职务的设立使得村庄中的劳动者就出现了等级的分化：一部分是掌握一定公共权力的管理者；一部分是参加实际劳动的体力劳动者。同时，在同一生产队中也出现了因工种的不同、劳动强度的不同而导致人群的分离，彼此之间也产生了隔阂。

由于受政治主流意识的影响，在集体化时期，村民日常生产、生活乃至私人领域被以“革命的”、“政治的”等主流话语所影响。自土改运动以来，汪村的性质就发生了根本的变化，这种变化不仅表现在阶级、阶层的变化上，而且表现在村庄秩序的整合机制和村民生活主旋律的转变上，即：由乡村自生的以传统文化、家族礼教和风俗习惯为主体的内部整合转变为以政治、革命和集体化为主体的外影响力整合，村民的生活也为那个时代的主流意识形态、政治话语和革命话语为主旋律的气氛所感染，村民们一方面为革命和运动热闹的场面所鼓舞，有一种从未有过的解脱和释放，对于那时候的集体化生活，村民记忆深刻的还是那时候的大生产和集体化生活。

鉴于饥荒时期所造成的恶劣影响，自 1960 年以后，汪村就分开单干了，而且上面允许村民在饥荒的时候可以出去逃荒，这样农民的日子能稍微好过一些，虽然吃杂粮，但汪村以靠种植五谷杂粮基本上可以维持生活，虽然吃的，穿的都不好，但终究是低层次的温饱问题解决了。又因为当时贫富悬殊很少，生活在“大家同样”的社会空间中，对于大多数村民来说，好象是苦难中共患难的兄弟，没有高低贵贱之分，没有高贵生活的比照就不会有距离感。他们只知道这就是自己的生活，大家都一样。因此，虽然生活艰苦，但人们的精神是高昂的，以致在“大跃进”时期，人们虽十分艰苦，但干劲十足，气势高涨，让人很能想起“集体的力量是无穷的”。在集体化时期，汪村还组织了一个戏班子，大唱集体生产的歌。戏班子由汪村的村民自己组成，自编自演，唱得红红火火，人人心情舒畅。一位村民这样当时的情景：

“那时候村子里还组织了戏班子呢，天天晚上唱戏。戏班子的人全都是咱村的人，有十几个呢。这些人后来都成为了咱村的大红人。当时唱戏主要歌颂大好形势和鼓舞劳动干劲的，都是自编自演，怎么能让人笑就怎么唱。特别是在大生产和闹运动的时候，为了搞宣传鼓舞人心，天天晚上唱戏，要求每家每户都要去人。实际上，那时候唱戏已经成了宣传的工具了。”

可见，开会与唱戏已经成了村里贯彻和宣传上级政策的工具，村民的生活也被这种政治性的动员与宣传的气氛感染和笼罩。在集体主义时代，这种气氛甚至侵入了村民私有的生活空间，使其原本相对独立的私人空间在集体主义时代的“政治”与“革命”的口号中逐渐被压缩，以致失去其相对的独立性。由此村民的日常生产和生活逐渐被“政治”与“革命”的主流意识所引领和控制，村庄也逐渐失去了其相对独立的空间。于是，革命的仪式也逐渐取代村庄的传统与习俗而主导村民们的生活。正如张乐天先生所说：

“于是，革命的表象渐渐替代了传统的村落文化，社会生活因不断举行的仪式而带有演示性。农民似乎每天都在扮演着某种角色，从而社会变成了剧场。生活与演剧混淆了。生活如演戏，演戏也是说话。”①

从这个意义上讲，传统意义上的村庄共同体已经走向解体，并逐渐为一种新的外部整合力量所取代。无可否认，在 LDD 书记的带领下，集体化时期的汪村干部们不但作出了许多很有成效的公共事务，而且，LDD 书记和 LZP 会计本人在村民中也具有较好的口碑和威望。但这种同样来自村庄内部的权威的公共权力的产生和运作的机制均已不同于以往的村庄的公共权威，已带有很明显的政治导向的色彩，革命时代的主导意识逐渐取代村庄自有的文化与权威。

三、集体化时期建立的农业科技实验站及其培养的技术员

农科站的地址就选在该村最东北角一大片叫“三叉河”的田地里。农科站虽然没有为汪村带来预想的成果（由于建站不久就分田单干了，农科站因为集体经济的解体而被迫解散），但它毕竟是一次尝试，使村民们懂得了科技种田的重要性。同时，村民也在农科站科技人员的指导下改良了农作物的栽培技术。在田间耕作和管理等方面也取得了很大的进展。其中，最有成效的是西瓜种植和树苗的栽培技术都为汪村集体经济的发展带来了活力。在农科站的示范作用下，当年汪村大部分农户种上了西瓜，并大获丰收。一时间该地区成为西瓜的主产区。但后来由于种的西瓜太多，又没有外销的渠道，虽然西瓜获得了丰收，但由于卖不出去，加上价格太低，许多农户失去了种瓜的积极性，继续改种粮食。除此以外，在李书记的带领下，各家各户都多种了经济作物，为农民创收。除了小麦、大豆等主要作物外还让村民种玉米、花生、芝麻、绿豆、油菜和甜菜等经济作物，村委会还为村民请来科技人员亲临指导。据村民讲，那几年汪村的村民收入有了明显增长。许多村民都买上了自行车、电视机、农用拖拉机等。农民的积极性被大大调动起来。于是村委会也有了较强的

① 张乐天著：《告别理想——人民公社制度研究》，上海人民出版社，2005 年版，第 4 页。

凝聚力。许多村民自愿为村集体事业作义务劳动。

汪村在集体化时期建立的"农科站"不仅促进了其农业经济的发展，而且为该村的一部分人转变个人的身份和命运创造了机会。就是在这一时期，被推荐到农科站工作的一些人通过上级的培训，学了许多技术。后来，这些人还凭着这些技术在CT乡政府及后来的S镇政府的职能部门任职，有的转为国家正式工作人员，如LJL、LJS、LJJ等分别在CT乡及后来的S镇的农机站、农技站等部门工作。有的在附近的城市谋得了一份非农的工作，如LJG、LJK因为在"农科站"学了机械修理和驾驶技术，集体化解体以后，就到S市谋了一份司机的工作，成为改革后村里先富起来的一批人。笔者跟踪调查发现，在那一时期"农科站"工作的农业技术人员，除一人因车祸死亡外和一人外迁以外，其余人目前都有非农职业，并在在村庄中有一定的地位。其中4人为正式工作人员。

第二节　集体化时期的乡村知识群体

一、集体化时期汪村知识群体的构成变化

由前面的背景知识可知，集体化时期的汪村虽然经历了一系列的政治运动，村庄的社会性质也发生了根本性的变化，由于传统村庄中的知识群体的权威已深入民心并在村庄的日常生活中发挥着重要的作用，因此，汪村的知识群体非但没有因为政治运动的影响而销声匿迹，也没有因为村庄性质的改变而隐匿其权威在村民中的影响力。恰恰相反，这一时期的知识群体却因为政治运动而得到发展。这主要体现在以下几个方面：

一是随着新式乡村学校的兴起，乡村中原来在运动中受到批斗的知识群体大部分被乡村小学所接纳，并逐渐成为村庄小学中资格较老并具有较强原则的师资队伍。他们中的一些人虽然在不同时期的运动中受到迫害或冲击，但除了少数几个在运动中影响较大离开学校以外，他们中的绝大多数在运动过后或长或短的时间内又都回到教师岗位。

二是在大跃进时期及改革开放的初期，由于国家政策的推动，汪村像其他地区的乡村一样，在省委、省政府相关政策的推动下，先后办起了乡村小学、加设初中班和农业中学，所不同的是，其他地区的初中班和乡村农业中学大多在运动过后都停办了，而汪村中学在与乡办中心中学同时并存的情况下却延续了下来，从而容纳和培养了汪村一批有一定威信的知识群体，他们不仅是汪村

的知识精英，还是汪村不同“片区”村民日常公共交流和公共事务围绕和依赖的核心。这一民间力量在某些时候足以与村庄的公共权力相抗衡。

三是在不同时期的运动中不断涌现的积极分子或其亲属以各种方式进入知识群体行列。除了乡村教师以外，在集体化时期，汪村还出现了4位赤脚医生和十几位参加戏班子的民间艺人。这些人有些是在土改前就是艺人，在集体化时期被运动所激活的民间艺人群体。这一群体中的相当一部分在村庄后来的发展中发挥着重要的作用，并有一部分民间艺人通过较为广泛的社会关系谋得了一些上升的机会，成为乡、区里的工作人员，有的还被提了干。

由此，汪村的知识群体的内部构成发生了很大的变化，其中变化最明显的是教师队伍的扩大、教师群体来源的变化和复转军人在村庄中影响力的扩大。同时，发生变化的还有一批新的知识群体的产生，即文革以后，随着各项教育制度和秩序的恢复，汪村开始有一批入读各类中等职业教育学校（如中师、中职、技校等）的毕业生。具体构成如下表所示：

表6－1　集体化时期汪村知识群体的构成

类型	乡村教师	乡村医生	1960－1970年代的中师、中专、职校毕业生	一般的礼仪司仪与文书	其他（包括民间艺人、农技员、复转军人等）
人数	11	6	13	7	17
所占比例	20.4%	11.1%	24.1%	13.0%	31.5%

由上表可以看出，乡村教师和各类中等职业学校的毕业生①占到知识群体总体的44.5%。同时，这个群体在村庄中的影响力也越来越大。另外，新的知识群体开始村庄中产生并在当地产生重要影响。

二、政策推动下的乡村学校与乡村教师

1958年，安徽省为贯彻“教育为无产阶级政治服务，教育与生产劳动相结合”的方针，在“两条腿走路”办学原则的指引下，大力发展小学教育和初级农业中学的教育。1958年6月，省教育厅报省政府批发《关于发展民办农、职业中学的初步规划和民办农、职业中学暂行办法（草案）》以促进乡村

① 这里的“乡村教师”与“中师毕业人员”并不互相包含，前者主要指在汪村小学和中学的民办教师，在这一时期还没有正式教师职业身份，户口为农业户口；而后者则是指有正式的教师职业编制的工作人员，户口为非农户口。

教育的发展。据《安徽省志·教育志》记载，与1957年相比，1958年小学增加10169所，教职工增加18890人，分别增长了48%和20.2%。“文化大革命”期间，一方面教育受到严重的摧残，许多乡村教师被批斗。另一方面，安徽省为贯彻周总理提出的“普及小学教育是一项大政”的指示。1966年、1972年、1973年和1974年，省教育厅多次下文指示普及小学教育的文件。在普及小学教育的过程中，一度盲目发展初中。一些小学为了顺应上级的意愿，不管有没有条件，都加设初中班。后来，干脆就将初中班独立出来，成立初级中学。但学校数量和规模的扩大并没有带来教育质量的提高，因为，在此期间，师资构成发生了质的变化，一批在职的乡村知识分子被批斗，离开了教师岗位，而一批小学毕业生和初识文字的村干部进入中、小学教师队伍。据《安徽省志·教育志》记载，文革10年间，全省小学专任教师增加100691人，其中，民办教师增加127277人，公办教师减少26586人。民办小学教职工占小学教职工的比例由1965年的39.1%上升到69.06%。就是在这样的背景下，汪村小学和汪村中学的雏形在特殊年代就诞生了。

据老校长LZJ校长回忆，汪村小学的建立主要是上级的意思。

“1958年，全国各地都在搞农村小学，当时区里开会说，凡是有条件的独立村（即行政村）都要搞一个小学，一个乡必须搞一个初级中学，以方便孩子就读。早一些的时候，咱村有几个私塾先生有的自己开办私塾，有的在ML村（目前是一个与汪村隔村相邻的行政村）当私塾先生。可后来由于受批斗，许多人都不干了。五八年集体化的时候，上面一有政策，大队干部就开始召集几个老先生商量办个学校的事。最初几位老先生都还很害怕时局的变化，不敢怎么表态。大队干部们就自己找一些年轻一点的读过书的人商量，因为当时我哥读过多年私塾，也很有人缘，就被他们找来，说让他来负责筹建学校。我哥就通过私人关系找了几个有点文化的人商量，由于受过运动的影响，当时只有几个年轻的胆大的敢干。本来是想请老先生的，可他们都怕，最初不愿意来。后来，我哥他们几个已经开起来了，没什么事了，他们才被请来。

后来，我哥因为当了大队干部就不干了。由一个老先生来管学校，也只干了一两年，又来运动了，他受到了影响。于是，搞村小学的就又换了其他人，都是些表现积极的人进来了，他们文化程度不高，但实践能力很强。我是在运动都过去以后当的校长，所以没受过什么运动的影响，但有时候也怕，万一再来运动怎么办？所以，我一般都很低调，尽可能地不得罪人。但这样就有人在背后指指点点，说我没有教师人格，没有骨气。可人哪有完人啊，教育是国家大计，必须和上级和形势保持一致啊，否则我们如何培养新时代的接班人啊！”

“至于学校的情况，据说，最初小学就几个人，后来是慢慢发展的。我刚当校长时，小学老师有9个人，一开始只分低年级、中年级和高年级，后来也分了5个年级，各年级都只有一个班。再后来，一、二、三年级各有2个班，四、五年级各1个班，老师也增加了2个。中间有过一段时间还办过六年级、初中班等。再到后来还开了学前班，那是改革开放以后的事了。”①

由于后来又发生了一些运动，汪村学校的发展可谓是一波三折。尽管如此，汪村小学还是培养了一批民办和公办的教师。1970年代，汪村农业中学成立后，汪村小学的一些优秀的教师被调到农业中学去任教，小学不得不又增加老师。这时候，有些汪村大队干部的亲属和几个知识分子的家属加入了教师的队伍。汪村小学的教师虽然经历了部分的更新换代，但相对来说，还比较稳定。一些比较优秀的老教师目前几乎到了退休的年龄。他们在村庄中比较有威信，也许是因为他们引领了村庄2～3代人的成长，也许是因为他们经常经常参与周围村民的公共事务，因此，他们在村民中很有威信，在有些时候起着凝聚周围“片区”村民的核心作用。

集体化时期响应上级的号召创办的汪村农业中学，不仅为汪村及附近邻村的孩子提供了就近上学的环境，而且锻炼和培养了一批教师队伍。这些教师要么读过多年私塾，要么是高中毕业后回乡务农的青年，或者是初中师范毕业后来这工作的。这些教师中有些是从汪村小学的资深教师选调过来的，不仅具有丰富的教学经验、良好的师德，而且和汪村的小学教师一样，在汪村也具有较好的声望。由于他们社会联系更为广泛，常常是村民遇事求助的对象。另外，受其本人教育和培养方式的影响，加之他们在村庄的声望与地位的影响，他们的子女或已去外地求学、工作，或在村里小学、中学从教，或在村委会里担任公职。

汪村小学和汪村中学的兴办除了为汪村的孩子提供了便利的上学条件，也为汪村部分有一定文化程度的村民提供了较好的就业途径。汪村的小学与中学经过几十年的发展，不仅使相当一部分土生土长的乡村民办教师转为正式的公办教师，而且为汪村相当一部分高中毕业后回乡的青年提供了施展才华的舞

① 摘自与汪村小学老校长的访谈，2006年5月15日晚。

台。虽然这样的机会并不是对每一个符合条件的人都是平等的，但它在一个相互比较了解的熟人情境中常常为大家所认可，并在个人有意识地建构身份特征与形象的表现中逐渐获得教师身份和权威的合法性。尽管在不同时期汪村小学与中学教师的来源和个人素质特征有很大的不同，但这种对身份和权威的建构却是基本相同的，并在不同程度上达到了村民认可的合法性地位。

三、特殊背景下知识群体有了新的成员

与同时期全国其他地区的乡村学校一样，汪村的学校也进行社会主义教育运动，首先是加强了对学校的教师和学生进行了实践教育和社会主义教育；其次是学校里的教师队伍有所改变，有些教师因受运动的影响暂停了教师工作（后来大多又恢复了职位），而在村庄公共事务中表现积极的一些年轻村民却有机会进了被他们一向认为在村庄中很有地位和权威而又难以企及的教师队伍。与其他村民一样，在他们眼里，学校是一种权威，老师也是一种权威。学校不光是村庄的，在更大意义上，它是国家的，代表的是国家权威。一旦踏入学校的门槛并能在里面谋个位置，就意味着他们脱离了一般意义的农民身份，在受到他人尊重的同时，也满足了自己期望改变自己身份和地位的心理需要。在这一时期进教师队伍的有 LJL、LXA、MX、LCP、LQL、LXC 和 LQB 等。其中，LQL 后来当了校长。LXA 在 1980 年代转正后因故调离村小学，LXC 在汪村农中成立后调入农中，LQB 后来由于违反计划生育政策被辞退，另一人因确实无法胜任教学，在运动过去后就被清理出教师队伍。其余人至今还在学校当老师，目前，这些人大部分已经转正，有的后来还被调到乡里文教办当该乡的教务主任。因此，在运动时期有的人受到了影响，也有的人却以此为契机加入了教师的队伍，改变了其身份和地位。

集体化时期一些积极分子进入教师队伍是多种原因造成的，其中，最主要的原因是社会运动情境下投机空间的存在。但这只是起因，而积极分子之所以能在运动结束后仍然留在学校并在政策提供流动空间的情境下适时地抓住机遇转为正式教师身份则是与特定时代背景下社会流动机制的改变有一定的关系。李若建教授在“社会流动模式的改变与大跃进”① 一文中认为，1949 以后，中国乡村社会底层向上流动的渠道和机制发生了变化，一种以“家庭出身 + 本人政治表现 + 领导赏识”的向上流动的机制和标准在乡村基层管理人员对

① 李若建：《社会流动模式的改变与大跃进》，《中山大学学报（社会科学版）》，2002 年第 5 期，第 141 页。

公共资源具有较大垄断权的集体化时期得以建立和盛行起来。由此在乡村社会产生了如下后果：一是这流动模式促使乡村社会的两类人可以而且只能通过“教育”和“政治表现”途径实现向上流动，这两类人是由于出身不好被政治运动打压下去的原乡村知识及其子女和乡村社会中一直“向上”看齐、在政治运动中表现“突出”的积极分子和投机钻营者。当然“教育”途径对于两类人的意义是不一样的，对于前者是“教育”的实质性含义，而对于后者“教育”纯粹被作为一种工具和手段。二是“政治表现”作为考核社会成员向上流动的主要指标以后，乡村中的没有知识也没有管理才能的积极分子很容易以此为契机进入干部队伍和教师队伍，促使这两大队伍膨胀。就汪村而言，前者主要表现为我们在前文已经提到的村干部队伍的变化，后者就表现为积极分子及其亲属在特定时期进入学校并利用政策调整的空间正式编入教师队伍。

四、集体化时期村庄中的其他知识群体

集体化时期的知识群体除了前面所讲到的两类外，还有另外三类：它们分别是村庄中的医生、村庄中的民间艺人、部队复转军人。在集体化时期，这三类人虽然未必都能算作知识群体，但这三类人中的绝大多数后来都转为或被村民认可为“有知识”或“有文化”的人。

医生本身可以算作知识群体。在集体化时期，汪村先后共有4位医生，其中一位是在建国前在汪村当先生（会计）的ZLZ，另一位是外来的老医生JMT。JMT祖籍在江苏仪征县（现为仪征市），因为亲戚关系一直在汪村行医。和ZLZ一样，JMT也是一位老中医，医术比较精湛，在村庄中也很受村民尊重。不仅如此，他还为汪村培养了一位土生土长的赤脚医生，他就是至今仍在汪村当医生的LDL。JMT后被汪村的工作队赶出了汪村。汪村的第四位医生LXF恰恰是在JMT被赶出汪村以后由于“表现积极”、“政治觉悟高”被工作队推荐到县卫生局接受培训后回村接任原JMT诊所的职务，成为汪村被正式任命的医生。而其他的医生都是没有获得正式“名分”的。LXF及其诊所在此后的20多年里一直被认为是上级认可的汪村的医务人员和医疗机构。在集体化时期，由于他个人的“积极表现”，不仅入了党，而且积极参与村里的公共事务，他本人很得村干部和工作队的赏识，村里有什么事也都找他商量。由此，他很快成为村里的“公共人物”。在集体化时期，一切资源都为公共权力所垄断，因此，除了少数需要看中医的病例外，LXF所在的的村卫生所几乎承担了全村的看病任务。

部队复转军人中的一些人之所以后来被村民们公认为知识群体行列是因为

他们中的一些人或在部队学了一两门技术回来后在生产大队或公社里任职，或通过各种途径乡、区政府某部门任职后再接受教育或培训的，而其家属在集体化时期仍在村庄居住、生活，并从事农业生产劳动。因此，他们仍被汪村人认为是本村有文化、有身份的人。

在集体化时期活跃的村庄里的艺人（主要是唱戏的）后来在村庄的发展中部分人也实现了向上的流动。如：有的加入了教师的队伍，有的被上级选拔培训为农业技术员，有的被推荐县农校学习，毕业后进入乡政府的一些职能部门从事临时性的工作，后来赶上时机就转为正式工作人员了，如在撤乡并镇前在CT乡工作的LDT、LCP、LJS和LJL等都是通过这样的途径成为正式工作人员的。有的后来在不同时期进入村干部队伍或在生产队担任公共职务等。还有的虽然本人并没有承担村里的公共职务，但他们仍然在一定范围内拥有一定的权威，他们的权威一般是隐匿的，只有当村民遇到公共事务时他们的作用才会显现。他们要么成为部分村民权益与意见的代言人，要么以自己的才能和社会关系网络帮村民解决靠村民个体家庭无法解决的难题。另外，这一群体中部分人的子女在1980年代中后期至1990年代，成为村里有较大影响的骨干，他们中有的成为中、小学教师，有的成为村庄正式权力的成员。

由此可见，集体化时期，汪村知识群体中的一些人由于受到一系列政治运动的打击而被迫退出了像学校、村集体权力等公共的舞台，但同时，也有一批人借着运动的契机挤入了公共领域的舞台，并在集体主义的保护下获得了相应的公共权威。从此，村庄的知识群体开始发生质的变化：由自致合法性权威向外赋合法性权威转变。知识群体权威形成的机制也发生了变化：由“知识－公共领域－权威”形成机制向“公共领域－权威－知识”形成机制转变。

第三节　集体化时期乡村知识群体与村庄关系的分析

一、集体化时期的总体特征及其对知识群体的影响

集体化时代，常被称作毛泽东时代，通常是指社会主义三大改造完成以后，社会主义制度确立，中国乡村由互助组到初级社，再到高级社，直至全国范围内全面建立人民公社制度，中国乡村社会逐步过渡到集体生产与生活的过程。通过这一过程，中国乡村的基本生产单位得以确立，即“以生产队为基础，乡村公共资源与公共财产为生产队、生产大队和公社三级所有”的管理体制。由此，国家完成了对乡村政权的建设，国家的力量延伸到乡村，不仅仅

控制了乡村的农业生产，而且以一种集体化时代的“政治觉悟”、“绝对性的服从”等主流价值观控制着乡村的日常生活。这些在第一节的“时代背景”里都有显示。

同时，通过这一过程，国家将社会主义的集体理念和政治导向话语输入到乡村，并通过民众易于接受的形式塑造着每个人的思想与言行。如果说制度变革及其后来一系列的运动是对村庄旧制度权威拥有者的推翻、重塑和改造的话。那么，集体化时期的社会主义教育运动则是对乡村基层管理者所进行的一场思想净化、宣传社会主义集体理念与政治信仰的运动。从政党和社会制度建立的机制来讲，国家发动这样一系列的运动是有其合理性的。但是，其在实际运作的过程中，也为一些机会主义者提供了利用的空间，使得国家所期望的以此推动社会主义新价值体系建立的原定目标没有达到，反而使得一部分投机主义者进入村庄的知识精英层。由于这些人的加入，在一定程度上影响了知识群体在村庄中的权威。同时，也在一定程度上改变了乡村固有的主流价值观念。如果被破坏和改变的价值体系能够被一种真正的社会主义集体理念和政治信仰所取代，这种理想是我们所期待的。可事实上是，这种政治性的意愿仅仅停留在形式化的表现上，有时还被一些人用来作为实现向上流动的工具，而在村庄中真正建立起来的价值体系格局被机会分子以谋取精英位置的实践所改变。

伴随着国家对乡村的管理体制和主流意识的建构，乡村的社会性质与社会结构也在发生着深刻的变化，原来对乡村社会起整合作用的传统文化、社会资源在国家新的价值体系和主流意识形态向乡村延伸的过程中逐渐被一种新的整合机制所取代，这种新的整合机制就是集体化。在集体化生产、生活模式下，村民个体不再有完整意义的独立性，个体的思想和行为要在集体统一的框架内进行，包括吃、穿、用，甚至连私人领域也常常受集体化的影响。当一种“集体化”成为一个社会和个人行动的基本纲领时，乡村社会的自主性空间被压缩了。

当乡村自主性空间被压缩以后，乡村的社会结构也发生了很大的变化。在集体化以前（尤其是土改以前）的汪村，在村庄中起关键作用的是村庄中有个人魅力和权威的知识群体，而运动后的村庄公共权力（村集体政权和学校）则被一些集体活动中表现积极并热衷于政治表现但并不一定有真实才能的人所取得，而真正有知识、有能力的人则由于种种原因被边缘化。于是，当知识群体的来源与构成发生变化的同时，这个群体的性质也发生了变化。知识群体由内敛型向外赋型转变，其权威的形成、运作机制也由“知识－公共领域－权威”转向“公共领域 - 权威 - 知识”。由此，知识群体在村民中的权威和形象也在发生着微妙地变化。由于投机分子混入这一群体，人们对这一群体的权威的信任和认可程度大打折扣，尤其是这一部分人混入公共权力与学校以后的投机行为和对待村民的态度，进一步消减了整个群体的公共权威。

二、集体化时期知识群体与村庄正式权力的关系

集体化时期，由于知识群体的构成相对复杂，其与村庄正式权力的关系也较为复杂。这种复杂关系主要表现在以下方面：

第一，从总体来看，集体化时期，汪村知识群体与村庄公共权力之间基本是一种合作、统一的关系，这是由这一时期的社会性质决定的。在集体化的统一模式下，对汪村具有整合能力的自治力量、资源与机制也必须与村庄的公共权力的意志保持一致。在集体化时代，村庄的资源与权力是被集体通过大队和生产队的大、小干部控制的，并与上级的要求保持绝对的一致，而个人或单个的家庭是没有任何可以支持他们作决定的资源和权力的，完全成为集体的附属。村庄中的知识群体虽然由于职业和经常性的活动涉足公共领域，但由于原来支持它的村民与其本身都是附属于村集体的公共权力的，因此，知识群体作为最有可能代表村民的集体意志的权力也被剥夺了。和其他村民一样，对上级命令和村集体意志的绝对服从是知识群体行为的基本准则。它所可能代表一般的民众表达“公共性”声音的权力在集体化时代是被淹没在村集体正式权力之内的。这样，一种对正式权力的妥协与服从代表了知识群体与村庄正式权力的“统一”关系。

第二，集体化时期，虽然知识群体思想、行为要与上级的政治路线保持一致，但汪村的一些老教师们在面对外来不正当的行为侵害时仍然敢于坚持正义，为村民和自身的正当利益而抗争。当时在汪村小学当老师的 LXL、LXC 和 LSY 等老师在一些运动中先后为维持学校的秩序和学校老师的清白，多次冒着政治风险向上级写信，揭发村里的某些人扰乱学校秩序和对学校老师进行人格侮辱和人身伤害的行为。虽然事件当时没有得到及时解决，但给村里带来一些正义的声音，得到很多村民的支持。由此可见，知识群体作为有着自己的主张、信仰和行为规则的民间精英力量与权力之间的张力仍然是存在着的，只是在集体化的大环境下以另外一种方式存在罢了。

第三，知识群体的权威与村庄正式权威的关系在集体化的不同时期呈现出不同的强弱关系。自汪村“土改”完成以后，先后经历了“反右派”、“四清运动”、“文化大革命”等三次大的运动和“1956 年入社 - 1960 年前后的饥荒

–1961 年后的再分开单干 – 再集体化”等多次反复的经营管理体制。这些运动和时局的变化对于知识群体和正式权力之间的关系是有影响的。很显然，运动时期的知识群体是被改造的对象，他们的思想和行为必须与村集体要求相一致。同样地，在实行集体化生产管理体制时期，村干部的统一性的管理权威也是针对知识群体的，因为他们控制着村庄公共权力和公共资源的分配。而知识群体在集体制的统一安排下也只能做好自己的工作（如教书、看病等），服从统一管理。而在“四清运动”时期和分开单干时期，村干部的权力相对弱化，因为“四清运动”主要是针对胡作非为的村干部进行整治的。运动后，汪村的村干部相对低落了许多，一些往日胡作非为的干部和善于钻营的积极分子相对收敛了许多。村民们和坚持正义的知识群体也敢于出来说话了，村庄中的内部关系有了明显好转。这种情况在实行分开单干的那两年也同样存在。可是，由于时局不稳，很快随着集体化的卷土重来，村庄的气氛又紧张了起来。由此可见，知识群体与村庄正式权力的关系及村庄内部的关系随时局的变化而有所不同。

三、集体化时期知识群体内部的复杂关系

集体化时期，由于知识群体内部构成多元化，知识群体的内部关系也变得复杂起来。这种复杂性又由于政治运动频繁。集体化时期的知识群体大致可以分为以下几类：（1）作为乡村知识分子的教师；（2）动乱中进入教师队伍的投机分子；（3）作为村干部的知识群体；（4）村庄中一般的知识群体。这几类构成不同的知识群体，在不同的时局背景下表现出不同的相互关系。

在它们的相互关系中，有两个变量起影响作用：一是村庄的生产管理体制：是集体，还是单干；二是有无运动的影响。这两个变量对它们相互关系的影响有时是叠加的，有时是单独作用的。当两个变量叠加对四类知识群体的关系产生影响时，突出地表现为：混进知识群体队伍（教师、医生、大小队干部）的投机分子的影响力就强，作为真正乡村知识分子的知识群体（包括教师、医生与村庄中像民间艺人等一般知识群体）的影响力就弱，处于明显的弱势地位。但这里有个例外，那就是作为村干部的乡村知识分子，即使是在运动时期和集体化时期，由于他们拥有公共权力的身份，他们也并没有受到“知识分子”身份的太大影响。

当时任大队会计的 LZP 就是一个很有威望的知识分子，由于父辈家庭较为富裕，而且家里设有私塾学堂，他从小就受到书香的熏陶，有很深地文修功养。其父在土改运动中被批斗了，但由于其父只顾讲学，不涉足公共事务，因

此，在运动中，村民对他家庭的评价保持中立的，而且，由于家庭到他这一辈已基本败落，因此，他们家受到的冲击很小。后来，由于他本人很得民心，同大队书记的关系又不错，就担任了大队会计的职务。即使是在对知识分子最激烈的批斗时期，由于他担任大队会计职务，并一切按照上级的指示办事，并没有受到任何影响。而在“四清运动”中，又由于他很有威信并得人心，也没有受到任何冲击。因为当时汪村的“四清运动”主要是针对人们评价较差的坏分子，所以他并不在批斗之列。集体化时期汪村真正掌实权的是大队主任LXX，大队书记本应掌权，但由于他本人人品较好，出身清白，在村民中的口碑很好，因此，作为大队会计的LZP和大队书记一样退居幕后，只干实事，并没有参现实的权力博弈。事实上，他们是最后的胜利者，他们不仅赢得了民心，留下了集体化时期许多公共设施的业绩，而且留下了较好的口碑。

当时局转变为没有社会运动的相对温和的集体化时期时，汪村知识群体内部的相互矛盾相对缓和了一些，但这时后面二、三、四类知识群体仍占较强的优势，而第一类知识群体仍处于相对的弱势地位。这是由集体化时期的社会性质决定的。集体化时期，由于历次政治运动的影响，村庄更大意义上是作为国家管理乡村的生产大队来设置职能的，因此，它的职能更多地是行政性的。而建立在村庄固有的文化、规范基础上的自治性空间相对小了一点，而作为民间权威发挥公共事务功能的知识群体其更多地做好本职工作，较少涉足村庄的公共事务，即使涉足，也是与村庄正式权力机构保持一致。

在集体化时期，比较活跃的一个群体就是村庄中参加戏班子的一群人。他们中的一些人最初为一般的村民，没有什么影响力，但由于他们参加戏班子，经常演出，他们的名字很快就家喻户晓了，并在其所属的片区获得了一定的知名度。又由于他们是村里组织的戏班子，演出的目的也在于宣传上级的政策与鼓舞干劲，因此很得村干部和上级的赏识。他们中的大部分人后来赶上上级选拔、培训人才的机遇被推荐到县农校、县文化局、县师范学校和区农技站、文化站等单位去培训，后来相继在汪村小学、农中和原乡政府的职能部门任职，有的还提了干。即使没有谋得公职的那些人也在改革开放以后成为村庄中最先富起来的人。尤其是他们的子女多数都有较好的出路。因此，这一群体是集体化时期除了投机分子以外受益最大的群体，他们在此后的村庄中发挥着越来越重要的作用。

在整个集体化时期，分开单干是短暂的，主要是1960年前后经历的那场“天灾”与“人祸”共同作为的饥荒以后，国家领导人刘少奇等人来安徽视察以后，发现安徽的灾难非常严重，并且认为，安徽的过度集体生产管理体制和激烈的“大跃进”运动已经给安徽人民的生活带来了极大的负面影响。于是，国家的政策开始松动，自 1961 起，全省就开始贯彻刘少奇提出的“三自一包”方针，汪村就开始分开单干，人民的生活状况开始有所好转。然而，好景不长，刘少奇因为这一举措陷入政治漩涡。汪村的集体化运动又卷土重来，形势比以前更为严峻。入社前和 1961 年以后至文化大革命前这两个短暂的分开单干时期虽然仅仅是整个集体化时期的前奏和插曲，对汪村的村民和知识群体来说却有着不同的意义。

由于政治运动频繁，村庄对知识群体的态度也很暧昧，在具体贯彻上级要求给知识分子和“右派”平反的政策时也是谨慎的，远不像执行其他政策那样积极。同样，一般村民与这些曾受运动影响的知识群体个人及其家庭保持着一种若即若离的关系。

也正是由于这种暧昧的态度使得改革后汪村村民之间的关系也变得更加复杂。尤其是那些被划上不好成份的家庭与一般村民家庭的关系也很微妙。有的人表面应承，私下里却彼此提防。

四、知识群体与村民的关系

集体化时期，由于知识群体内部构成发生了变化，村民们对知识群体的看法和对他们权威的信任程度也发生了一定的变化。这种变化主要体现在知识群体整体权威对村民的影响有所下降。特别是当村庄中真正的知识群体被边缘化以后，一些投机分子混入其中，村民对这个群体的看法有所改变，但这种改变还不足以推翻知识群体在村民心目中的位置，因为村庄终究是一个有着自身传统的共同体，革命和运动可以在物质形态上消灭它旧有的东西，但它无法彻底根除存留在人们心里的知识权威所树立的传统观念、习俗与共识，只是这些在特殊时期被压抑和隐藏起来而已。即使在集体化时期，村民心中都是有一杆秤的，谁是好的、坏的，都分得清楚，只是不说而已。因为毕竟是熟人社会，只要人们的是非观念还没有改变，那么，村民们对判断好人、坏人还是有共识的。这就意味着汪村真正的知识群体的权威在村民心目中是仍然存在的，只是由于这一群体构成发生变化后，使人们整个群体的权威的信任有所下降。而且，村民在谈到那个时期的知识群体时，并不笼统地说某某群体的人是好还是坏，而是具体说某人怎么怎么样。因此，村民对于真正的知识群体的权威是尊重和信任的。

但是，从总体来说，由于集体化时期的村庄失去了独立的自主性。因此，作为以往在公共领域中发挥重要作用的知识群体失去了“公共性”发挥的空间，因此，其威信有所降低，使许多人在遇到公共问题时多转向正式的公共权力，而不是知识群体。同时，一次又一次的运动使村民原来的许多价值观都被破坏或改变，大部分村民在时局动荡的年代，对人、对事都表现出谨小慎微的态度，即使是自己认为正确的事情，为谨慎起见，也都尽可能地和正式权力的意见保持一致。村民们说：“那样做是为了图一个安稳与清静，避免被说成是路线不清。”

当然，集体化时期，也不排除个别性格耿直、坚持正义的知识分子在力所能及地维持着村庄中的正义，只是采取的方式与以前有所不同，显得更为灵活。一直被村民称为“好人”的 LQL 在运动闹得最激烈的时候，他不仅敢为被错划为右派的同事鸣不平，而且在入“高级社”以后，还替一些受到不公平待遇的村民向大队和生产队要说法。被他帮助的村民有 LQC、LQZ、LDJ、LCP 等人。这些人有的已经去世，但尚在的村民都很感激 LQL，在其后来因得罪学校领导被学校百般刁难的时候，许多村民替 LQL 向大队书记求情，要求由大队出面调节此事。原大队书记 LDD 的大儿子 LQH 证实了此事。

由此可见，在更多的情况下，时机往往被建构为一种有用的工具，被村庄中的不同阶层、群体所利用。大队、小队干部利用运动达到了整治村庄、树立威信的目的，积极分子则利用运动进入了知识群体的队伍，并在后来的政策机遇中实现了身份的改变。而知识群体中的民间艺人则因为集体化时期的戏班子演出在村民中形成一定的知名度，同时，由于其极力地配合上级和大队干部的工作也获得了上级和大队干部的信任，逐渐成为村庄中的公共人物，他们中的个别人后来当了村干部，大多数成为了普通村民，但是在村民中很有影响力，成为村庄片区中的权威人。更重要的是，这些人由于外面联系广泛，信息渠道畅通，他们后来有的在改革初期利用机会进城有了正式工作，有的改革中成为率先富裕的部分人。他们的子女也都有较好的出路，有的考上了大学，有的高中毕业后回到村小学、中学任教，成新一代的知识群体。

第七章

改革开放以后村庄知识群体的变化

第一节　时代背景

一、农村改革带给汪村前所未有的生机与活力

汪村实行家庭联产承包责任制以后，村民的生产、生活和村庄的面貌都发生了较大的变化。就汪村的平均亩产来看，各种农作物的亩产都有了较为显著的提高，见下表：

表 7－1　汪村改革前后的平均亩产对照表　　（单位：斤）

种植作物种类	改革前的平均亩产	改革后的平均亩产	增长量
小麦	100～200	700～1000	600～800
大豆	50～80	300～500	250～400
玉米	200～250	1000～1200	800～1000

注：改革前的亩产以年长村民的回忆进行推算，改革后的亩产以 2000～2002 年平均值计算。

就农业生产来说，以前大部分农业生产要靠体力、畜力劳动，而改革后逐步实现了农业生产的机械化，虽然这经历了一个较长的发展过程。不仅如此，汪村村民的生活也有了显著的改善，由改革前的以为主杂粮到改革后以小麦为主粮。村民还利用开垦来的荒田种菜、水果，改善了他们的饮食结构。除此以外，汪村村民在住房、交通、生产工具和生产方式等方面都发生了根本性的变革。

1980 年代初期的变革不仅给村民带来了较为丰富的休闲时间，同时也给汪村带来了生机勃勃的景象：村民休闲、娱乐和交流的机会越来越多，人们之间交往的机会也较以前增多。在汪村的各个村民小组都有 2～3 个甚至更多村

民聚集、聊天的据点。这些据点主要以有较好人缘的村干部和有较好声望的知识分子为主。这些据点在不同时期在村庄中有着不同的分布。其变化的主要趋向是由以村干部和小队干部为中心转向以村庄中有较好口碑和威望的知识群体为中心。其居所成为村民聚集、闲聊据点的知识群体主要以四类人为主：有威望的礼仪知事、村庄教师、医生和在外工作人员或其亲属。这是1990年代以前的情况。1990年代以后，村庄中村民愿意聚集、闲聊的机会和持续的时间大大减少。据点更加分散，据点不再是以有较高威望的上述4类知识群体为中心，而是趋向平民化，即人缘好的一般村民的家中常常成为村民聚集的地方。尤其是牌场，常常成为村民聚集的地方。同时，村民聚集、交流的主题也发生了一定的变化。据村民说，在以前村民聚集在一起总是爱侃时事、新鲜事，侃的主题基本上和自己无关。而现在村民聚集在一起多是聊与自己有关的日常生活，如到哪打工能挣钱、怎么出去赚钱以及一些日常生活中的趣事和难事等等。

二、农村改革带来乡村社会性质的改变

1978年，一场源于安徽凤阳小岗村的关于责任田的“秘密协定”被默许以后在全国其他地区推广开来的“责任田包干制度”被国家正式确立为农村经营管理体制——家庭联产承包责任制。由于汪村在1960年代初期经历过一次分开单干受到上级批判事件的影响，因此，在最初的时候，汪村并不敢分，只是后来看其他地区都分了，也才决定分开。虽然改革的步伐姗姗来迟，但改革的彻底性却又是符合汪村“一切向上看”的传统的。汪村除了按人口平分土地外，还通过个人承包、集体转包的形式把大小队的集体财产分割干净，包括房屋，也都划价卖给了私人。然后是转包村集体的公共设施，如原先的便民服务设施：卫生所、理发店、供销社（村集体的商店）等全部转为私人承包。更为让人不可思议的是，原先由政府和村集体联合投资建设的“农业科技试验站”（当地叫“农科站”）也因集体经济的解体而被迫停办，其财产也被瓜分一空。而各生产队的公共财产除了路边的树和距村7里以外10亩左右的公田以外也都分掉了。随着村集体财产的私有化，村集体所依靠的经济基础也不复存在，从此，汪村的公共权力也因为缺乏村集体经济的支持而失去了对上的独立性和对下的凝聚力与控制性。如果说，政治运动使得村庄的公共权力失去了对上的独立性的话，那么，实行单干以后，汪村集体经济的解体和集体财产的私有化则使其失去了对下的凝聚力和权威性。

1990年代以后至2002年前后，和当时全国其他地区的乡村一样，由于受整个形势的影响，汪村由于要完成上级安排的征缴粮，税费和计划生育等任务导致其职能行政化倾向也越来越严重，并进而引发了一系列较为严重的干群冲突。这些都进一步弱化了村庄正式权威在村民心目中的影响力。由此，汪村的村民在日益原子化的过程中也逐渐失去了得以凝聚的核心。2002年以后，由于国家农村税费改革和2005年以后免交农业税政策的实施，农民负担大大减轻，加上“补农”，“促农”措施的实施，汪村农民生活有了较大改善，干群矛盾也缓和了许多。村民外出务工的也越来越多。

三、伴随着集体解体的是逐渐衰弱的村落共同体

在汪村，随着LDD书记等领导班子的卸任，历史中延续的“村落共同体”也逐渐弱化，这突出地表现在LDD书记为汪村所建工程的破败上。例如，近年来，李书记带领村民所挖的环堤河由于村民的涸泽而渔和开荒种地而被阻断了。又由于河道流经数个村庄，跨乡镇甚至跨了县（经LB县）界，属于谁都应该管而谁又都不愿意管的事。2004年以前，这条河道几乎长年是干涸的，到处是泥埂，到处是被村民开垦的荒地和水坑，无人问津。原来河滩上的芦苇也都被村民连根撅了，现在有的种上了庄稼，有的荒废着。一遇多水之秋，这里的泥土就被冲入河道。由此，大堤越来越低了，河道也越来越平了。若再遇洪灾，其隐患也越来越大。后来还是由相邻几个村的爱管事的人联名写信向上级反映此事，几经周折才被市政府重视，后经讨论决定采取“社会招标”的方式解决问题。2005年3月初，疏通环堤河、加固防洪大堤的工程才正式动工。2006年5月，再去该村调查时，环堤河已经疏通、加固大堤的防洪通道也已经初见规模。

再比如他在任时带领村民所挖的池塘——汪村的六个“汪”均已干涸、破败。这些汪先后有4个长年干涸，即使雨季存了一点水很快也会干掉。汪的损坏一方面是由于村民们的涸泽而渔，另一方面也是因为它是公共的而无人问津。有的汪被村民们占去当了菜园地，还有的被占为宅基地。它原来所能带给村民的福祉都因村民对它的无情掠夺和村委会的不作为而丧失殆尽。2002年调查汪村时，童年的伙伴告诉我，当他给他的孩子讲我们在汪里和河里戏耍的故事时，他们都不信：“哪有什么汪啊？我怎么没见过？”孩子的话是纯真的。他们确实没有见过，也将不可能拥有象我们那样的童年。同样地，他带领村民所修的路也因无人问津而破败。

自1986年LDD书记卸任以后，汪村的村庄共同体及其共同意识日益衰弱，村民的分散化趋势越来越明显。在汪村的调查中，我能明显地感到村民在对过去村庄的怀旧中也暗含着他们对现实的无奈和叹息，甚至是一种抗拒，因为他们日渐失去的不仅是一位可以给他们带来福祉并可为主持正义和公道的领头人，随之而来的是以传统权威为整合机制的村落共同体在现代化过程中日益走向衰弱，而这种共同体不但是凝聚民心统一行动的自然实体，而且也是他们用共识、信仰和信任凝聚而成的并可让他们倍感安全的心灵家园。

更为重要的是，随着集体经济的解体，汪村的村庄性质也在发生着深刻的变化。这种变化主要体现在以下几个方面：

第一，集体化时期的汪村基本上是由上级和村集体决定一切，包括生产和生活，个体的家庭的是没有任何权力和自由的。而分开单干以后，个体家庭由于可以自主耕作、自由支配自己的劳动时间，因此，不仅获得了农业生产上自由劳作的权力，而且在个体家庭与个人生活的自由度也有了一定的空间，尽管这种自由度还在一定程度上受低生产力水平（如农业生产技术、农业生产工具和农业耕作方式等）决定的强体力劳动强度的影响被限制在相对狭小的空间，但它终究意味着作为个体的家庭和个人可以决定自己做什么和怎样做的权力。从权力主体来看，已经发生了转移：由集体转向个体家庭及个人。

这种权力主体向个体家庭及个人的回复则意味着村庄公、私权力的分离。单干以后，村里的大小生产队的机构、人员配置虽然还存在，但它们的权力已受到很大的限制，大小队的干部们最多只能涉及缴公粮、收税费、为兴修农田水利设施（如挖河）和村庄公共设施（如铺路）分配任务、筹款、社会治安和计划生育等公共领域的事务。而个体家庭村民的生产与生活的自由和权力则是自己支配的。虽然改革初期村民的私人领域的权力与自由在相当程度上还受公共权力的影响和钳制，但随着国家关于农村、农业政策（尤其是家庭联产承包责任制）的不断调整和完善以及村民收入的不断提高，村民的私有空间逐渐扩大，村庄的公共权力与村民的私人权力的分离越来越明显。这种分离的趋向通过改革前后村民的生活领域差异的对比可以看得出来。

表 7－2　改革前后村民生活领域变化的对比

时期	参加农业生产时间	休闲时间	生产方式	娱乐时间与方式	遇到非个体家庭或个人力量无法解决的问题时的求助对象
改革前	绝大部分时间由生产队支配	极少（主要指在吃饭、中间歇工、半天下工机晚上歇息时间）	大队、小队双重监督下的集体生产	在吃饭、歇工时间的闲聊、农闲时看戏。	村集体（公社、生产队）
改革后	自由支配	在不耽误正常农业耕作、收种的情况下自己可自由决定休闲时间	个体家庭决定生产什么和如何生产	有较多的娱乐时间、娱乐方式多样，如棋、牌、麻将、闲聊等日常娱乐和一月一次的露天电影及农闲时看戏等。	组内人（包括族内的权威与知识权威）

第二，随着村庄集体经济的解体和村庄公、私权力的分离，村庄的公共权力的影响力在逐渐降低的同时，也慢慢出现异化的现象。这种“异化”主要表现在公共权力的私有化、派系化和运行规则的非常规化等现象。

汪村自 LDD 书记卸任以后，又有七任村支书主持村集体的工作，除了 2004 年的村支书是由邻村派来的以外，其余六任均为本村村民，其中有一位（LQJ）任两届。五位村支书虽然都有各自的治理方式，但其权力的运作的机制却是相同的，即，在上必须有政治背景的人作后盾，在下必须有各自的圈内人（主要是族内人和知识群体）作支持。不管其作出的法术如何高明，其运作的机制和结果却是惊人的相同：上台要有人提携，运作要有圈内人支持，下台则多是因为犯错误或激起民愤。

表7-3　集体化以来汪村历任村支书的产生及其权力运作的支持系统

任次	姓名代码	上任原因	支持力量	下台的原因	任期
第一任	LDD	出身贫农、人品好。	上级支持；一般民众推荐；无族内人支持。	因身体健康问题自愿申请。	1967～1986
第二任	LQJ	上任书记 LDD 推荐；改革后村庄第一位复转军人。	时任区长的汪村人 LQD 的支持；族内人支持。	个人工作方法；干群关系紧张，村民上访。	1986～1990
第三任	LQH	时任区长的汪村人 LQD 推荐。	上级支持；族内人支持。	村委会债务不清；治理村庄无成效。	1990～1993
第四任	LJL	工作人员退休，人缘较好；群众推荐。	族内人支持	工作无成效，主动离职。	1993～1995
第五任	LQJ	积极争取，领导推荐。	上级支持；族内人支持	村集体债务重，帐务不清；有贪污行为；与村民矛盾激化，群众上访。	1995～1997
第六任	LJX	群众推荐。	族内人支持。	因工作失误被撤职。	1997～1999
第七任	LQW	表现积极，他人推荐	上级支持；族内人支持。	帐务不清、债务高筑；干群关系激化，群众上访。	1999～2004
第八任	LD	因汪村无合适人选。镇委临时指派。	上级支持。	工作不好干，主动离职。	2004～2005
第九任	LGQ	复转军人；族内人支持；私人关系推荐。	族内人支持。	目前仍在任。	2005～今

由于村干部的产生机制和公共权力的运作机制发生了上述变化，使得村庄的公共权力私有化和派系化现象日趋严重。但这种派系化不完全是以宗族为基础的派系化，而是以具有一定权威的知识群体中的某个人为核心形成的关系圈。虽然这种以知识群体的权威为核心的关系圈有些时候在特定的情境中与以宗族为基础的关系圈有所重叠，但由于汪村的宗族影响力本来就很弱，加之实行承包责任制以后个体家庭和村民个人自主性的增强。因而，在宗族势力本身

对个体家庭和村民的凝聚力越来越小的同时，个体家庭和村民个人对宗族的依附性也有所减弱。但这种依附性的减弱并不意味着其解决公共事务的能力和应付外来事件、突发事件的能力也有所提高。而当村民遇到超越个体家庭和个人能力之外的力量才能解决的事件时，在村庄的公共权力、集体力量和宗族都无法提供支持时，他们必然地要在其周围寻找可以帮他们解决困境的力量，而实行改革后在村庄中复苏、甚至进一步兴起的知识群体恰恰提供了这样一种力量。

第三，由于村庄知识群体权威在生产、生活主体已经个体化的村庄的出现，村庄的公共权威分离出两种类型：一是正式权力的公共权威；二是隐匿于村庄不同片中的知识群体权威。这两种权威在改革后的汪村发展的不同时期呈现出动态的不平衡关系。在改革的初期，由于村庄的正式权力的职位仍然由LDD书记等在村庄中相对有影响力和威慑力的一批村干部来担任，因此，在改革的初期，村庄正式权力的权威在村民中的影响力相对较大。而乡村知识群体在改革初期非但没有摆脱旧时局社会气氛的压抑，而且一些老的知识分子还时不时地被以各种理由进行批斗。但是，随着国家政策的逐渐稳定和明朗化，汪村不但一些以前受过批斗的老的知识分子得到了平反，而且随着国家教育制度的逐步回复正轨，村庄中知识群体的队伍开始有所扩大，不但村庄中原有的乡村教师的地位、名誉与权威得到了恢复。而且，一批新的知识群体在村庄中得以产生，即各类中等学校恢复正常招生、教育秩序以后第一批跨入中师、中技、中职和普通高中学习的青年学生。而这批受过中等教育的青年知识群体中的部分人回村以后给村庄带来从未有过的活力。他们以青年知识群体所特有的青春活力和知识凝聚的智慧及其权威打破了村庄压抑已久的沉寂，改变了村庄的面貌，也带来了农村改革初期所呈现的生机勃勃的景象。这时村庄中知识群体的权威以其积极的行动得以在村中重新获得合法性地位和尊重。而到1990年代以后，随着村庄正式公共权力的行政化趋势越来越明显，村庄中的识群体的权威越来越取代正式权威在公共领域中发挥着重要作用。

第二节　改革初期至1980年代中期的村庄知识群体的复兴

一、改革初期汪村原知识分子的平反

改革一开始，汪村的知识群体由于受以前多次政治运动的影响，还心有余悸，对于公共领域的言论和事务不敢有太多的涉足，对于时局的变化也保持很

谨慎的态度。而后，随着家庭联产承包责任的正式确立和国家对农村改革力度的逐渐加大，乡村知识群体由于消息灵通，最先获得这个信息，并通过他们向村庄传播。同时，伴随着政治对知识分子的钳制逐渐消除，乡村知识分子在获得人身、言论自由分同时，也获得自信和权威。这在汪村表现非常明显。原来在运动中受到批判的知识分子在 1980 年代均得到平反，并给予了相应的照顾和安排。其中，原先被撤职的知识分子均被安排到汪村小学、初中和区里的 SC 中学任教。具体情况见下表：

表 7－4　汪村历史上被批斗知识分子的平反情况

姓名代码	家庭出身	受批斗时期及罪名	批斗前职业	批斗后职业	平反情况	平反后职业
JMY	地主	四清运动，“坏分子”	大队干部	务农	存争议，没平反	务农
LDR	地主	反右派，“五类分子”	生产队干部	务农	最后平反	务农
LXJ	富农	反右派、文革，“右派”、“偷盗”	经商、工人	务农	较后平反	工人
LDJ	富农	文革，“走资派”	务农、先生	务农	较早平反	务农、文书
LDZ	富农	文革，“走资派”	务农、管事	务农	较早平反	干部
LCP	贫农	文革，“走资派”	务农、教师	务农	较早平反	乡教育干事
LJT	地主	反右派、文革，“走资派”、“地主”	教师	务农	较早平反	区中学教师
LSY	不详	反右派、文革，“走资派家属”	教师	短暂无业	较早平反	村小学教师
LCM	富农	反右派、文革，“走资派”	教师	短暂无业	较早平反	区中学教师
LJL	中农	反右派，“走资派”	务农兼公务	务农	较早平反	铁道工人
LXS	中农	四清运动、集体时期，“坏分子”	务农、小队干部	务农	较后平反	务农

续

姓名代码	家庭出身	受批斗时期及罪名	批斗前职业	批斗后职业	平反情况	平反后职业
LJY	富农	四清运动，“坏分子”	帮国民党干事	务农	死后未平反	
LXD	地主	反右派，“五类分子”	地主	务农	死后最后平反	
LJQ	地主	反右派、文革，“走资派”	教师	自杀	死后平反	无子女安置
LDX	地主	反右派、文革，“走资派”	教师	自杀	死后平反	子女安置

资料来源：根据汪村原大队治保主任 LXX、运动时期积极分子（党员）LDQ、LDJ、LDP 等访谈记录整理而成。

从上表可以看出，汪村在历次运动中受到批斗的知识分子在改革初期绝大多数给予了平反，并按照国家相关政策给予了适当的照顾和安置。只有极个别被划为“坏分子”因存在争议而未得到平反。而且，在平反的过程中，也是几经波折，时而平反，时而有所反复。直至 1979 年，汪村的批斗历史也没有结束。上表中，JMY、LDR、LXJ、LXS 等人就是在分开单干以后也还是受到了批斗。当然，那时的批斗不再以身份特殊为由而批斗，而是以他们行为不检点和态度不端正（如被指控偷盗、不服从领导、对人民不友好等）为由进行批斗。但事实上，这些被冠以行为、态度不合群的理由主要是作为批斗的借口，其主要目的还是整治那些历史上有问题的人。时任大队治安主任的 LXX 是如下解释 1979 年前后的批斗的：

“其实那个时候批斗人也不是我们的主意，主要是有人来打小报告，说某某人偷集体的东西了，说某某人破坏集体的财物啦等等，反正什么都有！而被揭发的人又都是那些以前被批斗的人，那些人一直就抱着仇恨的心理，只要有机会，他们就会报复的。所以老百姓告他也是有道理的。

不是说他们都坏，但有人告，我们就得管啊。当时大队就得开会讨论，讨论中，如果多数人都认为某某人有罪，那就得斗。不斗他，如果让上级知道了，上级就不愿我们的意了，说我们包庇！

后来被批斗的人都说我们坏，说我们害了他们，可实际上，我们又不是单独和他们（指被批斗的人）有仇，那还不是群众打的报告？我们只是按规定办事的。我们又不知道到底谁对谁对错！那时候书记让我们要紧跟形势走，不能疲沓！那我们就得老百姓负责，老百姓有意见，我们不问不管，又会有人说我们包庇，立场不坚定。你说这事叫我们怎么办？所以，该斗的还得斗！而且，有的人本来就对我们有很大意见，经常听到有群众反映说某某人骂我们，还说要和我们对抗到底。你说，对于这样的，你不刹刹他的威风，那他还不得反了？"①

治保主任的话明显在为自己开脱责任，但他所说的"群众打小报告"却是事实。村民的话证实了主任的话，但同时也从另一个侧面反映了当时的情况：

"那时批斗主要是有坏人在背后捣鬼，大队干部也不分青红皂白，别人怎么说，他就怎么信，结果把有些好人也给冤枉了。那时候，我们也知道谁在使坏，那也不敢说！怕也被批斗。以前就有敢站出来说公道的人被斗了。所以，知道了也不敢说！"②

村治保主任和村民的话反映出1979年前后汪村还处于一种紧张的气氛中，村庄中关于某一群体的历史记忆再一次以矛盾的形式呈现。这一动乱时期的政治后果在汪村迎来改革的前夜仍然在村民与知识分子的关系体现出来。

二、改革带来一批新兴的知识群体

初期的改革不仅带来了村庄的新景象，而且也催生了一批新的知识群体。这一批知识群体多是"文革"结束后各类学校恢复正常的招生和教学秩序后入读初中专、初级师范、中技和一般高中的一批人。对汪村来说，当时这批人主要是5个初师、9个中技、中职和17个高中毕业生。其中3个初师、所有的中技、中职学生毕业后去了外地工作，另有后来入读高中的2个得以升学，毕业后去外地工作。其余人虽然有的是教师或在乡职能部门工作，但他们一直生活在村里，也被村民认为是村里人。这一批人由于是在改革后接受正规的中等教育，因此，他们不仅具有较高的热情，而且有积极向上的人生价值观。他们不但继承了传统乡村人纯朴的品质，而且拥有在集体化时代所形塑并通过学校教育所延续下来的集体主义和共产主义的崇高理想。在1980年代中期的时候，这些人的家中都有共同的象征性标志的壁画和标语，如下图：

① 摘自与原大队治保主任LXX的访谈，2006年5月23日下午。

② 摘自与村民LDY、LDL等人的访谈记录，2006年7月20日下午。

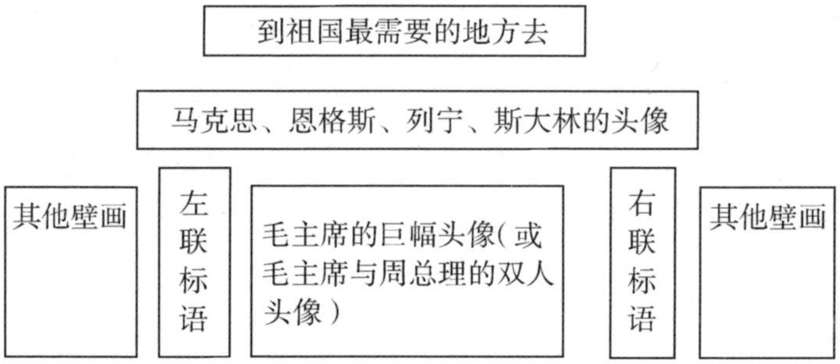

图 7－1　具有时代特征的知识群体家中壁画图示

由图可以看出，这一时期兴起的乡村知识群体具有很高的政治觉悟和神圣的时代使命感。谈起那个时代的感受，1970 年代末高中毕业回乡务农的 LDS 还是那样的兴奋：

“那个时候思想很单纯啊，也很听话，上面让我们干什么我们就干什么，一点思想杂念也没有！根本都不会考虑苦不苦、累不累的事情。我们上学的时候，老师天天讲：劳动光荣、安逸享受可耻！由于大家都争着抢着干活，年轻人好胜心强，谁也不愿意落后，所以都以能多干活、多劳动为光荣。毕业的时候，大家都回乡务了农。那时候回来并不觉得丢人，反而觉得很兴奋。因为那个时候村子里高中毕业的还很少呢，各个生产队也就一、两个人。当然，后来又有毕业的回来了，多了一点，但在咱们后庄也就那几个人。高中毕业回到村里来，心里觉得很自豪的。而且，那时年轻，什么都不怕，不管干部安排我干什么我都答应，学着干呗，农村活，反正没有学不会的东西！那时主要有一种精神在支撑着，总是觉得劳动很光荣。干完一件事就觉得像完成一个神圣使命一样，很有成就感！现在再叫我拼命去干，我也不愿意去干了，因为现在觉得累死累活地干，图不了个啥？没意义！也没动力！”①

LDS 说，“那时候不光愿意干活，还喜欢表现自己。不管对的、错的，总喜欢提意见，因此也得罪了一些干部。但得罪了喜欢提，因为看到不合理的总想说一说！”

访问那个时代的其他知识群体也都得到了基本类似的说法。所不同的是，有些人由于时世的变迁对那个时候思想和行为的看法发生了改变，同是那个时

① 访村民 LDS（1970 年代末高中毕业生）的记录，2006 年 2 月 5 日。

代的高中毕业生LCG就觉得那个时候很傻，他说：

“那个时候很单纯，人家说两句好话，就拼命干去了。干了有什么好处？什么好处也没捞到！实际上，我觉得那个时候并不是我们这一帮人高尚，而是环境塑造的，形势让你那样，你不那样也不行！”①

后来，这一批高中毕业生多数都进了汪村小学和汪村初级中学当了教师，也有的顶替父职接班。也有的一直务农，但经常替村民红白事做帐。写对联等等。在其所在的片区有一定的影响力，人缘也较好。但同时，这一批人也是汪村部分片区村民在1999年前后起来闹事、对抗村干部和上访事件的幕后策划者和操纵者。虽然至今还无法定性这些事件的好与坏。但可以肯定的是，汪村的民间权威分散地集中于这一批人中的若干核心人物上。据村民说，这些人分别是一组的LDS、LL、LDZ；二组的LDJ、CQ、LPA、LDH；三组的LPC、LXL；四组的MX、LCG、LDT、LJZ；五组的LJB、LJL；六组的LDH、LJK等。需要指出的是，这些人并不是一直都和村干部对抗，他们常常只是在涉及自己片区利益时才策划和村干部对抗。因为汪村的村委书记（以前的大队书记）是经常换届的，经常在一组、二组、四组与五组之间轮换。这其中背后的推动力量就是这些幕后的指挥者——隐藏在村民中的村庄早期的知识群体。

由于这一群体在改革初期的汪村有着特殊的地位，在集体化末期的农业生产和改革后与村民的日常交往和公共事务中发挥着重要的作用，并以乡村知识群体特有的感触和视角②目睹了改革以来汪村所经历的变化。同时，他们作为一个地地道道的乡村人，有着与本村普通村民共同的切身利益，这一点使其有别于村庄中有正式工作的知识分子。因此，他们在村庄中有着极其重要的地位。在村庄发展的不同时期这一群体都表现了与一般村民不同的反应和表现。例如在1980年代改种经济作物方面，最先获得信息的是这一群体的大部分人，他们在2~3年内大面积种植“甜菜”作物，每一户每年都多收入这了几千元，多的1万元。而后，全村都效仿种“甜菜”的时候，他们又从别处获得信息，开始种改良的大豆。这一年，“甜菜”价格大幅度跌落，而他们种的大豆则又多收入几千块钱。近年来，这一群体又是率先做起了贩卖粮食、运输、

① 访汪村小学教师LCG，2006年2月5日。

② 这里“乡村人特有的视角”是指其作为“乡村人”和“有一定文化程度的人”的双重身份看问题的视角。

开商店的生意。有的走出去创业去了。由于这一群体较一般民众有更灵通的信息，而且有头脑、能吃苦，因此，这一群体的家庭状况比一般村民要好得多。这又更进一步强化了他们在村庄中的形象。目前，这一群体正在控制着汪村的主要导向和舆论。

四、“离土不离乡”的知识分子及其子女

这一时期的知识群体除了高中毕业回乡务农或在本村中小学当民办教师的一批人以外，还有一批毕业后有了正式工作、身份为国家正式编制内的工作人员。他们虽已脱离农民身份，但自己或其家属一直生活在汪村，所以，一直被汪村的村民认为是本村的人。这些人因为有正式的非农工作（多为教师），因此，很受村民尊重，在村中有很高的地位。这一群体入校读书和毕业的时间并不完全等同于前面的改革前后的高中毕业生，他们有的更早，在集体化时期就被推荐去读了中专（初中中专，包括初级师范）中职或中技，毕业后均分回当地工作。他们一般本人拿正式工资、家属及其子女均在汪村有责任田。其本人也经常参加农业劳动。因此，他们和村庄的关系较为紧密。其家庭生活水平也较一般村民高一点，尤其是教师工资改革以后，他们的生活水平较一般村民高出很多。

更为重要的是，由于他们有较为广泛的人际关系，这些人的子女均有了较好的出路和安置。他们的子女中，除了考上中专、大学去外地工作的以外，大部分子女都被安置到汪村两个学校任教，有的在附近邻村学校任教，也有的在较早的时候被安排在原乡政府一些职能部门任职。1992 年撤区并乡后，这些人又想办法进了镇政府或直属的企、事业单位任职。

由此可见，汪村的知识分子不仅自己本人因为是知识分子而拥有权威，而且因为正式的工作能够获得稳定的收入而使其拥有较为宽松的生活条件，加之教育得法，使其子女较一般村民的子女更容易获得成功的机会。即使他们的子女考不上学，出不了农村，他们也会通过自己的社会关系网络为其子女相对较好的出路。通过对这一群体的成年子女的跟踪调查发现，除了少数几个女的外嫁他村务农以外，这一群体的成年子女多数都有了较好的出路。考上中专、师范和大学去外地工作的共有 11 人，其余均在汪村及其附近工作。其中，多数是在汪村的两个学校及其附近的中小学任教。这些知识分子的成年子女目前在汪村中的影响力也越来越大。

与知识分子的成年子女同样有着较好出路的是村庄中老教师①的子女，他们中除了少数升学以外，多数在汪村村委、村民小组和两个学校担任一些职务。但他们多数是临时性的，一旦村干部换了，他们就跟着下来了。虽然他们由于在村委会和村民小组担任一些公职以及依靠其父辈良好的声誉有一点影响力，但这种影响力和其他知识群体的影响力相比就显得弱得多了。

第三节　值得关注的青年知识群体

一、1980 年代末以来两类高中毕业回乡青年知识群体的困惑

在汪村调研的过程中，由于年龄相仿的关系，笔者深入地接触了 1970 年代和 1980 年代出生的两个年龄段的高中毕业未能入学回乡务农的青年知识群体，他们分别从各自亲身感受的角度讲了自己的困惑和无奈。当感受到个别人的困惑与无奈在青年知识群体中带有很大的普遍性时，为了更深入地了解，笔者把部分比较熟悉而且很有思想的两个年龄段的高中毕业生集中到一起，分别就他们各自的困惑和面临的问题进行了座谈。两个群体的座谈涉及的问题非常之多，既有共性的，如毕业后的出路问题、打工难的问题、活着的意义问题、对现在社会和以前社会好与坏的看法问题、城里人与乡村人的差异问题等等；也有属于各自群体年龄段特征的，如 1970 年代出生的高中毕业生主要谈了他们如何受家庭的影响放弃了学业、对村里人的看法和生活中遇到许多不公平的待遇以及回乡务农后各自的变化等。而 1980 年代出生的高中毕业生则更多地谈到了自己的困惑和苦恼。综合两个群体各自集中的核心问题，结合本研究的主题，这里主要讨论以下两个问题：一是生活在乡村知识青年的苦恼；二是青年知识群体价值观的困惑。第一个问题主要是 1970 年代出生的高中毕业生关心的问题，第二个问题则主要是 1980 年代出生的高中毕业生面临的困惑。为了便于论述，我们将第一个问题和第二个分别用 A 类、B 类来代替。

二、对青年知识群体 A 类困惑的分析

对于 1970 年代出生的青年知识群体来说，理想与现实的落差和现实生活带给他们的压力是他们最大的困惑和烦恼。这一代青年知识群体在读书时正值

① 这些老教师不同于通过升学获得正式工作的知识分子群体，他们一直在汪村中、小学任教，后来获得转正。

中国乡村发展的困难时期。当他们懵懂认识社会时，中国的乡村刚刚走出集体化的阴影，迎来改革的曙光，而一切还都是方兴未艾。在相对偏远和落后的汪村，改革并没有像沿海发达地区乡村那样立刻迎来了蓬勃发展的春天，而是在政策的导引下亦步亦趋地进行着。1980 年代末的汪村相对是落后的。1990 年代以后，汪村在没有任何市场化优势资源的前提下跟随着国家政策迈入了市场经济的时代。在外部环境已经启动竞争机制的情况下，汪村的经济分化几乎还没有开始，种植业仍是汪村的绝对性产业。加上 1980 年代后期和 1990 年代汪村前后发生多起汗涝自然灾害，使得汪村村民的生活仍然是非常的困难。

而 1970 年代出生的这一代青年知识群体此时正读高中。他们从学校里和书本上看到了改革和未来的蓝图，而回到自己的家中和村庄中接受的则是冰冷的现实。“这种落差太大了，简直让人无法接受。但又不得不接受！”一个 1993 年毕业的高中生这样说。

如果说理想与现实的落差是这一代知识群体心灵上的痛苦的话。那么，现实生活的压力则是困扰这一群体日常学习、生活的主要问题。这种现实生活上的压力主要以家庭的种种困难带给个人在学习和生活上的限制及其对心理的暗示等方式表现出来。谈到那个时候的生活压力，1991 年高中毕业的 LK 说：

“在我上高中的时候，我就和我最好的朋友说，如果我要是一个作家，我一定要把我们现在所面临的困境和苦恼写下来，让所有的人都懂我们，理解我们农村学生的苦闷和无奈。如果我要是一个领导或者当官的，我一定要先想办法给农村学生提供足够的生活保障和施展才华的空间，不让他们像我们现在这样痛苦又没人能懂！”

可这只能是假设，苦恼终究是苦恼，一直未有谁帮他们解决问题，没有谁愿意接近他们，理解他们，带给他们希望。然而，这种苦闷并没有因为抱怨而消减，恰恰相反的是，这种来自心灵的苦闷在他们毕业后真真切切面对乡村现实的时候进一步加剧了。在 1990 年代初的乡村中学升学率极其低，一般情况下，汪村学生所入读的 SC 中学高三年级 5 个班一年只有 3 ~ 5 个能够升学的（包括大学和中专），其余人无一例外地要接受更加残酷的现实：要么继续复读，要么回家务农。而选择前者多是那些成绩相对较好、有升学希望的学生才被允许去读，因为它还需要家里再辛苦来供给。因此，那个时代的绝大多数高中毕业都要面临着接受更加残酷的现实：放下书包去种地。这对于那些喜欢读书而又勤奋好学的学生来说是非常痛苦而又不得不接受的现实。

理想与现实的落差和现实的生活压力使少数意志薄弱者选择了逃避。1987年、1990年、1991年、1994年汪村先后有3位初中毕业生和2位高中毕业生选择了自杀。自杀者均为女性。由于效仿作用，在这一时期还引发了汪村其他2名女青年和2名妇女连续自杀的现象。[①] 当然，后4位的自杀是因为婚恋、生活困扰与邻里纠纷等原因引起，与前面5个的自杀原因不同，前者主要是因为回到农村后，感到一切不适应，并且心里苦闷和对生活丧失信心，致使其选择了轻生以逃避现实。

由此可以看出，在1990年代初期，汪村的现实状况和背后的社会环境带给青年知识群体的压力是很大的。同时，这种状况也在一定程度上改变了他们的价值观和人生态度。他们越来越消极地看待社会。这主要表现在他们对公共事务的关心程度上。他们不像村庄中的其他知识群体那样关心公共生活，也不关心他人怎样。只是管好自己的事。也不抱什么远大理想，只求得过且过。这一状况到1990年代中后期随着城市为乡村人提供的就业机会的增多而得到了改变。在汪村，最先走出去打工、做生意的就是这一群体。当城市的大门向乡村人打开，他们的第一反应就是“终于可以出去了！”他们也最有资本进入城市去谋生，因为他们有文化、有曾经被现实窒息的梦想。据他们自己说，这一群体外出打工的人中至少有一半以上留在了城市长期生活。而目前仍经常在村庄的这部分人有的做生意，有的养殖，有的季节性外出打工，生活得也还都不错，只是不太关心集体的事情。只有当关系相当好的人遇到公共事务需要找他们帮忙或他们自己非常亲近的家族人遇事时，他们才去管，但只要管了，他们就较起真来。用LK的话说是：“现在社会，多一事不如少一事好，不关自己的事，无论怎样，都不管！如果别人求到咱头上，能推的就推，实在推不过去的，比如关系非常亲近的，无论如何也不能不管的，那就管！既然管了就管好，不能让人说咱没本事。反正就是不服输！”[②]

三、对青年知识群体B类困惑的分析

关于青年知识群体另一个值得关注的问题是1980年代出生的高中毕业生

---

① 这在当地引起了很大的轰动。有人去请风水先生来看，风水先生说，村里有女妖在作怪。并据其推算，该女妖还要带走几个女孩才会离开村庄。因此在那段时间搞得全村都人心惶惶的，各家都看好自家的人，尤其对女性，尽量地不和他们吵架，如果遇到有生气的就严加看管。自此以后，汪村有很少女青年自杀。

② 访1990年高中毕业生LK，他于1991、1992、1993三次复读、四次高考都未能成功。2006年2月23日。

面临的价值观困惑的问题。目前这一群体多数在外打工，只有在春节的时候他们才在家。和他们座谈，他们谈的最多的就是打工和一些令他们感到困惑的问题。由于这些与本书的研究主题并不非常相关。这里仅就他们价值观的差异和困惑问题进行简略地分析。

对于出生于1980年代的青年知识群体来说，当他们还是孩提的时候中国由政治运动和自然灾害所带来苦难及其影响已成为历史，他们生活在风平浪静的社会里，几乎是在父母及其祖父母的精心呵护下成长起来的。父辈们曾经亲身经历的社会事实对他们来说已经成为历史的教科书，他们用自己的思想来解读和诠释父辈们的生活。因此，当传统中国社会的文化特质还延伸为形塑他们父辈价值信仰体系的“主旋律”时，在他们这里已经成为可以用来欣赏和品味的“纯粹的历史”。如果说传统中国社会的文化特质在他们这里还有延续的话，已经不再是在现实生活领域的延续，而是在父辈们的口述史、历史教科书和文学作品中的延续。这种延续已经不再成为这一代人价值体系的“主旋律”，而越来越感觉那是与自己无关的遥远的历史。

出生于1980年代的这一代人真正社会化的过程是在20世纪90年代，而这一时期恰恰是我国改革开放深入发展的时期。首先是市场经济体制在我国主体地位的确立。然后是与之相配套的各项改革措施的出台。伴之而来的便是其他领域的深刻变革，包括经济领域的、文化领域的、政治领域的和社会领域的等等都发生了前所未有的变化。其中，一个突出而又深刻的变化就是社会结构的转型所带来的文化领域的“堕距”现象，即文化变迁相对于社会结构及其特质变迁的滞后性。这在青年一代身上体现出来的就是由于与新的社会特质相适应的权威性主导文化价值主体的缺失而导致的这一代人在价值遵从上的信仰危机。

自1990年代以来，我国乡村在由传统向现代转型的过程中给社会、文化领域带来了深刻的变革。这种变革主要表现为传统中国社会中的传统文化在变迁的社会中日益失去其主体地位并逐渐为新成长的一代所抛弃从而失去了其统摄主流价值信仰体系的社会基础，这一过程又由于与市场经济体制相适应的一系列观念和思维方式的转变（如经济理性、工具理性取代价值理性等）而加速。而由这种文化价值观的变迁反过来又促使现代社会的种种特质向社会各个领域的渗透，从而使整个社会发生一场前所未有的对传统彻底决裂的革命。尽管这场在很大程度上是靠政治外力自上而下、由外向内推动的现代化革命未能象早期西方资本主义国家那样自然、彻底而顺畅地进行，但它终究改变了中国的历史：使其由传统走向现代。

社会转型带来的异质文化并存让社会成员在社会互动中进行角色扮演和价值规范选择时也带来了“不知如何是好”的困境。即他们在进行价值选择没有了可依参照的权威性标准，于是很容易走依赖“后现代主义”的路径：一切都是对的，一切都是合理的，以“唯我愿意”、“唯我自由”和“唯我快乐”等原则进行选择。从而使整个社会丧失了文化整合的基础，主流价值观更无从建立。

第四节　知识群体内部的复杂性及其权威运作的逻辑

一、改革以来知识群体内部构成的变化

农村生产经营管理体制不仅带来了改革初期乡村的繁荣，而且带来了乡村的自由和活力。与集体化时期汪村知识群体的构成相比，改革以后汪村知识群体出现了一时的复兴，这不仅表现在国家政策对知识分子冤假错案的平反，恢复知识分子在村庄中的名誉和权威，而且表现在，改革以后，20 世纪 70、80 年代的高中毕业生在村庄中的位置越来越显著，并日益成为村庄最有感召力的群体。这不仅是因为这一群体是村庄改革以来第一批高中毕业生，他们有着不同于村庄老知识分子的知识体系、价值体系和理想抱负，而且，他们亲眼目睹和经历了乡村改革所带来的一切变化。作为改革后的第一代知识群体，他们有着不同感触，也有着不同的创业经历。这一群体不仅曾是村庄不同时期的村委会的成员，而且是改种经济作物和从事个体经营的主力。这一群体还是村民对抗村委会不合理行为的主要组织者和策划者。

表 7－5　改革以来汪村知识群体的构成

类型	乡村教师	乡村医生	1970～1980 年代中等师、职、技校毕业生	1990 年代以来高中毕业生、中专、师范毕业生	作为复转军人的知识群体	其他（包括民间艺人、礼仪司仪和文书等）
人数	29	5	17	37	13	16
所占比例	24.8%	4.3%	14.5%	31.6%	11.1%	13.7%

具体来说，改革以后，汪村知识群体的内部构成发生了如表 7－5 所示的

变化，主要表现在：（1）高中毕业生一跃成为知识群体的主体，改革以来不同时期的高中毕业生共占了46.1%。（2）所占比例相对稳定的是乡村教师，仍占24.8%。（3）复转军人仍然在村庄知识群体中占有一定的位置，所占的比例是11.1%。更为重要的是，这一群体在村庄的公共职务中占有相当大的比例。目前的村干部中有4人都是复转军人，包括村委书记LGQ本人也是。从权威和影响力来看，仍然是乡村教师和医生排在第一位。接下来是20世纪70、80年代的高中毕业生、中专、职校毕业生。复转军人因为多数曾在不同时期担任过村委会的公职，因此，他们的影响力与他们是否担任村庄公职联系在一起。同时，他们也都是在自己族内有一定的影响。村庄中的民间艺人与礼仪司仪、文书等虽然不担任公职，也没有非农职业，但他们因为拥有知识和懂得礼仪而很受村民尊重，也因经常参加村民的婚丧礼仪的公共事务，而常常被村民评价很高，常常被村民请去帮忙，在村民中有一定的威信。

二、改革以来汪村知识群体内部构成及其关系的复杂性

集体化解体以后，汪村由于产生了许多新的知识群体，知识群体内部构成相对复杂起来。虽然从大的方面来看，知识群体仍然由教师、医生、乡村礼仪的司仪、文书、复转军人与新产生的高中毕业生等几个群体构成，但每一个子群体内部都出现了复杂的情况，如，在教师群体内部，既有已经转正的编制内的公办教师，也有编制外的民办教师，既有有较高威望的老教师，也有刚刚学校毕业的青年教师。而且，教师中还有外来人与本村人的区分。因此，教师内部构成的复杂性本身也就决定了这一群体的某些群体特征出现了复杂的情况。在谈及其群体特征与公共行为时需要具体分析，不能一概而论。同样出现复杂变化的还有乡村医生、高中毕业生和民间艺人等其他知识群体。

图7－2仅仅表示了一种类型的划分，而各个子群体间有复杂的交叉关系，如1970年代出生的高中毕业生后来在村庄中有的加入了村干部的队伍，有的当了民办教师，也还有的曾在乡（原CT乡）、镇政府职能部门工作。并且，他们中的有些人也经常参加村民的婚丧礼仪及文书。另外，除了这些主要的知识群体外，村庄中还有一些既没有正式职务也不怎么参与公共事务但有一定文化和一定威望的普通年长村民。如一些在运动时期受过影响、被平反后依然生活在汪村的年长村民。他们虽有一定的知识和威望，但不再参与公共事务。

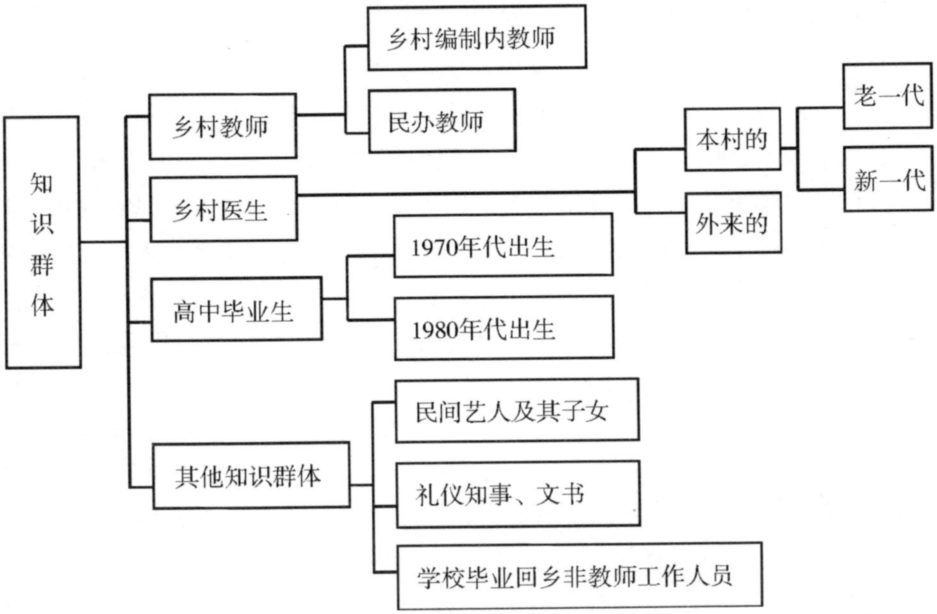

图 7－2　农村改革以来汪村知识群体的构成

由上面的构成可以看出，改革后的汪村知识群体内部构成的成员来源有很大的不同，因此，彼此之间也存在着一定的矛盾和相互依存的关系。他们之间的矛盾主要体现在对彼此的权威认同上，尤其在有着正式非农工作的教师与非教师工作人员之间、年长的知识群体与改革后加入知识群体的青年人之间、1970 年代出生的高中毕业生与依靠父辈资源进入知识群体队伍的同年龄人之间都存在着彼此不认可的矛盾。这种权威认同上的矛盾常常使得他们各自在自己圈子内积极参与村民日常的交流和村民遇到需要帮助的难事或公共事务以树立自己的威信，从而在村庄形成若干个权威的圈子。而且这些若干个权威的圈子在遇到事情需要商量及如何行动时，往往是隐匿进行的，不了解内情的人一般看不出来。但由于村庄存在若干类型权威的矛盾，所以，彼此之间的矛盾又是停留在一定范围之内的，因为当某一群体和另一群体的矛盾（尤其是非正式权威正式权威之间的矛盾）被某一外来力量多激化时，处于相对弱的一方还要寻求其他群体的支持的。这样，就使其平时也尽可能表现得更温和一些。一旦有利益纠纷时，彼此之间的矛盾就会紧张起来。

二、知识群体参与的公共事务及其作为民间权威的运作

改革以后，由于汪村的性质发生了变化，伴随着生产单位的个体化、村集体正式权力的行政化和人际关系的功利化的趋势越来越明显，汪村的村民也越来越趋向于分散，个体家庭应对外来风险的能力也越来越弱。而1990年代以来，汪村的村民不仅经历了汗涝等自然灾害的困扰，而且还要抵制乡村地方政府对村庄的过度干预和对村庄财源的过度汲取以及部分村干部个人行为的劣化等原因造成的影响。同时，村民在市场经济的条件下还要面对由市场机制可能带给他们的风险。当分散的个体家庭面对这些外来的压力和风险无能为力时，寻求一种整合的力量是自然的倾向。对于汪村而言，由村集体组织在村民中的权威日益下降，而村庄由于经济分化程度低和产业链条单一又缺乏经济精英。这样，唯一可能整合的力量就是村庄中的知识群体了。事实上，村庄中的知识群体确实在村民的日常生活和公共领域的事务中发挥着重要的作用。

在汪村，由于知识群体一直具有较高的威望（即使在社会运动激荡的年代和集体化时期，有些知识分子受到了批斗，但村民对他们的权威一直很尊重，以致某些非知识分子想法挤进教师的队伍），加之村庄像宗族这样的传统权威已经消解，因此，村民平时非常尊重村庄中有文化的人。从另一方面来说，知识群体对村民也较为热情。这一是因为有正式身份的知识群体希望多接近村民以在村庄民中形塑“平易近人”的好形象，同时也是为了树立威信；二是因为有些在外工作的知识群体需要周围的邻里和族内人来帮他们的家属进行农业生产和日常帮助；三是因为村庄中的知识群体由不同类小群体构成，因此，各小群体也都争着在村民中树立威信。

具体来说，知识群体参与村民的日常生活和村庄的公共事务表现在以下方面：

（一）参与村民的日常生活和交流

在汪村，不管是有身份的知识分子，还是一般的知识群体，他们都经常去村民聚集的场合聊天和娱乐（如打牌、打球等）。一般情况是，有身份的知识分子多是在自己家里就经常有关系好的村民聚集闲聊、娱乐；而那些没有正式身份的知识群体则主动去村民自动聚集的地方闲聊。闲聊一开始并没有主题，谁可能偶尔提到某个话题，大家跟着讨论起来。经常的情况是，讨论不会统一，村民中总有一些爱抬杠（即故意提出不同意见）的人，讨论很快就形成两派，然后越来越激烈，情绪也越来越激动，有时彼此还会争吵起来。聚集的场合还有一些不善言论的人，不参与讨论，只是听，但他们也很乐于参与。村

民把聚集人多的地方叫“人们场”，村民们说：

“村子里的‘人们场’以前就有，就是大家闲着没有事的时候，都爱去闲聊的地方。其实，去那并不是有什么目的，也不是为了显示自己，就是闲着没事，到人多的地方凑凑热闹！有时候还能听点新闻、新鲜事什么的。再者来说了，咱这农村，又没什么其他可干的，吃完饭了，闲着没事，你说不去人多的地方看看热闹又干啥啊？其实也就是玩呗！”

“像这样的‘人们场’村里有很多，各个生产队都有，一般都是有头有脸的人家门前容易聚集，比如以前大队干部和小队干部家门前啦，有的是打牌的地方啦，等等，反正很多！现在大家都不去那些干部家里了，一般都去牌场或附近人缘好的人家里。”

村民们所说的“人们场”（即村民聚集的地方）在汪村的不同时期是有所变化的，其变化的总体趋势是由村干部的住所向村庄中有影响的知识群体的家里转移。具体分布的转移如下图所示：

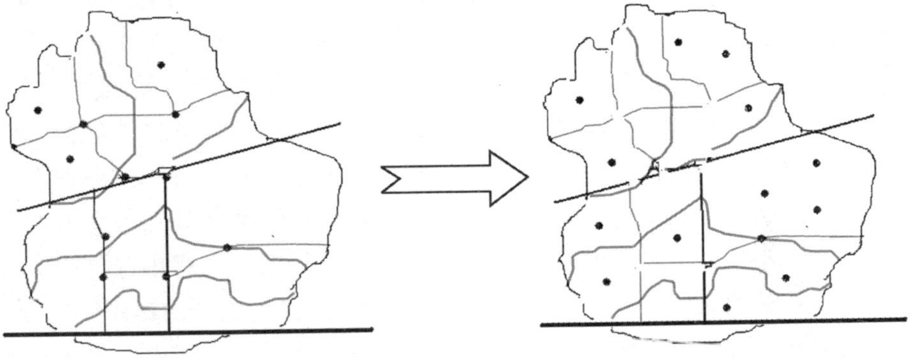

图 7－3a　1990 年代以前汪村村民聚集点的分布　　图 7－3b　1990 年代以后汪村村民聚集点的分布

注：①红色细线为汪村 6 个村民组的边界线；②黑色细直线为村内道路（石子路）；③橙色细线为村内便道（土路）；④黑色粗直线为贯穿村际通往镇、市的柏油路；⑤红色圆点为村民经常聚集的据点。

上面图 7－3a、7－3b 分别表示的是 1990 年代前、后村民聚集点的分布的变化。由图 7－3a 和图 7－3b 的比较可以看出，村民的聚集点发生了很大的变化，在较早的时候村民的聚集点主要是在村庄道路的两旁或交汇处，而且，这些地方多是集体化时期村民开会的地方，如大队部所在地、生产队队长、会计家所在的地方。而 1990 年代以后，如图 7－3b 可以看出，村民聚集点很少再以原来开会的道路两旁及交汇处和大小队干部家所在地，而是分布更加分散。各个村民小组都有许多村民聚集的地方。而且这些聚集点越来越集中于知识群体的家中，如有威望的老教师、村庄中比较活跃的中年知识群体和乡村医生。这些人的家门口常常是人们聚集的地方。在村民一组村民最经常聚集的地方，村民说，和以前相比，这里的人少多了。也许是现在大家都忙着去挣钱了，有的外出，有的忙自己的家务，来这里聊天的人越来越少。也有的村民讲："现在的人都没有实话，人心叵测的，谁愿意听那些无聊的人扯大淡？"

村民的话让我想起了哈贝马斯的"公共领域"理论，在一个共同居住的社区，居民对公共领域的参与和彼此之间的交流、沟通的减少是否意味着一种国家权力对乡村社会空间的渗透，还是意味着现代性对乡村社会的殖民化，或者二者兼而有之？事实上，对于汪村这样一个经济并不发达的村庄来讲，村民的闲聊与以简单方式的娱乐还谈不上真正意义上的"公共领域"的沟通，因为他们的这种闲聊不是以沟通为目的，而纯粹是劳作之余简单的休闲方式——闲聊。但从客观效果上看，这种闲聊确实起到了沟通的效果。因为村民在这样的场合就某一个问题随意地发表自己的意见，在这样不受约束的自由空间里，村民通过某人不同的观点逐渐了解某个人的性格特点与加之观念。这样长时间的对不同问题的闲聊就可以很清晰地看到每个人的基本情况。但近年来，这种参与交流的人减少在一定程度上也意味着村民对外开放的心理在逐渐关闭。

从大家所谈的主题来看，据村民说，1990 年代早期及其以前村民更多地是谈论村内和附近邻村的事情，如村庄里或附近村庄发生的大家共同关心的事情或对某个人的评论。而近年来村民更多地是谈论村庄外与自己并没有直接关系的社会上的事情，包括国家的时事、社会上的热点、城市里的见闻和某些电视剧某个人物的讨论等等。而这些谈论的主题主要是从广播、电视里听到或看到的，也有的是从别人那里听来的。这种讨论主题的变化一方面反映出村民的兴趣点的转移和大众媒体对村庄的影响，另一方面也反映出村庄主导性话语的转移：在改革的早期，村庄的主流话语还在村干部和生产队干部关于村庄及其本地事务的关注下导引，而 1990 年代以后，由于影响村庄的社会背景和村庄的权威主体发生变化，使得村庄的主导性话语转向更广泛的领域。知识群体的兴趣点在村庄的主导性话语中得到体现。

这是一种公开的公共交流空间。除此以外，汪村还有一种不公开的局部的公共空间。这种不公开的公共空间主要是在以某一、两个知识群体为核心片区范围内村民之间的交流空间。一般情况下，这种不公开的局部交流多是为某一个达成局部利益的目的而进行。例如，1997 年四组村民在联合上访推倒原村领导班子的事情上就是经历了一系列的协商、讨论和筹划。一位知情村民讲述了当时的经过：

当时，LQH 当书记，他干的时间不长，没什么威信，也没干什么让大家满意的事情。而且，贪污了不少，大队欠私人一屁股债。村民都有意见，想把他弄下来。可是谁也不愿意单独出头得罪人，毕竟他是上边有人才上去的，万一扳不倒，反而把自己给陷进去。所以，谁也不愿意露头弄这事。可是，眼看着他们在那胡作非为心里又堵得慌。当时我们几个在一起闲聊的时候就说起了此事。大家都觉得当时的大队干部不称职，应该把他弄下来。大家越说越起劲，最后达成一致，说由咱村当老师的 CG 哥来领头，肯定能行，因为他爸也是老教师了，认识了不少人，加上他弟弟也是大学毕业分到咱们镇工作，肯定也是能帮点忙。我和 CG 是同学，又是一起玩的关系非常好的朋友，一商量，他还是揣摩了一下，两天后他告诉我说，可以是可以，但可能有风险。要想弄，就必须好好筹划！这样，我们就确定了领头人。但接下来的问题是如何进行。我们商量了如何弄到村干部贪污、不合理行为的证据、如何取得其他村民、尤其是其他能干事人的支持、如何联络上面的人、如何写向上反映的材料和具体如何操作等都作了周密的安排。在这期间我们秘密碰面商量好多次。

另外，为了争取其他人的支持，我们还特意安排几个人到我们队的一般人场多的地方制造舆论，说村干部如何贪污、如何非法作为等。当然这还不能让人感觉到我们在整事。我们就安排平时爱挑刺的人去做，别人也不会怀疑。同时，为了使村民信我们，我们就找在我们队有威望的退休老教师，让他们支持我们。再让他们去做村民的工作。为了不声张，我们一开始都是秘密进行，并且取得群众支持也是从最可靠的人开始的。再者来说，我们队的人平时也都能抱住一气，所以，一般村民的工作没费太多周折就做好了。后面的事情也都是有计划进行的。光上访我们就费了很多心思。里面道道也很多，就不说了。反正最后把当时的大队书记给扳倒了。后来当大队书记的就是俺队的 LJL. 他就比 LQH 好多了，人家不贪！虽然也没干多久久下了，但那是人家主动下来的，名声也还不错。①

事实上，这位村民所说的他们抬上去的书记LJL是一个退休的工作人员，他担任村委书记期间虽然没怎么贪污，但也还是欠了很多的债务，引起部分村民的不满。尤其是他在后庄没有什么威信。后来还是迫于群众的压力将职位让给了汪村原第二任村委书记LQJ。当然，这期间，一、二组村民暗中向上级提意见也起了重要作用。

（二）片区村民遇到非个体家庭所能解决的事情时的主要求助对象

在汪村，由于知识群体在村民心目中一直有较高的位置，所以一旦村民遇到非个体家庭能力所及的事情时，除了求助邻里和族内人帮忙外，一个重要的求助对象就是本片内的知识群体。尤其是当村民遇到比较复杂和麻烦的事情时，多会求助于自己周围有一定文化的人帮忙。这些人一般是在职教师和乡村医生。村民们说，之所以找这些人帮忙主要是因为他们有文化，能知道该怎么办。同时，关于国家的法律、政策知道的多，对上面的情况（指政府部门及其运作机制）和社会大环境了解，他们见多识广，考虑事情和问题要比一般村民全面得多。更为重要的是，知识群体认识很多人，不管是下面的还是上面都认识一些，所以，比较好办事。而那些知识群体也愿意去帮助村民做事，一则他们可以获得更好的人缘和威信；二则还可以通过帮助周围的村民形成一个相对稳定的关系圈子，从而使自己比其他知识群体在村庄中获得更高的声誉和更多的认同。有时候，他们的公共行为还给他们来现实的物质利益。

乡村医生LDL就是一个人品较好又乐于帮助村民办事、经常参与调解村民矛盾的人，他不但和一般村民关系处得很好，而且和村干部的关系也很好。他是一个富有同情心的人，为了维持好和邻里的关系，他可以不计个人得失。当和自己关系不错的一位村民家的羊被人偷了，他让儿子把自己家一群羊赶去让那个村民人意挑，羊是不要钱，送给村民的。当问他为什么这么做时他说："人心都是肉长的，家里辛辛苦苦养大的那么多羊被偷了心里肯定很难过！而且那几只羊对他们家很重要，因为他们指望那几只羊卖了钱给孩子缴学费呢！我虽然不富裕，但也还能过得去。送给他们家一只羊，他们心里就好过得多！"不仅如此，LDL还经常参与调解村民之间的矛盾。他一般都是以劝说为主，如果因为利益纠纷解不开疙瘩时，LDL说："实在不行，你们谁觉得吃亏

① 访汪村中学教师LW，2006年2月10日。

的地方，我给你们补上！”他作为医生，村民任何时候来找他看病，哪怕是半夜，他也起来到病人家里给看病。他多数情况下都是到村民家里给村民看病。因此，LDL 在村庄中很得民心，口碑非常好。同时，他的善行也得到了回报：曾有一段时间，汪村三分之二村民找他看病。而与他同时期出诊的 LXF 的诊所则越来越冷清了。

在汪村，除了 LDL 以外，还有许多其他知识群体（如教师）经常参与村民的公共事务，如参加村民的婚丧礼仪筹办的管事、司仪与文书、逢春节给村民写对联的知识分子等。即使在村民的日常生活中遇到紧急事情时知识群体也会帮他们出主义、联系外面可以帮得上忙的人等。

（三）村民矛盾的主要协调者

在集体化时期和农村改革的初期，由于当时村干部的个人人品和威信还很受村民的尊重，村集体组织还具有较强的权威，所以村民遇到矛盾纠纷，大多去找大队书记 LDD 评理，LDD 讲话大家也听。即使有非常激烈的纠纷，只要大队书记和治安主任去压一压、调解一下也就解决了。可是自从 LQJ 担任第一任书记的后半期，村民就是开始对村干部不满，这一方面与村委会在执行上级任务时不公正对待有关，另一方面则与村干部个人劣行有关。由于当时某干部个人行为方面受到许多村民的非议，所以，大家在对某干部强烈非议的同时，也对村集体组织的权威大打折扣。于是村民遇到矛盾和纠纷也不再找村干部调解，要么由邻里调解，要么就找本村民组有一定威望的知识分子来调解。

例如，1990 年，汪村一组发生一起村民纠纷，纠纷的主要起因是一村民的儿子带另一村民的女儿私奔了，使得女方家长觉得特没面子，就到男方家庭吵闹，并打了男方的家人。后来双方家庭都找来了各自家族内的人，双方的矛盾有愈演愈烈的趋势。在双方僵持不下的情况下，有人提议找中间人调解。但中间人找谁？谁能保证调解的公正呢？双方家庭都提出了中间调解人，但女方坚决不同意男方家庭找中间人。自己就委托族内人找中间调解人。于是被委托的族内人就找在本组有威望的知识分子 CZP 商量此事。CZP 说，他愿意调解此事，同时，也建议找另外一个双方家庭都熟悉的中间人来调解。于是就找到了该村民组原生产对会计 LDJ 参与此事。两个中间人基本上都是由女方家庭的族内人讨论决定的，但因为两个调解人都是在本村民组有一定权威的知识分子，所以，男方家庭也只好接受。最后，经双方做工作，男方家庭给女方家庭 5000 块钱作为补偿。事情暂时，告一段落。可事情并未终结。1993 年，当男女双方当事人秘密回到村里时，又面临着一场可能引来激烈打斗的危险。于是，男方家庭马上找能帮上忙的中间人调解此事。但这次比上次要麻烦得多，男方担心男当事人被打。因此，男方就找了乡村赤脚医生LDL，因为LDL不仅人缘好，而且还经常帮助村民调解纠纷，加上他认识的人多，所以，男方家庭希望他能找一些人来帮忙调解此事。由于事情比较复杂，LDL不但找了在全村都有较高威望的老司仪，而且通过熟悉的汪村教师LXM、LXC找了和女方家长关系较为密切并存在借贷关系的中间人调解此事。最后，在各方的疏通和调解下，一场可能发生的激烈的冲突避免了。目前双方家庭，虽不怎么来往，但也相安无事。

（四）对抗村集体、村干部不合理行为力量的凝聚者

正如前文所述，伴随着1990年代以来社会背景的转变，汪村由于农民负担过重，村干部执行任务过程方式欠妥和政策执行有失公允导致村内矛盾越来越明显，以个体家庭为单位的村民在面对来自诸如政府、市场和自然灾害等外部压力时就显得势单力薄，处于弱势地位。在村集体组织的性质和职能日益趋向“行政化”以后，这种弱势地位使得他们在受到外部力量的侵害和企图与外部平等对话时无法形成一个对等的平台：分散的他们没有形成一个可以代表他们集体利益的整合力量。而在1990年代后期地方基层政府的非合理行为到了无以复加的地步——村委会的职能只是完成上级安排的“缴粮”、“催款”和“计划生育”三大任务，而农民的各种税费负担在1997年前后达到每人275元的程度，并且村委会在完成各项任务的过程中由于操作的不合理和实施标准的不统一，激起了许多民愤。最初的时候，受到不公正待遇的村民直接找村干部算帐，有的人扛着铡头去村委会找村干部拼命。可是，时任村委书记的兄弟众多，而且个个都是身材魁梧。在汪村，单个家庭没有几个能和书记家抗衡的。而且，扛着铡头去拼命者还被派出所来人给抓走了。这样，受到不公正对待的村民就开始联合起来对抗村干部。而这背后的中心人物就是1970年代末的高中毕业回村的知识群体。

1992年、1997年、1999年和2002年汪村发生4起村民和村干部对抗事件，这都是部分村民的集体行动，其中背后的中心人物都是不同时期的高中毕业生和在职教师。4次行动的核心人物分别是LT（1986年高中毕业、复转军人）、LJL（1991年高中毕业）、LCG（1983年高中毕业，在职教师）、LL（1992年高中毕业）、LDF（1979年高中毕业）、LDJ（在职教师）。这6个人均是幕后指挥者，并不出头露面。他们一般都是联合一些关系不错的同学、族内人和周围邻里一起对抗村干部或上访揭发村干部的劣行。除了这4次大的动

作扳倒了村干部以外，另外，在1997年冬、2003年春节前夕，LL、LDF、LDT还联合村外力量直接针对原大队书记家庭的报复行动，造成3人受伤、3个家庭的家具、房屋被毁的严重后果。据知情人透露，这两次行动均是经过谋划的。

（五）参与村庄公共事务的讨论主并导村庄舆论

由于知识群体在汪村占相当大的比例，所以，遇到涉及村庄公共利益的事务时，各种类型的知识群体都会以不同方式参与讨论，并为自己所在片区的村民的利益而争取。这种对村庄公共性事务的争议和讨论主要是在农业税取消和农村税费改革前汪村的状况，因为在农业税减轻乃至取消以后，村庄基本上没有太多的能够引起村民争议的公共性事务需要讨论和博弈。而在农业税取消前，由于村委会在执行上级下达的“缴粮”、“催款”和“计划生育”等任务时涉及村民的切身利益，而村委会在具体操作时又存在不公正、中饱私囊的情况，因此任务安排下来，往往会遇到部分的不满和抵制。当村干部在执行任务的过程中遇到的抵制时，村干部要么去找在有抵制情绪的片区有威信的人去做工作，要么就亲自出马，到不愿意完成任务的人的家里强制执行，这时就会激起矛盾。矛盾的最终调解者还需要本片的知识群体。而当村民因为气愤有过火行为被派出所抓走时，被抓走的人的家里也要请这些知识群体想办法把人给放出来。

例如：1998年，汪村遭受严重的水灾，上级下拨救济款。救济款到村里后，由于分配不均，使一部分村民有意见，去找村干部算帐。因为当时村干部在洪水威胁的时候找一部分村民去加固防洪大堤，还用了一些村民的拖拉机，因此，村里为防洪想办法垫了一部分劳务费和工具使用费。村干部说，这些钱是私人的钱，属于借的钱，当然要还了，就把救灾款的一部分先把这笔钱用来还帐了。可是一些村民不但通过村里在S市工作的人知道了救济款的具体数额，而且知道了在具体发放时，数额少了许多。那些没有得到救济款的人就找村干部算帐。村干部就把防洪劳务费一事说给村民听。村民说，救济款归救济款与劳务费的欠款无关。十几个人堵在村委书记要钱。村委书记实在没办法只好说开会商量再说。村民散去后，村干部赶紧开会商量此事，把各个村民组有一定影响力的人都叫来了，包括一些平时能在片区村民中说得上话的教师、医生等。村干部把村委会的苦衷告诉了大家，并说差的这笔款项确实是用防洪劳务费了。希望大家能理解。并请各位做做村民的思想工作。然后，村委会通过广播向村民再一次解释了此事。这一风波才算平息。

因此，在1990年代以后，随着村集体组织的“行政化”趋势越来越明显，汪村知识群体在村庄的公共事务发挥着重要的作用。

除这些公共性问题外，村庄中还有一项重要的关乎全村人利益的事情，那就是农田水利设施建设和“老汪湖作为蓄洪区”的争议。就前者而言主要是护堤河滩的承包问题；而后者则是上级定位与村民集体利益的问题。这两个问题因为都关乎村民利益与上级部分部门利益之争和宏观调控与地方村民利益损失的补偿问题，除涉及有直接利益的村民参与以外，整个事件的重要推动力量就是村庄中的知识群体和外地工作的退休人员。

事件一：关于老汪湖护堤河的承包权问题的博弈。

先来看一则关于汪村滩地承包合同纠纷的报道：

老汪湖面积10万亩，蜿蜒于埇桥和灵璧。S镇9个村，邻湖2.5万亩，雨水多时，泛滥成灾，祸水一退，宜种宜渔。

2001年，与汪村其他124户村民一样，村民LJB与河道管理所签了承包18.5亩大堤、河滩的合同，其中8亩水面养鱼，投资4万多元。铲芦苇，挖塘泥，整土地。3年艰辛付出，去年收入万元。堤上林木成行，堤外鱼肥羊壮。然而，到2005年10月，CT段居然重新发包。这下子，引起了村民的激烈反应：50年合同，履行才5年，忽然不算数？连法院裁决都说算数，这水利部门，咋言而无信？

“3年挖塘整地，投了近3万元，去年开始收益，如今不让承包，这损失，谁来赔？”老汪湖堤上，年近六旬的MQH无奈诉说。

据S镇副镇长WJH介绍：1994年前后，沿湖群众，人均百元，以资代劳，开挖随堤河，整出数千亩滩地；后来上级布置“四荒”拍卖，各村发包2，000亩滩地；2001年4月15日，奎河河道管理所依法成为管理主体，开始发包部分滩地，“村合同”与“所合同”渐起矛盾；该年8月，区委拍板：“村合同”所涉滩地不再发包，由水利部门授权乡镇，变更发包主体，使“村合同”自动转为“所合同”。

2005年9月、10月，S镇两次紧急报告。10月11日，区里提出：以水利局为发包主体，重新发包“村合同”到期的CT堤段，S镇配合，水利局解决“所合同”遗留问题。10月29日，区委书记果断批示：“协商妥处此事，不得事态扩大。”区里重申，应由水利局协调解除“所合同”，委托时村镇发包。11月29日上午，水利局送出委托书。下午，S镇第三次打报告，声称不宜接受委托。①

从这则报道可以看出，关于老汪湖的随堤河河滩的承包权问题，市水利局和地方政府以及各村村委会之间产生了分歧。原先在河滩高高低低，好多年的时候没有人管，也没有人争夺所谓的承包权问题。而当河滩被各村委会为了筹集资金将河滩以“四荒”的名义发包出去以后，河滩被开垦了，并初见了经济效益时，S市水利局说河滩属水利局管，当然承包权也应归水利局。所以，水利局通过市、区政府要求镇政府配合，收回承包权，废止以前的承包合同，由此引发了一系列的矛盾，并见诸媒体。这里水利局以各地方政府及村委会与承包人所签合同不合法为由废止已签合同。而事实是承包人投入了大量的人力、物力并形成收益规模。这时候废止合同难免会让承包人接受不了。这种局面最终是怎样解决的呢？笔者在汪村调研期间，专门了解了此事。首先，汪村承包河滩的两个人LB、LQQ均是村里很活跃的人物，而且两人也都是1970年代末的高中毕业生。二人不但很能拉拢一批青年知识群体，而且和当时任村干部的LJX关系甚为紧密。当时二人所承包的河滩就是LJX在任时村委会拍卖的“四荒”。但当承包合同发生纠纷时，LJX已经被免职。而承包费用已不知去向。LJX本人说，交的承包费一部分被上级（镇水电所、土地管理所）要走了，另一部分用于还债了。新上任的村委书记LQW说承包费的事他一概不知，遇到现在这种情况，村委会想管也管不了。因为村集体财务空空的，还欠了私人的钱，没有钱还承包费。而且，这事也不是他经手，他也没必要管。可是，后来镇里开了几次紧急会议，要求与随堤河河滩承包的各村要妥善解决河滩承包的问题。在这种压力下，汪村不得不找人摆平此事。村委会显然已不能出面，因为村委会承包河滩本身就不合法，而且又没钱返还承包费。新上任的书记和LB等人之间一些小的矛盾。于是村委会就一方面委托和LB在SC中学任教的弟弟关系很好的汪村中学教师CQ来做LB的工作，让他不要再声张此事，并转告他村委会会想办法补偿他的损失。另一方面，村委会又找到了已退休的原乡教育干事CP去疏通上面的关系，希望由村委会代水利局在本村推荐承包人。然后，由村委会寻找愿意出钱承包并能弥补LB和LQQ损失的人。当然，如果他们两人还愿意承包也可以，但必须和水利局签新合同，并且按新合同的规定交承包费。至于两人以前交的承包费村里可承担它所用的那部分，但

① 资料来源：安徽日报，2006年2月8日，对原文有所删减和调整。

现在村里没钱，以后再说。而其他的让他们找上面要。但 LB 等两人不同意，说自己亏了。最后，村委会决定将河滩转包他人。LB 等人就闹，从而引发了 2002 年的干群冲突和 2005 年的新旧承包人两个家庭的群斗事件，2005 年的群斗事件造成 1 人重伤、4 人轻伤，1 人被判刑。最后这一事件还是通过几个有威信的中间人（知识分子）的调解才得以平息。

在这一事件的整个调解过程中，不管是村委会和原先承包人之间的矛盾，还是新旧承包人之间的矛盾，以及村委会对整个事件的运作和把握上，知识群体都发挥了重要的作用。当然村委书记与 LB 等人的私人怨恨与承包事件的运作并没有直接关系，因为他们的私人怨恨还是起源于书记 LQW 的哥哥、改革后汪村第二任书记 LQJ 任职时形成的。

事件二：知识群体关于“将老汪湖规划成滞洪区”的讨论。

将老汪湖规划为滞洪区是国家的规定。曾在 2000 年国家就正式确定老汪湖为淮河流域著名的蓄水湖之一。下面是朱镕基总理签发的关于全国蓄洪区的国务院令：

中华人民共和国国务院令第 286 号

《蓄滞洪区运用补偿暂行办法》已经 2000 年 5 月 23 日国务院第 28 次常务会议通过，现予发布，自发布之日起施行。

总理　朱镕基

2000 年 5 月 27 日

……

淮河流域：蒙洼、城西湖、城东湖、瓦埠湖、老汪湖、泥河洼、……（共 26 个）

在淮河流域 26 个蓄洪区中就有汪村所在的“老汪湖”。国家将主要河流的下游比较低洼的地方规划为蓄洪区是从宏观角度进行规划，有其一定的合理性。而且，国家对蓄洪区进行补偿出台了相应的规定。但国家的政策一般是宏观，各个地方在具体操作上要有具体的补偿政策和措施。在这一问题上，汪村存在着特殊情况，因为汪村的大部分田地在老汪湖内。只有极少的一部分耕地在堤南。有的家庭在堤南根本就没地。如果把老汪湖作为长期的蓄水区，那么，汪村的村民以什么为生是个很大的问题。因此，将老汪湖作为蓄水湖来规划，地方政府不能出台相应的配套方案，或迁移或补偿，仅仅靠零星的损失性补贴，显然对汪村村民来说是无法接受的，也有失公平。

在这个问题上，汪村村民肯定是不希望划为蓄洪区，除非政府出台相应的配套措施。村庄的知识群体也是经常讨论此事。他们曾经联名写信向上反映这一问题，并提出了相应的对策性建议。但镇里给出的答复是，蓄洪区的划分是上面的事情，肯定有其一定的道理，我们无权改变。至于配套措施，我们一时也拿不出来。就这样，知识群体的第一次努力被搁置了。2003 年汪村再一次遭受洪灾，作为滞洪区汪村的损失自然是比一般村庄更重的。这又激起了村民讨论蓄洪区的问题，村民就委托村里有权威的知识分子再一次向上面写信要求解决蓄洪所带来损失的补偿问题。这一次促使了上级开会讨论关于蓄洪的问题。初步形成的意见是：按照上级的要求，将老汪湖作为蓄洪区，在老汪湖里的村庄迁移出来；老汪湖里有田地的村庄，按照上级规定给予补偿。但如何补偿却没有具体方案。据村民传说，镇政府准备把目前是一望无际的良田变成一个淡水养殖场。这一传言未见正式文件。但却有不少人议论此事。下面的一则报道使这一传说的构想变得几乎不切实际：

老汪湖在桥区境内面积 5 万多亩，LB 县境内 1500 多亩，原是奎濉河的泄洪区，80 年代兴挖台田，对该湖的生态环境造成一定影响。近年来，奎濉河得到治理，整个水系更加通畅，河流自身防洪能力大为提高，使得老汪湖多年无泄洪，除每年短时间内有积水外，其蓄积水体的能力大为降低。更由于人口不断增长，人均耕地面积不断减少，加之土地承包责任制影响，群众踊跃开垦土地，打机井取地下水进行灌溉，使得老汪湖全部变成了农田地。经实地调查研究，康湖、老汪湖已经人为消失，已不具备重建湿地的条件。

由此事件可以看出，汪村知识群体的努力已起到一定的作用。虽然结果并不令人满意。事实上，在 1988 年的皖北那场特大的洪水，其他地区损失都很惨重，唯独汪村及其周围的村庄损失较小，一个重要的原因就是时任原 S 区委书记的 LQD 发挥了重要的作用。他多次向上级请示要求慎重考虑向下流提闸泻洪的问题。在最关键的时候，他坐镇闸口，保住了老汪湖 10 万多亩的庄稼。

第五节　改革初期至 1980 年代中前期村庄知识群体与村庄的关系

一、村庄中两种公共权威的关系

集体化解体以后，村庄正式权威的影响力经过一段与知识群体权威并存的徘徊时间后，伴随着其“行政化”的趋向越来越明显而逐渐下降，村民对村委会和村干部的信任度大大降低。加之1990年代中后期和2000年前后发生多起村干部与村民冲突事件，许多村民对村干部由不信任到失望，甚至不屑一顾，村集体的权威开始在村民中滑落到可有可无的程度。尤其是一些和村干部有很深积怨的村民开始仇恨村干部，甚至有一位村民光着膀子扛着铡刀到村委会要和某村干部拼命。可见，村集体的权威已经被部分不称职的干部践踏得只剩下躯壳。村民遇事不再首先求助村干部了，而是村庄中的知识群体。以前村民之间发生矛盾和遇到难以解决的难题时多是找大队书记和大队主任来解决，而1990年代中期以后，村民遇到这些事求助的对象主要是身边能办事的人，而不是村干部。因此，到1990年代后期，村庄知识群体的权威逐渐取代村庄的正式权威在村民的日常生活和公共事务中发挥着重要作用。这两种公共权威的变化趋势可用下图来表示：

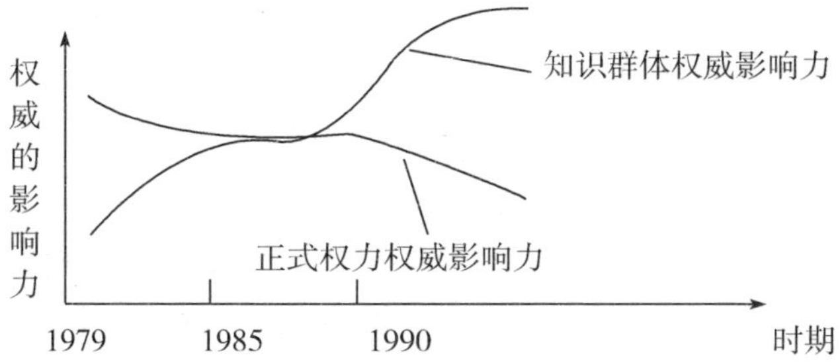

图7-4　汪村农村改革以来两种权威影响力变化示意图

由上图可以看出，在乡村改革的不同时期，两种权威的影响力是呈现出几乎相反的变化趋势的，随着村庄公共领域和私人领域的分离，村庄正式权力的权威对村民的影响呈逐渐下降的趋势，而知识群体权威的影响力则随着国家对知识分子政策的矫正和村庄知识群体队伍的壮大而呈上升趋势，尤其是1990年代中期以后，伴随着村庄正式权力的“行政化”与其权威影响力的式弱，知识群体在村庄公共领域中的地位和作用越来越重要，其对村民的影响力及其权威被村民认同的程度也越来越大。同时，由图也可以看出，虽然这两种权威的影响力的总体变化趋势是明显的，但在1980年代中期至1990年代初，两种权威在村庄的几乎是并行发挥作用的。这主要是因为，这一时期，汪村的知识群体内部结构发生了变化和受外部环境的影响村庄的权力结构产生一种动态制衡等原因所致。这里需要进一步解释的是，1990年代初期以后，随着市场经济体制主体地位的确立，整个社会知识分子的社会中的位置有所边缘化对汪村的知识群体的权威在村庄中影响力的影响也是有所表现的。但这种影响对于当时经济、社会分化并不十分明显的汪村来说是非常弱的。它和村庄正式权威随着其权力运作逻辑的“行政化”而日益在村民中失去合法化并使其影响力急剧下降的事实来比显得要微弱得多。

还需要指出的是，知识群体虽然在 1990 年代中后期以后虽然对村庄的影响力越来越大，但这种影响力是隐匿的，并没有明显地呈现出来。这主要体现在，在村庄的若干片区中都有若干个知识群体在村民遇到公共事务时在背后指挥和帮助，而不是显现出来。这样，即使是遇到对抗村委会或上级政府的命令、措施的事件时也不至于被人抓着把柄。同时，有影响力的知识群体在村民的日常生活和交往、互动中也发挥着重要的作用。而这种影响力并非都是能够直接看得到，有时候需要了解内情的人透露才能够知道。在调查中，这种隐匿的权力运作行为通过熟人关系、多方取证才得到证实的。一般是通过以下方式获得证据：1. 先以某一特殊事件为线索，通过知情者了解整个事情的来龙去脉；2. 通过熟人关系访谈事件的当事人；3. 对事件涉及的群体的其他人（如一般村民和村干部）进行访谈，并将其与前两者对比，发现共性与异性，分析其原因；4. 分析整个事件的脉络，寻找其背后的推动力量及运作逻辑，找出关键力量与关键人物；5. 通过一定的途径接触某事件的核心人物，并进行访谈。这样，在多方的验证下，可以证实这种这种隐匿的权威及其运作的机制。

二、知识群体与村庄中经济精英的关系

改革后，汪村的经济较以前有了较快的增长，但由于汪村地处相对偏远，缺乏资源优势，也没有特色的产品农业，与东部其他地区相比，汪村的经济发展相对滞后，分化程度也较低。分开单干初期，村民春、夏季主要以小麦、油菜等作物，而秋季则种大豆、棉花、玉米、花生、红薯、芝麻、胡麻、绿豆、红豆等各种各样的经济作物。而近年来，村民图方便，不再种植品种繁多的经济作物，农业生产品种单一化，夏季作物以小麦为主，秋季只种大豆，只有少许的芝麻、花生、玉米等作物种植，但这些零星种植的它类作物主要是用于个体家庭消费，而不是作为经济作物进行生产。这样就使得汪村的农业生产链条更加单一。由于优势资源、特色农业的缺乏和生产品种、生产链条的单一化使得汪村非公有制经济发展异常缓慢，至今也没有一个像样的私营企业，甚至连一个能够持续生产的作坊都没有。所以，在汪村根本谈不上有什么私营企业主。村里除了有十几个用拖拉机、三轮车、小型汽车搞运输、贩卖粮食和开小

商店等个体经营户以外，几乎也没有什么可算得上发家致富的“暴发户”。因此，就汪村而已，根本谈不上有什么经济精英。如果要说有的话，那也只能算上上述搞运输、贩卖粮食和开小商店的个体户了。当然，从相对富裕程度来说，还应包括一些承包建筑工程的包工头（主要是建房，汪村有 5 个建筑队，每个队有 10 ~ 15 人，由 1 或 2 人负责）和一些木匠、石匠等小型合作组的组织者。这些人多以吃苦耐劳而治业，谈不上什么经营策略和个人经营素质。

对于汪村的知识分子和正式工作人员而言，这些人与一般村民没有什么不同，只是为了多挣点钱肯干罢了。所以，平时和他们这些人也没有什么太多的来往。倒是村庄中的其他知识群体与这些人的来往更多一些。比如村庄中的民间艺人、1970 年代出生的高中毕业回村务农人员和乡村医生（如 LDL 以及后来外来的 2 个医生）和这些个体户的关系处得都还不错。反过来，这些个体经营户对他们也比较认同，而对那些有正式工作的人则非议较多。这些人在遇到需要外力帮助的事情时，他们一般也不会找那些“说土不土，说洋不洋的人”（个体户自己的话）来帮忙。他们要么求助在村里有威望的老教师，要么找村里能活动得开的一般知识群体如医生 LDL、读过书又有人缘的人。实在不行，就求助村外的力量，也很少去求那些自视很高的“土洋人”。

从另一方面来看，汪村知识群体的相当一部分也是村庄中干个体的经营户。在 17 个个体户中，高中毕业的有 9 个，初中毕业的有 5 个，还有 3 个初中未毕业及其以下。其中开商店的 3 家户主为 1 个民办教师和 2 个集体化时期的民间艺人。村中还有一民间艺人的子女在集市上开商店，家境较好。因此就汪村而言，知识群体与相对意义上的“经济精英”的角色多是集于同一部分人身上。这主要是由于汪村自身的发展状态决定的。

第八章

对知识群体的群体特征及公共性的整体分析

第一节　村庄变迁中的知识群体

一、汪村变迁的特点及其变迁中的知识群体的双重身份

一般来说，社会变迁包括两种形式：一是进化式的社会变迁；二是革命形式的社会变迁。前者又称为微观层面量的变迁，它一般发生在社会系统诸要素的构成状况、运行机制和发挥的功能相对稳定并能正常运转情况下的社会各个领域的变化。这种变迁是一个逐步、渐进的过程，一般不会带来社会的动荡。而革命式的变迁则是一种激烈的、爆发式的突变，它是一种对旧的社会体系的彻底否定和推翻，对社会各个要素进行重组和重构，形成一种具有新质特征的社会体系。这种变迁一般会带来社会的动荡和暂时的混乱，但是，一旦新的社会诸要素重组完成、运行机制正式确立以后，社会就会按照新的运行机制进行协调运转，社会的动荡和混乱状态就会消失，并呈现出一种前所未有的活力。

美国社会学家威廉·费尔丁·奥格本在他的《社会变迁——关于文化和先天的本质》中指出，对于一个相对稳定的社会而言，一般情况下，是物质技术方面的变化发生在前，非物质的适应性文化变化在后。如科学技术上的发明、创造使物质生产发生了变化，而指导和组织生产的政策、组织、制度等也要随之有所调整，最后在文化价值领域才发生根本性的变化。奥格本还把这种变迁速度上的差异叫作“堕距”现象。与马克思和奥格本不同的是，韦伯却在《新教伦理与资本主义精神》中论述了精神文化的作用对于资本主义生产方式的形成起着重要的推动作用。

在“革命式变迁”里，政治领域的变革是最有先导性的。而与之相伴的是他们要用一种革命主体所秉奉的信仰与主流价值观念来达到宣传和动员民众的目的。因此，在革命式变迁里，文化价值观念并不是完全滞后性的。虽然革

命主流的价值观念并不能立即在民众中扎根，它同样需要一个漫长的潜移默化的过程，但是，它作为一种革命的工具是在革命之初甚至是之前就已经发挥作用了。

就汪村的变迁而言，从建国之初的“土改”，经过后来一系列的政治运动，一直到人民公社化运动，村庄都是在这一系列的政治运动的导引下发生变化的。因此，政治的导向性和革命时代的主流话语和意识形态在村庄改革前的相当长的一段时间里起着极为重要的作用。这就使得汪村知识群体在建构村庄地方性知识和地方性规范的时候，出现了两难境地：作为乡村的知识群体，一方面它生长、生活在乡村，因此它无法脱离乡村固有的情境和延续的传统而生存；另一方面它又因知识、职业和声望与国家、与时局联系在一起，因此，它还必须保证自己的权威要在国家和时局的既有框架下运行。这双重身份也就决定了这一群体来自知识体系内部的分裂：

首先，作为乡村知识群体，乡村固有的风俗、习惯等文化传统尽管经历了自然灾害和人为因素的破坏已有所弱化，但它作为一种有着丰厚历史底蕴的文化延续，终究是不可能在短期内消失殆尽的。而且，中国乡村所经历的革命，虽然是推翻一切阻碍和束缚生产力旧势力与旧体制，但它并不是全部否定一切，尤其在许多土生土长的村落内生的民间传统方面，是作为一种文化的延续被继承下来的。因此，不管是在动乱的运动时期，还是在大一统的集体化时期，甚至是改革的初期阶段，村庄的总体趋向固然为政治形势所左右，但村庄中一直没有缺少过来自于乡村的民间力量在为建构一个相对独立的自我空间而努力，虽然有时候这种自我的空间较为狭小或隐匿，但它一直没有消失过。

其次，知识群体，作为连接国家意志与乡村社会的纽带，它更大的意义上是吸收和传递国家和社会大环境的信息，并将之内化，以自己的方式传递给村庄。在这个层面上，知识群体，尤其是乡村教师，是代表国家的，一方面，它必须在国家的既有框架内行动，并传递着国家的意志；另一方面，知识群体的知识来源于国家的主流话语，这种主流话语对知识群体的影响比对一般村民的影响要大得多，尤其在思维方式和行为模式上，知识群体比一般民众要更倾向于国家。而且，汪村知识群体中的绝大多数群体是以教师为职业的，因此，教师和学校作为连接国家意志与乡村社会的两个重要的媒介，其对国家主流话语的自觉性意识是他们得以立身的首要条件。因此，他们的知识体系首先必须是在国家主流话语范围之内的知识。

由知识群体的双重身份决定的他们知识体系的双重性：一是来自于国家的意志；一是来自于乡村民间延续下来的传统。这两者代表着两个不同的意志主体：前者是国家的；后者是乡村民众的。同时，它们又代表着两个不同的运作空间：前者是国家政权的运作逻辑和运作空间；而后者是村庄自有的相对独立的自治空间。这两者之间多重的不同决定了知识群体在村庄中处世为人奉行了灵活的双重标准和原则：对上要按照国家权力运作的逻辑和国家的意志来行事，而对下在村庄中他们则尽可能以村庄的风俗、习惯等村民公认的传统规则来行事。他们通常用的方法是将二者进行灵活地变通：当向上的路线按照正常的上行路线逻辑走不通时，他们会将乡村熟人社会所适用的"人情"关系运作逻辑运用到上行路线中。比如，当汪村中学面临着将被取消的危机时，按照当时国家的政策和县教育局的意思，汪村中学没有存在的理由，应该被取消。汪村中学校长和主任两人亲自去县教育局请求都不行。万般无奈之下，校长只好通过时任 SC 区区委书记的汪村人 LQD 的私人关系疏通县教育局将汪村中学保留了下来。而 1997 年以后，随着汪村村集体财务亏空和镇政府的财政压力越来越大，汪村中学又面临着第二次将被取消的危机时，此时 LQD 已调离 SC，无法再发挥作用。汪村中学新上任的校长不得不想方设法通过各种关系来拯救中学，最后通过三层间接的关系找到了曾毕业于汪村中学并在当地有重要影响的实业家 JH，由于 JH 为 SC 镇捐资修路、助学，受到了 SC 镇政府和 S 市政府的好评。因此，他出面调解此事，汪村中学再一次被保留了下来。

而知识群体对下的变通则主要是他们运用知识和正式职业、地位所赋予他们的权威在村庄中建构他们的人际关系网络，从而为其在村庄中获得更多的认可和声望创造条件。这在农村改革的初期阶段村庄被束缚的生产力释放后呈现出蓬勃生机的时候表现尤为明显。另外，对下的变通策略还表现在一部分有正式非农职业地位的知识群体为了让自己在村庄中树立良好的形象和建立良好的人际关系网络，运用其向上的关系网络为遇到困难的村民办实事。这在 1990 年代中期以后乡村面临一系列困境的时候表现较为明显。

总之，尽管知识群体因其双重身份给它带来在面对某些具体事件时处于两难的选择境地，但它的双重身份也赋予了它在两种权力运作的空间里能够灵活变通的便利条件，同时，它以知识的传播和信息的传递将国家与乡村连接起来。并以村民所易于接受的形式在其力所能及的范围内调节着国家的主流话语与乡村固有的话语情境之间的矛盾，实现着二者之间的融通。

二、体现于"社会变迁"与"历史"关系中的汪村的自治与整合

由于"社会变迁"与"历史"这两个概念本身就有各自相对微观与宏观涵义的区分，因此，学者们对两者关系的理解也存在一定的分歧。美国社会历史学家罗伯特·尼斯本（Robert Nisbet）在一部叫《社会变迁和历史》的著作中表达了他关于社会变迁与历史关系的看法。尼斯本认为，社会变迁不但不同于历史，而且，远没有历史那样具有极强的规律性，从而为社会所认可。而美国社会学家莱恩斯基则认为，"走出历史的喧嚣和透过某一个具体变迁的复杂细节我们不难发现社会变迁往往是向同一个方向发展的。"① 在莱恩斯基那里，社会变迁被看成是有规律的，而历史则只是具体情境下喧嚣一时的事件。到了20世纪60年代初，人类学家萨林斯和瑟维斯又提出了一种新的理论，即"一维进化"和"多维进化"两个概念的区分。然而，他们主张应该放弃前者而坚持后者。他们认为，"人类历史恒定不变地向一个结局发展的观点显然是经不起检验的，这正如坚持任何特定的社会都要经历同样的历史过程观点一样。因为，没有人会认为社会进化的要素的都以同样的速度发生变化。技术可能要比科学知识变化得更快一些，工业化也并不必然带来民主政治的推进。"② 因此，萨林斯和瑟维斯认为，社会变迁是多维的，常常对具体历史事件产生影响。

我们这里需要分析的是一个具体村庄的社会变迁，那么，这时候"社会变迁"的涵义就是具有一定时间跨度的概指。而我们分析这一具体村庄的社会变迁时，特定的历史事件及其所嵌入的社会时空的情境特征既是作为一个社会情境来对待的，也是作为分析的一个重要变量来对待的。

正如美国社会学家米尔斯在《社会学的想像力》所指出的那样："通过将他自己置于他所在的历史时期中，一个人就可以理解他们自己的经历、就可以估计自己的命运；仅仅通过他身边的所有的人，一个人就可以知道他自己的生活机会。"③ 因此，在一定意义上，我们更倾向于以"历史"来解释"变迁"和变迁中的知识群体。具体来说，它包括以下涵义：

首先，特定历史事件及其所嵌入的社会情境对村庄的变迁和村庄中知识群体的公共行为的价值取向产生影响。因此，在汪村所经历的不同历史事件和社

---

① 转引自R. 布东的《社会变迁理论》一书（Raymond Boudon, Translated by J. C. Whitehouse, Theories of Social Change, Polity Press, 65 Bridge St. Cambridge CB2 IUR, UK., 1986.），本人译。

② 同上。

③【美】赖特·米尔斯著：《社会学的想像力》，陈强、张永强译，北京：三联书店，2001年版，第4页。

会情境中汪村知识群体的行为价值取向有所不同。例如，在“土改”时期，汪村的社会变迁带有明显的“革命”的特点，即以“革命的名义”彻底地摧毁、推翻一切与旧的社会体制和旧势力有关的东西，包括村庄固有的传统文化与权威。在村民的日常生活中，也是以一种具有革命象征意义的仪式来代替乡村固有的民间仪式。村庄的主流话语为革命话语所取代，并以是否是“革命的”和“政治清白的”作为判断某个人或某个群体的思想和行为的标准。而这时来自于旧社会体系的知识群体属于被改造的对象，因此，其在村庄中的地位一落千丈，沦为社会的底层。他们不但不可能形塑社会，反而为新的社会体系的主流话语所改造和形塑。就知识群体的群体属性来讲，“土改”这一历史事件切断了新、旧两个社会的知识群体在知识体系、价值取向和行为模式等方面的联系，出现了一种断裂。但这种断裂是一种外力所致的结果，它并不意味着这一群体所有属性消失，它的某些特征和属性会在新的环境中以一种新的组合和新的形式生发出来，并在新的社会情境中延续它固有的特性。事实上，后来的村庄中被改造后和新产生的知识群体在许多方面都以不同的形式延续着这一群体的固有特性，比如，在群体的“公”之观念与公共行为、群体意识与群体“惯习”以及权威的运作逻辑等方面与历史上的“士绅”阶层都有惊人的相似之处。

后来，村庄又经历了诸如“反右派”、“四清运动”和“文化大革命”等类似“土改”的政治运动，汪村的知识群体都受到了不同程度的打击或影响，在一定程度上改变了知识群体的价值观念和处世态度，使他们对村庄公共领域事务的态度由积极转向保守，为人处世的原则也由积极、正直变得谨小慎微，心理开放度有所收敛。但这一系列的政治运动并没有消蚀知识群体在村庄中的权威和地位。运动只是对村庄中知识群体中的某些具体的人身体和心灵造成了一定的伤害，但它并未降低知识群体作为一个整体在村庄中的权威和形象。恰恰相反，在动乱时期，知识群体在村庄中一直受到尊重的地位和权威促使村庄中一些投机分子趁机挤进教师队伍，并以各种手段获得知识群体的名分和权威。

人民公社化运动和家庭联产承包责任制的实行作为国家对乡村经营、管理体制两个截然不同的政策对于汪村的变迁是起着根本导向作用的。集体化时期，国家政权的影响力是直接伸入到乡村的，“三级所有，生产队为基础”的管理体制不仅在农业生产上控制着乡村劳动者的个体，而且以一种绝对的“服从”、“奉献”和“集体主义”将村民的日常生活引向政治化的轨道。整个村庄的生产、生活都被纳入行政管理体制之内，村庄的自我空间被压缩到极为狭小的程度，村庄成为政治的附属。这就从根本上改变了村庄的性质：由原来的相对自治转变为外力控制。这种村庄整合机制的改变给村庄的社会结构带来一系列的变化，如基层管理干部选拔标准的变化（“又红又专”被作为选拔乡村基层管理干部的政治标准）、村庄不同群体（阶层）的权威、地位的变化等等。对于知识群体来说，集体化时期，国家不仅通过一系列的运动改造和重塑知识群体的思想和行为价值取向，而且，在集体化时期，知识群体的公共行为随着村庄自治空间的压缩也受到较大限制。加上政治运动的影响，知识群体的公共行为的价值取向完全被职业价值取向所代替，其作为知识群体的“公共性”明显减少。

集体化解体以后，汪村的性质又发生了非常大的变化，国家政权对乡村的控制有所减弱，而村庄的自治空间相对来说有所扩大。这主要表现在乡村地方政府的行政管理体制的改革和国家关于乡村村民自治制度的确立上。前者的影响主要是指人民公社制度废除以后乡村的生产、生活自由度较以前有所扩大：生产什么、怎样生产、何时劳作、何时休息以及如何安排生产与生活等事情都可以由村民个体家庭决定。村集体组织在更大意义上退回了对村庄公共事务的管理上。国家对村委会的性质也有了明确的界定，1982 年宪法规定，承担村民自治任务的村委会是“群众性自治组织，其职能是办理本居住区的公共事务和公共事业，调节民间纠纷，协助维护社会治安，并向人民政府反映群众意见和提出建议”。1998 年颁布的《中华人民共和国村民委员会组织法》规定：“村民委员会是村民自我管理、自我教育和自我服务的基层群众性自治组织。”这些规定都为乡村自治空间的建立创造了制度上的条件和法律依据，这是外部环境，但对于集体经济已经解体的村庄来说究竟如何自治却面临着形式上和实质上难以统一的问题。这种分裂主要体现在：人民公社制度废除以后，村委会被国家法律正式确立为调解乡村关系、实现村庄自治、整合的唯一的合法机构。但问题是，集体经济解体以后，村委会用以整合乡村的权威的民间合法性来自哪里？如果仅仅有国家法律外加的合法性而没有村庄内生的权威合法性，其“自治”的性质如何体现？就集体化解体后汪村的现实来看，由于贯彻上级政策的彻底性，改革伊始，汪村就把村集体的绝大部分田地和所有的公共财产私分一空，即使当时各个生产队保留一点的用于调解人口消长的公共田，在 1980 年代后期也全部转包给私人了。村庄除了办公的几间瓦房（后为平房）、公田承包费、路边的树和公共滩地的芦苇与树以外，几乎没有什么公共财产了。由于没有集体经济作支持，汪村村委会就缺乏自治的物质基础。其对村庄的整合、调解的能力就相当得弱。而国家法律赋予它作为整合、自治的合法机构又迫使它不得不用一种外生的正式权威的运作机制来去整合和治理乡村，而不是来自村庄力量的自治。

由此可见，要实现村庄的自治仅仅依靠村委会和村干部正式权威的力量显然是无法实现的，它还需要来自于村庄内部的力量。就汪村而言，这种来自村庄内部可能整合分散的个体家庭及个人的力量可能存在两种类型：一是以乡村固有的某种“联系”或“组织”；二是某一群体属性所凝聚的权威。就前者而言，主要是指乡村社会成员在彼此的互动和交往中逐渐形成的、建立在血缘、地缘和姻缘关系基础上的人与人之间的关系纽带及其所依赖的情感联系，即传统乡村社会中村民互助与联系的关系模式，我们称之为“乡村情缘”。而后者“村庄中某一群体属性所凝聚的权威”则主要是指可能来自于宗族势力、经济精英和知识群体三个群体力量所凝聚的传统组织、礼仪、文化的权威、经济权威和知识权威。而对于汪村而言，正如我们在前文所述，由于村庄自身的特点及其所经历的历史决定了前两个群体及其权威在村庄中的影响力趋于弱化或被限制在较狭小的范围内。首先，传统的乡村礼仪和宗族权威不仅由于汪村自身所经历的自然灾害和频仍的战乱影响本来就被有所破坏和弱化，而建国后汪村所经历的一系列的政治运动和 1990 年代以来市场化大潮的冲击，汪村来自于乡村礼仪及其运作的组织或纽带——宗族与“乡村情缘”——的传统权威逐步弱化或消解。在汪村主要表现是族内村民关系的淡化和跨族村民关系的发展以及村民交往的功利化和理性化。其次，由于汪村地理位置相对偏僻、缺乏突出的资源优势，加之历史上自然灾害和匪患战乱的破坏，汪村的经济发展相对滞后，生产力水平相对低下，而且，农业生产链条也较为单一，即使在市场化改革后，汪村的经济分化程度都很低。因此，很难有像样的非农产业发展起来，也就更无从谈起汪村的经济精英及其在村庄中树立的权威了。这样，对于汪村而言，唯一可能承担起村庄整合和自治任务的就是知识群体了。事实上，汪村的发展历史和改革后所经历的实践表明，汪村的知识群体确实在村民的日常生活和遇到需要外力帮助的公共领域以不同方式发挥着重要的作用。

第二节　对知识群体的群体特征及社会功能的整体分析

一、汪村知识群体不同时期知识体系的变化

正如我国乡村社会自建国以来所经历的巨大变迁一样，汪村的知识群体在

成长时期所接受的教育体系与其社会化、日常生活所嵌入的社会背景也发生了巨大的变化，这也就决定了知识群体的思想与行为背后所依靠的知识体系必然发生相应的转变。这种转变主要体现在以下方面：一是社会变迁带来社会主流价值观的变化；二是社会化场域的传承性积累（体现于家庭教育模式中地方性知识——风俗、习惯——的熏陶）、同伴群体的生活方式（主要是交流、互动方式）和特定社会情境下的社会规范（包括整个社会主流价值观导向下的宏观的社会规范和隐匿于村庄及其周围的地方性规范、角色期待等）；三正规教育场域的教育技术、教育模式与贯穿于教育中的知识体系与教育理念的变化。具体变化如下表：

表 8－1　不同时期知识群体社会化及其学习、生活所嵌入的知识体系的变化

知识体系	土改前	政治运动时期	集体化时期	改革后的初期	1990 年代以来
主流价值观(时代主旋律)	儒家思想与文化:仁、义、忠、孝等礼教观念、和忠孝合一、家国合一的意识	革命时代的主流话语:革命的热情与积极性、家庭出身与政治清白、行为与革命的导向保持一致。	行为体现政治觉悟:“红色”的政治觉悟体现于积极地向上级的意志靠拢、绝对的集体主义、平均主义和服从理念。	摆脱束缚后的自由:自由、热情、积极向上,并逐渐强化个体意识和家庭意识,“是否合算”成为行动的一个标准。	市场经济体制所带来价值领域的深刻变迁:工具理性、重视利益与效益、追求个性、张扬"自我"的观念、多元化、去权威性。
传承性积累(起主导作用的地方性知识与地方性规范)	家族观念与宗族意识、族老权威发挥一定的作用。村庄延续下来的风俗、习惯等传统被视为行为的准则。	国家的意志和革命的主话语被村庄中参加运动的积极分子塑造为村庄的主流话语。村庄延续的文化传统在革命中受到很大冲击,一种革命的价值体系被建构。	国家的、集体的和上级的意志进一步成为村庄的主话语,并在实践中被绝对化、神圣化。同时,这一时期集体观念与互助观念得以强化。部分村庄的传统在这一时期得以强化。	改革所带给村庄的活力和初期的欣欣向荣在村庄中培育了一种新的气息和文化。村庄的传统和文化在这种相对自由的环境里发生着微妙的变化。	受村庄分散性的影响村庄中的人际关系越来越趋向理性化和世俗化;村庄的传统(风俗、习惯)在市场经济大潮的冲击下日益消解或消失;村庄的许多价值、规范被一种新的理念所重构。

续

知识体系	土改前	政治运动时期	集体化时期	改革后的初期	1990年代以来
同伴群体的互动模式	在同一阶层、阶级、群体内部亲密互动、全方位互动。但这种互动在体现情感型的同时，也体现同一阶层、阶级内部在价值取向、生活方式和公共行为等区别于其他阶级、阶层和群体等群体属性的特征。	这一时期同伴群体的互动受社会大环境的影响：个人家庭出身和成分成为互动向度、广度与深度考量的标准。互动模式体现革命性。	受集体主义时代社会特质的影响，同伴群体的互动被嵌入集体生活的框架中，强调集体性、公共性与政治性。互动模式体现集体主义的态度和政治觉悟。以"乡村情缘"为联系纽带互动模式在这一时期得到加强。	多层次、多群体的互动，互动体现个体或家庭利益为导向；互动突破阶层、群体的界限，阶层、群体间的互动明显增加。互动模式体现一种自由、宽松、积极与开放的特点。	互动更趋向于理性化、功利化；互动体现出明显的工具理性的选择性。以"乡村情缘"为连接纽带的互助性行为明显减少。互动的目的由以前的情感型逐步转变为功利型。
正规教育的知识体系	以儒家文化为主体的传统文化。	马克思的阶级理论和革命理论。	马克思理论中的社会主义与共产主义"理想型学说"；集体主义、爱国主义教育。	在坚持马克思主义理论的同时也强调中国乡村改革的现实。一种辨证的认识与教育理念得以体现。开始尊重现实、尊重个人的选择。	知识体系更加多元化，外来文化中多元价值观念体系通过各种大众传媒（尤其是广播、电视和网络）逐步渗入并被接受，并通过日常生活方式的改变和教育对个体产生影响。
教育模式	以旧式学堂、私塾、科举考试等方式进行。	以深入宣传、"日常生活的革命性仪式"和"积极参与革命"等实践方式进行。	以新式学校的方式进行。	学校教育与日常生活	多种途径与多种方式，如大众传媒、学校教育和日常生活等。教育方式也多样化。
教育理念	死记硬背，强调无条件接受和效仿。	外力强行灌输和以革命仪式的导向，以实际行动体现理念，强调内化与自觉践行。	绝对地服从；强调政治觉悟与集体观念。	在坚持大方针的情况下允许相对的自由和个体选择。	允许个性化、允许有所不同，允许多元并存，允许民主与自我选择。形塑"现代人"成为教育理念。

对于知识群体来说，特定社会情境下的知识体系是影响其成长时期社会化、接受系统教育和日常生活的重要因素，是其社会观、价值观形成的决定性因素，从而在根本上决定其处世态度和公共行为。因此，不同时期知识体系的变化从根本上影响知识群体公共行为及其背后价值取向的变化。从另一方面来看，知识群体对知识体系中的地方性知识和地方性规范起建构作用。

从知识群体在社会化过程中价值观形成的机制来看，作为村庄中连接国家与乡村、宏观社会环境与具体村庄社区的纽带，知识群体在向村庄传输外部国家、社会知识、信息的同时，也通过自身的行为建构村庄新的知识与规范，并在其参与村庄公共事务的实践中将地方性知识与规范和国家的主体意志、外部大环境的社会规范有机地结合起来，灵活变通地运用，以实现两种知识体系的融通。但需要指出的是，知识群体对两种知识的变通一直是作为其处理事情的策略和手段来运用的，并没有刻意地去为了两种知识的融通和对新知识、规范的建构而努力。因此，上图关于知识群体对村庄知识体系的建构的分析模式仅仅是研究者为分析的方便而作一种模式建构，而实践中的知识群体并没有刻意地去建构村庄的知识体系。

二、知识群体建构的村庄主流话语的变化

汪村的知识群体在不同的社会背景下建构了村庄不同的主流话语，这些主流话语一方面来源于变迁着的社会特质和嵌入特定社会背景中的国家意志，另一方面则来源于村庄自身的变化，包括宏观的社会变迁所带来的村庄的生产管理体制的变化、村民生活水平、生活方式的变化、村庄自由度的变化和村民互动价值取向的变化等。这些变化，都将导致知识群体所建构的村庄主流话语的变化，如表 8－2。而主流话语的变化反过来又会影响村民的生产、生活的决策和行为价值取向，从而影响村庄的发展和村庄自主性空间的大小。

表 8－2　不同时期汪村知识群体建构的村庄主流话语及建构机制

时期	背景性社会特质	村庄的主流话语	村庄的经典"标志语"	传播与转化的机制
土改前	传统乡村社会的特质与文化特质。	要"懂礼数、守规矩";要"孝道";要"守信";要"有好名声";要"知书达礼";要"尊不必富",要"积德","人言可畏";相信"命由天定","神灵不可亵渎"等。	"村子里的规矩是自古就有的,是老祖宗留下来的。因此,规矩不能破。破了规矩,就得罪了神灵,就会遭报应。"	私塾教育;知识分子的日常行为典范;家庭教化、族规、族训;民间戏剧、古书说唱艺术等的宣传、教化;村民的婚丧礼仪及村庄公共礼仪的教化。
政治运动及集体化时期	国家主流意识形态直接控制乡村。	"成份";"觉悟";"积极"、"先进";"公家的"、"集体的";"服从";"社会主义"、"共产主义";"生产队"、"大队"、"干活"、"吃集体"。	"共产党的天下,就得听共产党的,不听,就治你!"(运动时期)"现在什么都是公家的,哪有什么东西是你私人的?你吃的、喝的都是公家的,就得为公家干活!无条件服从!"	国家权力体系直接延伸到村庄,以集体化模式进行灌输和教化;当然学校教育与民间艺术等形式也常常被运用;通过社会运动的形式进行宣传和动员。
改革初期	农村经营管理体制的变革及其带来的村庄活力与自由、对知识分子冤假错案的纠正和整个社会对知识分子社会地位的尊重。	"日子好过多了"、"现在多自由啊,想干什么就干什么"、"自己家的活自己干,不受管束,爱咋干咋干";"谁有本事谁使,能干的人就过得比别人好";"人情来往还是要的,不然人家会骂你";"不管怎样,还要给自己留点后路,没有人理了,那人也混瞎了!"	"现在当老百姓的,大家都一样,谁也不比谁高贵,谁也不比谁差。有本事,过好日子,让别人看看!三十年河东,三十年河西嘛,风水轮流转!"	知识群体的转化与传递;学校教育与报纸、广播等媒体传播形式。但后两者很大程度上也要靠知识群体来转化和传播。民间艺术也发挥一定的作用。
1990年代以来	市场经济体制主体地位的确立及其所带来的一系列的变化。	"现在人,谁还管谁?都各顾各的!"、"你人再好,没有钱,别人也看不起你!现在钱重要!";"现在,人老实不行,难混!""能挣钱是主要的,你光有文化,没本事,挣不到钱。也是没用!"	"现在有本事的人都出去,谁还在村子里呆?不出去的人都是没本事的人。连大队干部都没人愿意干了,你想,村子还有啥能人?"	知识群体的转化与传递、广播、电视、网络、报纸等大众传媒的传播;学校教育。但后两者也通过知识群体来传递。

由上表可以看出，在村庄经历的不同历史时期，村庄“主流话语”和“经典标志语”都反映了不同时期的社会特征。而这些特征在村庄和村民日常生活中被建构出来，在相当大的程度上得益于知识群体的转化和传递。

三、关于乡村知识群体的素质分析

乡村知识群体构成的复杂性决定了这一群体的素质不可能一概而论。但作为一个有着共性的群体，其作为整体的素质是可以分析的。根据本书的研究主题，这里将着重分析乡村知识群体的文化素质（受教育的程度）、社会公共性素质和个人技术、能力等以及它们之间的相互关系。

就整体而言，由于受村庄所处的区域及其所嵌入的区域文化特征和村庄所经历的自然灾害与战乱等独特的历史特征的影响，汪村的知识群体既缺乏深厚的士人文化的熏陶，也较少受宗族、宗教等先赋性文化的约束和影响，同时，由于受不利的自然条件和经济发展滞后等因素的影响，汪村的知识群体整体文化素质不高，一般以初、中等文化程度为主。以知识群体的主体群体——教师为例，其在政治运动前的知识分子主要是以私塾中等教育为主，而在集体化时期成长起来的乡村教师则主要以初级师范、中职、中专和初、高中毕业为主。改革以来的乡村教师队伍尽管构成复杂，但其基本书化程度也是以中等教育为主，其中转正的民办教师、正规的师范毕业生和高中毕业生的比例有所增加，较低层次的民办教师队伍有所减少。汪村知识群体这种先天文化底蕴的欠缺和后天文化涵养的不足在一定程度上限制了其作为知识精英群体的发展，也在一定程度上制约了其作为知识群体所先天具有的社会性职能——对现实的批判性、“公”之价值观念与公共行为等方面的发展。尤其是当不同时期村庄的知识群体的内部构成发生复杂性变化的时候，这种由于文化素质不高所带来的制约性更加明显，从而从根本上影响了乡村知识群体在村庄中的整体权威，使其权威很难能够在更广泛的范围得到认可，多是局限于邻里或族内，从而使整个村庄出现若干个知识权威中心。

从知识群体的思想、价值观念和道德素质来看，汪村知识群体的社会性公共行为在体现权威和身份的同时，也体现了两淮文化和道家文化等区域文化的特点。在思想、价值观层面，根据研究的主题，我们这里主要讨论关于知识群体的公共性和公共行为方面的价值取向。由于本书已有专门一节讨论此问题，这里不再赘述。

就知识群体的个人能力来讲，在村庄中，知识群体不仅有专业技能，如教师教书育人、医生治病救人、婚丧礼仪司仪、管事、文书的主持、协调、做礼仪文书与帐务等，而且知识群体在处理人际关系和公共事务等方面也具有较一般村民较强的能力。这种能力一方面来源于其高于一般民众的知识，另一方面来自于他们公共性的职业所带给他们的社会资本。同时，在村庄的生产实践中，知识群体也具有较一般村民更宽阔的视野和较强的生产适应能力。这在前文关于村庄个体户与知识群体关系的相关论述中有所体现。知识群体较强的职业技能、相对宽阔的视野、相对灵通的信息渠道和相对广泛的人际关系所带来的社会资本使其在村庄中的生产实践能力和处理公共事务的能力高于一般村民，从而使得这一群体不仅获得较一般村民高的家庭收入，而且在参与村庄的日常公共事务中获得更多的认同和权威。这种认同和权威又会进一步强化知识群体的公共性地位。

知识群体的知识体系、行为价值取向与实践能力是紧密联系在一起的。首先，知识群体所拥有的知识体系是基础，保证他们获得较强的生产实践能力和参与处理公共事务的先决条件。其次，知识群体的公共价值取向和公共行为反过来又会进一步强化知识群体在村庄中的公共形象，使其作为知识精英的群体特征更加突出。再次，知识群体通过公共行为树立公共形象也增加了知识群体的社会资本，为其获得更多的机会创造条件。再次，知识群体的生产实践能力的增强使其可能获得较一般村民更高的家庭收入，使其家庭生活状况较一般村民好，也进一步提升了知识群体在村庄中的形象和位置。

四、知识群体权威的特点

汪村知识群体权威具有不稳定性、分散性、功利性和实用性等特点。由前文我们对知识群体内部构成、群体素质及其所经历的历史变迁的描述和分析可知，知识群体在村庄中的权威是不稳定的，在土改前，由于一些德高望重的老知识分子在还被乡村传统文化控制的村庄中自然而然地受到村民的尊重，而获得权威，加之有“大户”人家的知识分子的善行和公共行为而很受村民的尊重和认可，因此，这时的知识群体在村庄中有绝对的权威，并为绝大多数村民所认可。而在政治运动时期，知识群体中的绝大多数受到批斗，因此，他们的权威受到极大影响。在极端时期，知识群体一度落入村庄的最低层。因此，知识群体的权威一落如尘。集体化时期，知识群体的权威由于受到政治因素和乡村生产集体化管理模式的影响出现了异化现象。改革以后，知识群体的权威呈现逐渐上升的趋势，并在1990年代中期以后伴随着村庄正式权威的下降而在村民中获得越来越多的认可和支持。

知识群体权威的不稳定性还表现在由于知识群体内部构成的复杂性、群体内部素质的参差不齐和所经历的戏剧性的变化而使其权威得到更大范围内的认同比较困难。这即是知识群体权威的第二个特点——分散性的表现。所谓知识群体权威的分散性是指汪村的知识群体并不形成统一的整体，而是以若干个权威中心分散地分布在不同的村民小组或邻里“片区”中，而且每一个权威中心的核心人物——知识群体——的影响力主要集中在自己所处的本“片区”范围内，很少能取得全村范围内的认同。

知识群体权威不稳定性的再一个表现是，即使是对同一个知识群体的个人来讲，其在村民中的权威也不是固定不变的，会因时、因势而变。这也就涉及其权威的第三个特点，即知识群体权威及其支持系统的功利性、实用性特点。这里，权威及其支持系统的“功利性”和“实用性”是指权威的拥有者在建立、运行权威和权威的支持者在决定是否支持和多大程度上支持某一权威时以“对自己是否有用”和“有多大用”为判断标准。这一特点体现了汪村所处的淮北地区区域文化——两淮文化——的特点。我们在前文关于“村庄所属区域的概述”部分已谈到，“两淮文化”具有道家文化实用主义的特点。因为汪村所处的淮北平原是道家文化的发祥地，也是最为盛行的地区。因此，道家思想的实用主义的特点在区域文化中被继承了下来，并深刻地影响生活在这一区域的人们。尤其是进入1990年代中期以来，伴随着市场经济体制在国家主体地位的确立，知识群体权威及其支持主体的功利性取向越来越明显，功利性逐渐取代其作为公共群体的公正性，这也在一定上改变和弱化了知识群体权威的根本性质和其作为村庄唯一可能代表村民公众利益的权力主体的合法性地位。

知识群体权威的功利性和实用主义的取向在很大程度上限制了其作为公共权威主体的发展。首先，其行为取向的功利性和实用性决定了权威的不稳定性和分散性；其次，权威支持主体——村民的功利性和实用主义决定了知识群体权威的易变性和短暂性；再次，知识群体权力运作的功利性取向也从根本上改变了知识群体的公正性和历史所赋予它在村庄的合法性。这些都在相当大的程度上弱化了知识群体权威的公正性和合法性，束缚了其作为公共权力主体的发展。

五、关于乡村知识群体的职业功能与社会功能的分析

从事非农职业的知识群体是汪村知识群体的主体，如教师、医生、在乡镇政府工作的人员等。这些知识群体除了因为拥有非农职业而发挥着职业范围内的功能以外，还因为在参与村庄的公共事务而发挥着职业之外的社会功能。所

谓职业功能主要是指拥有非农职业的知识群体运用其非农职业的知识、技能和职位为村民提供教育、医疗和政府职能部门等方面的服务。而社会功能则是指知识群体利用其在面向民众的非农职业和公共领域获得的威信参与调解村民之间、村民与村干部之间和村民与政府之间的矛盾和摩擦参与村民日常生活中的公共事务（如婚丧礼仪）、参与村庄的公共事务（如村集体议事、村庄文艺演出等）。在村庄经历的不同时期，这一知识群体的职业功能和社会功能进行着动态转化。

在土改以前和非政治运动时期，村庄的知识群体除了发挥职业功能以外，其在村庄中的地位和权威更主要地表现为他们的社会功能——参与村民日常生活和村庄的公共事务。而在政治运动时期，知识群体为了保全生存，大多退出了公共领域的社会协调与整合功能，只在职业范围内做好自己的本职工作。而在集体化时期，尤其在人民公社时期，知识群体的职业功能和社会功能有着复杂的变换。

首先，知识群体的职业功能带有明显的政治功能的色彩。集体化时期，由于国家力量向乡村的无限延伸，村庄的生产、生活都被以“社会主义”、“共产主义”的名义嵌入到统一的集体管理体制中，村民个体和家庭不具有现实意义的自由与独立，从而使得整个村庄的主流话语体系被国家的、集体的意志所左右。而在乡村中最能代表国家意志的除了村集体组织——村委会，就是乡村中的知识群体，尤其是乡村教师。但从现实意义上更能够代表国家意志在村庄中顺利运行权力的还是村庄中的知识群体，其原因有二：一是集体化时期村庄中的部分知识群体流入到乡村基层政府职能部门任职，直接代表国家和集体管理乡村；二是乡村知识群体的主体——教师——在村庄中是既代表国家又代表乡村的，他们以学校教育为纽带联系着国家与乡村。在集体化时期，由于学校的管理也主要是在集体模式下统一运行，因此，教师的工作方式与行为也被纳入生产队的生产管理中，教师报酬以“工分”方式记帐，到年底统一结算。在集体化管理中，乡村教师的职业性特征被一种带有政治色彩的集体生产管理特征所取代。

其次，在集体化时期，由于知识群体所职业功能明显地隶属于村庄的集体生产管理体制，因此，其社会功能的发挥受到很大的限制，尤其在经历政治运动时期，其社会功能被压缩到极为有限的空间，因为集体化时期，村民的生产、生活均被一种高度统一的集体化模式所控制，村庄的自主性空间被大大压缩，因此，知识群体的社会协调与整合功能也就无从发挥。

人民公社解体以后，汪村的知识群体迎来了其历史生命的繁荣期。在这一时期，村庄的知识群体不仅规模壮大，而且，由于村庄的自主性空间和村民的自由度随着国家延伸至乡村的权力体系的收回而得到较大扩展，知识群体在村庄中的社会功能又得以恢复和发展。在村庄中主要表现为知识群体参与村民公共事务的活动越来越多，其在村庄中的权威影响力也越来越大，并在 1990 年代以后逐渐取代村委会的正式权威在村庄中发挥着重要的作用。知识群体的社会功能发生动态变化的主要原因与村庄社会时空的转变所带来的村庄诸方面的变迁有相当大的联系，如国家政策的作用所推动的汪村两个学校的建立、集体生产管理体制——人民公社制度——的建立、改革所带来的村庄自由度的增加和国家外力导入的现代化背景下村民委员会的行政化等，都对知识群体社会功能的强与弱产生着重要影响。同时，知识群体自身素质的提高、自觉意识的增强和在不同时期地位与被村民认同度的变化也对其社会功能的发挥产生一定的影响。

就整体而言，影响知识群体的社会性功能（现实中表现为公共行为）的因素除了上述以外，还包括村庄的文化传统（如习俗）、知识群体的群体属性所延续与积累的“惯习”和获得认同的动机以及区域文化的惯性思维等方面。在这里，知识群体的群体属性延续与积累的“惯习”是关键性的。知识群体的“惯习”在村庄经历的社会变迁中被知识群体以不同的社会情境进行建构，并动态地发生着历史的变化。这种“惯习”首先体现为延续——一般知识分子都具有的批判、解释和建构现实社会的群体特性，同时，这种“惯习”也体现为一种断裂，这种断裂是知识群体在新的社会情境下一种新的建构的后果。

第三节　不同时期乡村知识群体“公”之价值观的比较分析

一、不同时期知识群体公共价值观的差异

这一部分将根据时代特征的差异选取三代不同时期的知识群体进行分析：第一代为建国前后出生、在文革期间受过打击、平反后在乡村基层政府部门和当地中小学校工作，大部分目前已离退休或接近退休，目前或曾经长期居住在村里被村民公认为“读过书”并有一定影响的知识群体，共计 29 人，其中 11 人已离开村庄；第二代为 1970 年代末、1980 年代初，国家恢复中高考以后第一批入读高中、师范或中专而毕业后回到乡村工作长期居住

在村庄的知识群体，全村共有31人①；第三代为1980年代中期至1990年代初期读过高中、中专、师范并回乡村工作长期居住在村庄的知识群体，共计67人②。

由于对第一代和第二代知识群体的价值观和个人经历要进行回忆性的追述，因此，对这两个群体主要以访谈的形式，分两期进行，由于部分研究对象调查时远在外地无法访谈，因此，这两个群体实际访谈获得资料的个案数分别为18人和23人，共计41人。其余均以亲属、知情者、村民和同期群体访谈等侧面方式作访谈记录。第三代知识群体由于人数众多，除了对其中目前在村庄有一定影响的17人进行深度访谈外，其余均以量表的方式进行态度测量。同时，为了对知识群体的观念和行为更全面的认识，调查中还采取访问部分村干部、村庄掌故者和部分知情村民等辅助手段收集资料。

表8-3　调查总体、访谈样本数与调查方法

知识群体的类别	实际人数（人）	有效访谈人数（人）	调查方法（主次先后）
第一代知识群体	29	18	直接访谈、间接访谈、量表
第二代知识群体	31	23	直接访谈、量表、问卷
第三代知识群体	67	17	量表测量、问卷、访谈

通过对访谈资料的整理、汇总和分类，得到如下关于三代知识群体青年时期主流价值观、及“公”之观念特征的比较表格：

① 这部分不包括已离开村庄长期在外地工作的同期知识分子。

② 不包括考上大学长期在外地工作的那一部分。

表8-4　三代知识群体青年时期人生态度、主流价值观及“公”之观念的比较

知识群体类别	第一代乡村知识群体（青年时期）	第二代乡村知识群体（青年时期）	第三代乡村知识群体
人生态度和主流价值观的核心特征	①认为个人的理想微不足道，要服从大局，因此，个人的命运和国家的命运紧紧联系在一起。 ②认为人生很曲折，青年时要立大志，大志就是读好书，长大要成才，成什么才，要看个人的命运。 ③信仰权威，敬畏权威，内在地服从权威是人的基本处世原则。 ④人际信任度高，认为对于自己熟悉的人当然要信任，陌生人不了解他当然无法信任。 ⑤强化自我约束，向主流看齐，有较强的集体意识，服从意识强。 ⑥道德内化为行为逻辑，即使在个人经历灾难性的遭遇时也不放弃信仰和道德。 ⑦认为舆论压力强大，有时可能大于个人的心理承受能力。 ⑧利他意识较强，具有较强的奉献精神。 ⑨做事谨慎，不妄发议论，不轻易参与于己无关的事情。 ⑩社会要有一个统一的价值观指导，否则，那整个社会就乱了。 ⑪传统儒家文化对个人具有较强的约束力。 ⑫个人的精神价值崇高无上，没有精神信仰，人如行尸走肉。	①个人有理想、有抱负，对现实很乐观，对未来充满希望。 ②积极进取的人生态度，对生活充满激情、奋发向上。 ③对熟悉的人充分信任，以友善待人。 ④强化自我意识，个人独立性增强，在不损害别人利益的前提下努力为个人目标而奋斗。 ⑤相信现实，不迷信权威，现实越来越比"美好的传说"（关于仁义道德的古训、说教）更重要，当两者产生矛盾时，更倾向于现实。 ⑥个人与集体同等重要，当两者发生矛盾时，尽量寻求一种调和。 ⑦展现自我，但不强化个性，期望融入大众、被许多人认可和赞许。 ⑧认同传统约束，接受现代约束机制。 ⑨做事以是否顺民意为原则，迎合大家，为了展现自己的价值和能力。 ⑩精神上的满足比对物质的占有更重要。	①对现实很困惑，也很迷茫。 ②对未来有美好的憧憬，但又充满许多未知数。 ③希望在集体中脱颖而出，展现才华。 ④强调个性，在现实中会遇到许多反对，但依然坚持按自己的想法去做。 ⑤对他人不再充分的信任，在有利益瓜葛时，相信每个人都是自私的。 ⑥不迷信权威，相信自己的判断。 ⑦对传统和习俗的约束有一种叛逆心理，渴望自由，但又很无奈，常常很痛苦。 ⑧集体越来越不主要，更强调个人目标。 ⑨包容性、开放性越来越强，愿意接受新事物，接纳异己观点。 ⑩任何事情都愿意去尝试、参与，不怕失败。 ⑪重视交往、愿意交流，但不喜欢别人强加自己观点，交流是为了展现自己的观点。 ⑫现实上的满足比崇高的价值更重要，要自由，也要现实生活的舒坦。

为了测量三代知识群体“公”的观念和对“公共领域”事务的态度，我

们设计了如下量表：

表 8－5　对知识群体态度测量量表

问题	态度、赋值
(1) 以“公”为荣，奉“公”为道德至上。	非常同意：5 同意：4 不好说：3 不同意：2 极不同意：1
(2) 当“公”与“私”发生矛盾时宁愿牺牲“私”之利益以获得好评。	
(3) 为大家办事，即使牺牲自己利益也认为有意义。	
(4) 自己的能力能得到多数人的认可被认为是个人最有意义的事情。	
(5) 为解决别人的一次矛盾即使给自己带来一些麻烦也是一件快乐的事情。	
(6) 如果能给村里做一些力所能及的事情自己累一点也愿意去做。	
(7) 如果有机会成为村干部，我愿意用自己的想法去做，不会屈从于上面政府的压力。	
(8) 遇到村里没有人管的事情自己负起一份责任或过问一下总比不管的好，尽管会给自己带来一些麻烦。	
(9) 能替那些没有能力的人说句公道话即使招来一些麻烦也是值得的。	
(10) 积善养德比什么都重要，即使为它吃点亏，也认为是值得的。	
(11) 现在社会很复杂，多一事不如少一事好。	非常同意：－5 同意：－4 不好说：－3 不同意：－2 极不同意：－1
(12) 别人都不管的事自己没有必要管，因为你管了也不落好。	
(13) 人还是应该学会保护自己，有麻烦的地方少涉入的好。	
(14) 现在当干部的也不好当，即使有机会或有人推荐也不愿意去干。	
(15) 当村干部没有好处，谁也不愿意去干，纯粹讲奉献，那是扯淡。	
(16) 在农村，光有文化，没有权，没有钱，也没多大用。	
(17) 当老师的干好本职工作就行了，管多了会给自己惹麻烦。	
(18) 有本事还是去外面闯，在村子里再有能耐也不会怎样。	
(19) 其实真正让大家信服的还是要有钱，你有钱了，即使你没什么文化，别人也听你的。	
(20) 现在的人都只顾自己，谁也管不了谁，所以，想让大家听某一个人的，几乎不可能。	

用该量表对目前在村的三代知识群体共计 108 人（第一代 18 人；第二代 23 人；第三代 67 人）进行测量，然后用 SPSS 统计软件进行均值和标准差的分析所得结果如下：

表 8－6　量表测量三代知识群体“公”之观念的均值、标准差比较

问题序号	第一代	第二代	第三代	问题序号	第一代	第二代	第三代
(1)	4.56	3.87	2.52	(11)	－2.61	－1.72	－3.78
(2)	4.44	2.70	2.26	(12)	－2.06	－1.61	－4.03
(3)	3.94	3.83	3.13	(13)	－2.44	－2.04	－4.10
(4)	3.72	3.91	3.39	(14)	－3.72	－1.78	－3.81
(5)	3.89	3.83	2.96	(15)	－2.28	－1.61	－3.92
(6)	3.61	4.04	2.83	(15)	－1.67	－2.35	－3.24
(7)	3.17	3.70	4.04	(17)	－3.11	－1.96	－3.58
(8)	4.00	4.13	2.74	(18)	－3.00	－3.83	－3.96
(9)	3.78	3.83	2.87	(19)	－2.00	－2.65	－4.08
(10)	4.00	4.04	3.00	(20)	－3.50	－2.52	－4.16
1－1 均值、标准差	3.91,0.396	3.79,0.403	2.97,0.487	11－20 均值、标准差	－2.64,0.676	－2.21,0,681	－3.87,0.281

由表 8－4 和表 8－6 可以看出，三代知识群体在青年时期的主流价值观、人生态度和“公”之观念均有较大差别，主要表现在以下方面：

（一）三代知识群体对于个人的价值与集体、社会乃至国家命运的关系的认识及态度上有明显的差别。

第一代知识群体尽管经历了许多给个人命运带来甚至是灾难性的遭遇，仍然坚持认为个人的荣辱与国家的荣辱紧紧联系在一起。在他们的价值体系中，集体和国家的利益是高于个人利益的。在他们看来，个人是融入集体的，没有集体和国家，也就无所谓个人的理想和抱负，因此，个人的志向不在于能为自己获得多大的荣誉，而在于为国家、为集体做多大的贡献。而对于已经欣喜地看到改革初期所带来的那种兴奋和朝气获得力量的第二代知识群体则表现出了极强的乐观主义和积极的人生态度。尽管他们也拥有伟大的个人理想和抱负，但在他们的言语和表述中可以明显的感觉到，他们的理想与抱负与个人的成就动机是紧紧联系在一起的。用他们自己的话来说就是，“要融入大众，但不要被众人所淹没，要别人知道你，赞许你！要展现自我!”、“在不损害别人利益的前提下，要为个人目标而奋斗!”由此可以看出，二代知识群体已经走出了个人为集体而存在、为集体而牺牲的集体化时代。进入 1980 年代中后期和

1990年代中前期的第三代知识群体在市场经济各种理念及其各种运作机制所带来的影响的共同作用下，越来越被形塑为强调自我、个性和自由的“理性人”的形象。也许，正是在这种对理想的追求和现实生活的无奈中，他们感到了一种来自内心深处的痛苦——对现实的迷茫和困惑。从而也决定了他们不可能像二代知识群体那样乐观的人生态度，但他们毫不气馁，依然勤勤恳恳地努力着，也有自己的人生目标，只是在奋斗的过程中、在现实生活中更多了几分的忧虑和困惑。

（二）三代知识群体对信仰的价值主体存在较大差异。

第一代知识群体的信仰体系中权威占有很重要的位置，他们敬畏权威并自觉地服从权威。因此，传统对他们来说是一种价值体系的延续，并以实际行动践行之。而到了第二代知识群体，他们已不再绝对性地迷信权威，他们更相信现实。在他们的价值体系中，传统和权威虽然也还占有一定的位置，但已经不是绝对性的了，他们更多地用它们来理解和解释现实生活。他们强调个人在现实生活中的价值，用他们的话来说就是，“走出已有思想窠臼的困扰，追求新生活！”、“发挥自己的才能，施展自己的才华，创造新生活！”① 对第三代知识群体来说，传统与权威已经成为束缚和压抑他们的紧箍咒，他们力求摆脱，但又无从摆脱，常常在这种背叛与压抑中痛苦地挣扎。他们企图打破传统和束缚，但乡村的现实又让他们很无奈：要自由但无法走出乡村，要解脱但无力找到可以通向理想生活彼岸的出口，于是他们只能在叛逆中我行我素，在无奈的现实生活中困惑和迷茫。当他们跨过青春期的诱惑，最终走向的只能是被原有的乡村风气所同化。这样，曾经被青春期燃起的火焰被凝重的现实所覆灭了。

（三）三代知识群体对人际关系和为人处世的原则有明显的差别。

对于第一代知识群体而言，人际关系是复杂的，这种复杂性一方面来自于个人在十年动乱中经历的感触与已有观念中的中国传统文化所形塑的人际关系的基本原则存在的巨大差别，另一方面来自于自己所经历的在不同时期的人际关系所呈现出来的极大差异，这种差异足以改变一个人的处世态度，从而也使得他们在看待人际关系时充满了矛盾，并在实践中表现为对人际关系的谨小慎微，甚至走向自我封闭。时光的向前推进在改写着人们思维困境中的历史，第二代乡村知识群体已经走出了被特殊年代的社会运动带给人们的恐慌所笼罩的

① 摘自第二代知识群体的个人日记与随笔。

阴影，他们对生活充满自信，也对人际交往有足够的信心。他们更多地相信别人而不是猜忌。人际信任来自于他们对现实生活的判断，而这种判断促使着他们用一种开放和积极的心态与周围更多的人进行交往和交流，而更多的交往和交流在带给他们丰富的社会资本的同时，也给村庄的人际交往营造了充满信任和友好的氛围。而伴随着市场经济的改革而逐步走向成熟的第三代知识群体虽然早已远离了动乱年代所带给第一代知识群体人际猜忌的阴影，但他们也没有第二代知识群体对自己的的自信和对别人的充分信任，他们相信，在市场经济的社会中，人都是理性的，既然有竞争就会有失败，为了不使自己在竞争中失败，怀疑和猜测总是在所难免的。因此，在他们的内心深处已经产生了信任危机，虽然它在第三代知识群体所处的时代还不足以破坏正常的人际交往的基础，但它的产生，从根本上破坏了乡村固有的传统和文化所形成的乡村情缘，从而，越走越远，使本来就已趋于弱化的共同体更加缺少了凝聚的核心与基础。

（四）三代知识群体人际交往的基本原则和根本出发点也存在着明显的差异，这种差异主要表现在利他和奉献精神上。

纵而观之，利他和奉献精神从第一代到第三代知识群体群体有逐渐减少的趋势。第一代知识群体具有很强的利他、奉献精神，而到第二代知识群体虽然也还有服务大众、奉献社会的精神，但已含有明显的个人的成就动机和价值取向在里面。他们具有很强的亲和力，也非常愿意融入集体以获得更多的赞誉和认同，因此，他们首先要有奉献精神，然后才博得大家的认同。对于第二代知识群体来说，奉献不是无私的，他内含有个人的成就动机。到了第三代知识群体，他们的奉献精神和利他意识越来越少，甚至认为，无私的奉献是一种傻。他们常常以价值来衡量自己的行为，而他们的价值不是精神层面的，而是实实在在的物质利益，也就是说，他们在决定自己怎样做时，首先要问："我为什么要这样做？这样做对我有什么好处？"吃亏的事情总是被认为是划不来的。他们在人与人交往时坚持的是平等互利。用他们的话说是："奉献也是为了索取！"

（五）三代知识群体青年时期都具有一定的"公共"观念①，但不同期群体表现出程度的差异。

由表8－6可以明显地看出，第一代和第二代知识精英群体具有非常强烈

① 这里的"公共"观念并非一般意义上的"集体"或"共同"观念的意义，而是指具有建构乡村公共空间和承担公共职能、角色的意识。

的“公共”观念，而且在这两代中年以后的生活实践中在传统与现代两种社会关联度都已弱化的汪村承担了非常重要的公共调节人的角色，在干群激烈的矛盾以私人械斗方式呈现出来的特殊时期，他们还对平息事件起了决定性的作用。而第三代知识群体的“公”之观念和对“公共事务”关心已明显较弱：(1) ~ (10) 的正面得分仅为2.97，比第一代、第二代分别低0.94和0.82，而 (11) ~ (20) 的负面得分为 -3.87，分别比一、二代高出1.23和1.66。表8-5还显示，第一、二、三代知识群体关注的“公共”领域和“公”之内涵存在一定的差别，在第一代那里表现出了一种“无私的公”，即不带有个人的名、权、利的目的，而二代则带有个人的成就意识和名誉意识在里面。第三代就很明显地有个人的利益价值计算在里面。因此，如果根据韦伯的理想类型来划分，第一代知识精英群体的行动观念是属于价值理性的，而第三代则是工具理性的，第二代是兼而有之的。

通过上面的分析可以看出，社会时空的差异和个人在社会变动中戏剧般的经历所带给心理上的印记都通过他们的价值观和人生态度体现了出来。三代群体价值观和人生态度的差异以他们的言行表现出来，事实上是在演绎着中国乡村自建国以来所经历的巨大的社会变迁，并诠释着这种变迁所带给人们的深刻影响及其内涵。

同时，越过这种差异，我们还应该看到三代知识群体青年时期的价值观和人生态度在参与公共事务的价值取向上又表现为一定的延续性。虽然三代知识群体在对具体问题的态度上存在程度上的差异，但三代知识群体对于村庄自主性空间的建构都给了不同方式的关注。第一、二代的关注自然很明显，无需赘述。第三代知识群体对“公共领域”的关注可以从表8-6对部分问题的态度上表现出来，如在对 (3)、(4)、(7) 等正面问题的回答上都表现了相当的一致性。这表明第三代知识群体仍具有“公共”意识，只是以不同的方式予以建构而已。他们更多地以一种现代理性和个人才华而不一定是个人品德（当然并不排斥个人品德）来评价公共领域的精英。他们的“公共”观念并不是狭隘的某一界限内的施用范围，而是具有相对更广泛意义上的普适性观念。

二、对三代知识群体“公”之价值观差异的原因分析

社会时空的转变意味着一个社会主流价值观念的变迁，而这种变迁对于一个特定群体的影响是复杂的，这是因为一个特定群体的主流价值观的形成与维系都有一个相对的稳定性，即使其周围的环境发生了一定的变化，其群体特质的稳定性则决定了其群体意识（包括价值观）变迁的相对滞后性。但同时，

它又不是不变的，它又总是在外界的影响下发生着缓慢的变化。因此，当我们在分析三代知识群体价值观变迁的时候，我们至少需要两种维度：一是社会变迁的维度；二是阶层意识与群体“惯习”（布迪厄，2003）的维度。就前者而言，我们可以从社会变迁的视角来寻找同一群体在不同时期所表现出来的价值观和人生态度的差异；而后者却可以帮助我们理解乡村知识群体在经历了极其复杂甚至激烈的社会运动之后仍能够有意识、无意识地承担建构乡村公共空间的角色和责任的根本原因。

自建国以后中国社会经历了一系列的以社会运动形式表现出来的政治运动（如“土改”、“反右派”、“文化大革命”等），这些运动对乡村社会的影响不仅表现在对乡村社会的传统整合资源及其所维系的村庄秩序的破坏，更重要的是有些运动由于是以社会运动的形式进行动员的。因此，它带有很大的盲动性和混乱性，同时，运动中还夹杂着个人情感的冲动，从而使得有些运动对某一群体中的个人的精神和身体造成了极大的伤害，甚至扭曲了个人的心灵。这在第一代乡村知识群体群体里表现较为明显。访谈中，我们能够明显地感觉到在运动中受到影响的知识群体对自己经历过的运动至今余悸犹存，对政治仍然相当敏感，他们大多不愿意去谈对社会和政治的看法。对比访谈资料和量表测量的结果可以看出这一知识群体在对现实社会的态度的测量量表的回答上和访谈中他们所表现出来的实际态度存在一定的差异，这种差异一方面体现了他们在运动中所遭遇的人生经历带给其内心深处的阴影和他们作为知识群体阶层意识、阶层特质所决定的对社会公共领域的责任感与道德感之间的矛盾，另一方面也反映了他们对于变迁社会的复杂心理和对政治的敏感性。这种矛盾的心理和对政治的敏感性使得这一代知识精英群体在面对村庄公共领域的事务时表现了谨慎而又复杂的态度。首先，他们对村庄中的人际关系保持了一种相当谨慎的态度，因为给他们个人命运带来不幸灾难的政治运动使他们对周围即使是本应值得信任的人失去了信任的基础；其次，他们自身的个人价值信仰体系（包括知识、道德、修养）和个人的不幸经历带给心理上的创伤在他们的价值观体系中产生了分裂：一方面，他们的阶层属性决定了他们具有较高的社会责任感和公德道义感，另一方面，个人的经历带给他们心理上的阴影又让他们对社会保持了一种谨慎而又怀疑的态度。再次，他们的价值信仰体系在趋于分裂的同时，也愈加变得复杂，从而使得他们在村庄缺乏整合力量日益走向分散、他们有能力而且有一定的权威基础能够承担村庄整合和建构公共空间的时候不敢涉足公共场域而一直徘徊在私人亲属狭小范围的公共活动中。

而第二代知识群体在面对村庄公共事务时却表现了极为积极的态度，他们中的部分人在村庄的公共事务中他们不但积极参与，而且还经常动员、组织部分村民参与他们的上访、选举和查账等事件，成为目前村庄可以与村集体抗衡的力量。然而，不幸的是，这一代知识群体由于在村庄分散在各个村民组，从而形成了大小不同的派别，他们就成为这大小不同派别（在汪村叫“片”）的核心人物，当村集体进行公共资源分配和履行公共职责涉及本片村民利益时，他们就会成为本片村民利益的代表向村集体发难，甚至是闹事。更为重要的是，以这一代知识群体为核心的不同派系利用各种社会资源来推荐各自派系的人去参与村干部的选举。到目前为止，分散在汪村6个村民小组的23个第二代知识精英分子在不同时期曾担任村“两委”干部或是其成员的16人，但直接参与竞选村委书记和村主任的只有5人，其余人大多在村两委任副职或一般成员。尽管如此，由于他们是不同片的代表，因此，他们在村两委中的位置也是不可小视的。他们在与村委核心人物搞好关系的同时，也在为本片村民争取利益。同时，通过调查和分析，笔者发现，在汪村自改革开放以来9任领导班子（其中有3位书记连任）中，除了第一任书记连任和2002~2003年间因为汪村没有合适人选担当书记由镇党委派员担任村委书记期间两委班子的成员特殊外其余7任村两委班子的成员均有第二代知识群体作为分片代表参与。由此可见，第二代知识群体不仅积极参与村集体事务，而且，常常成为某一村干部倒台和村领导班子换届的主要推动力量。因此，它既是某一部分村民公共利益的代表者，同时，对于整个村庄来说，它又是若干个分散的力量，因为他们分别代表不同的派系进行利益竞争，因此他们又是根本上弱化村集体整合和动员能力的阻碍力量。他们在村庄中这一双重相互排斥的作用是第二代知识群体积极进取的价值观在现实的村庄生活中被村庄正式的权威所压制、乡村固有的传统和“惯习”所弱化而逐步被腐蚀、同化的表现。这也是他们在无力改变整个村庄状况但自己的身份特征告诉自己又不能无视现状的一种变异的“公共”行为。这一变异的“公共”行为非但没能从根本上改变村庄的分散状态，反而，更进一步弱化了村集体的整合能力，在不同派系的竞争中进一步走向分化。

如果说第一、二代知识群体对村庄的公共事务还表现为积极的态度（尽管这种“积极”的态度有矛盾，也有变异）的话，那么第三代知识群体对“公共”的观念已明显的弱化，其“公”的涵义也有了明显的不同。他们不再迷信传统权威中“家－国一体”的集体观念和孝忠观念，他们以更多的理性来对待自己的生活，因此，他们的“利他精神”少了，而更多地对自己利益的关心。虽然在他们那里“公”依然存在，但“公”已不再是绝对的权威，有时候为了个人的利益可以忽略“公”。在他们看来，“公”是和村委会、政府有关的，人与人之间不牵涉到“公”。因为他们认为，与他人交往一心想着“公”的人那是道德高尚的人，但不是值得推崇的人。“公的事情需要有高尚公德的人或担任公职的人去做，我是老百姓，我无需参与。”因此，就第三代知识群体而言，由于他们还处于青年时期，未曾涉足村庄的公共事务，因此，他们对“公”之概念仅仅停留在一种认识上，无从有现实村庄生活中的“公共”事务的亲身体验。从个人意愿上，他们也不愿意去参加什么公共事务，他们着眼于自己的生活和未来，对于村庄是什么样，只要不“欺人太甚”，可以不管它。

由此可见，第三代知识群体由于把未来寄托在村庄以外和个人的奋斗已不再关心村庄的公共事务。这一方面与这一群体处于青年时期的年龄特征有一定的关系，另一方面也与如下社会变革及其影响下的个人变化的因素相关：1. 与市场经济体制相适应的价值观念的变化；2. 广播、电视、网络等大众传媒在乡村的普及为新的价值观念和生活方式在乡村的传播并产生影响提供了平台；3. 这一代知识群体大多都有进城打工的经历，城市现代文明的熏陶和个人眼界的开阔都对个人的价值观念产生重要的影响；4. 亲身经历村庄所发生的变化、亲眼目睹村庄逐步“离散化”的现状使得这一群体由对村庄的关注转向对个人未来及个体家庭的关注；5. 由于20世纪90年代汪村和全国其他地区乡村一样经历了农民负担过重和干群关系紧张等乡村关系紧张的“危机时期”，村庄在这一时期所呈现出来的种种矛盾与市场经济大潮中所呈现出来人际关系的信任危机进一步弱化了知识群体对村庄共同体和“公共事务”关注的信心。

虽然如此，我们仍然可以从对这一代知识群体关于“公”之观念的测量量表（表8-6）里看出他们作为新时期的乡村知识群体对“公”的关注，他们赋予“公”之观念以新的涵义，一种公正、理性、开放和普适性的理念被他们认为是乡村公共领域治理的基本原则，也是衡量一个承担公共事务职责的人是否具有合法性权威的一个基本标准。因此，在第三代知识群体看来，并非每一个知识群体或有才能的人都可以承担“公共事务”，它需要有基本的公共道德素养为大家所认可，从而获得其公共权威的合法性基础。在他们看来，这样的人在目前的汪村并没有出现，或者即使有，但没有机会或没有合适的条件而不愿意出现。

综上所述，乡村知识群体“公”之观念的形成和在实践意义上对乡村公共空间的建构是受两大因素影响的：一是不同时期的社会、文化结构性因素；二是知识群体群体特征因素和阶层意识的影响。这两大因素相互作用构成了特定社会情境下乡村知识群体的“公”之观念体系和对乡村公共事务参与的心理倾向与态度。

第四节　知识群体公共行为及其权威运作机制的分析

一、影响知识群体公共行为的因素分析

知识群体的公共行为主要源于知识群体的“公”之观念和知识群体的个人素质。这在上一节已谈到。但影响知识群体公共行为发生还有宏观的因素和中观的因素。这里的宏观因素是指整个社会的变迁和乡村的变迁。大的社会环境的变迁会形成不同的社会情境，会有不同的主流价值观和道德体系，从而对知识群体的公共行为产生影响。这在本章的第一节也已谈到。而中观因素则是指群体自身属性所产生的影响。这里重点分析知识群体的“惯习”对其公共行为产生的影响。

群体中的个体行为受群体属性和群体行为模式的约束，当群体中的个体成员在相应的场域行动时，其“惯习”本身就包含了群体的行为模式，同时，群体中个体成员关于某一“场域”的“惯习”的形成受群体属性和规范的制约。因此，个体的“惯习”与群体的关于本群体的行为模式与行动规范的意识有很大的融通性。这里，我们主要从中观的角度理解群体的“惯习”，即从“阶层或群体意识或行为模式”的意义上看待群体的“惯习”对知识群体个体的影响。

对于特定社会情境（如政治运动时期、集体化时期）下的村庄知识群体的思想、态度与行为的分析，这里需要用到“场域”的概念。但这里的“场域”不完全等同于布迪厄微观层面的涵义，而是具有中观意义的“社会情境”，主要指特定时代的社会背景或环境。但这一中观层面的“社会情境”是具有布迪厄“场域”概念的内涵的。即在群体实践中不断被建构的既具有动态意义的“场域”，又具有静态意义的“历史空间”。前者主要体现知识群体在其群体属性（如身份、声誉与行为模式）范围内的建构，既具有微观层面的个体建构，也有中观层面的群体建构。而后者则主要是体现知识群体活动的

空间即宏观层面的建构。

正如前文所述，知识群体参与公共事务的行为主要来自于特定社会情境下的主流价值观对知识群体的塑造和约束。而这一过程的完成主要是通过对知识群体的“群体形象”的塑造这一中介来完成的。而某一“形象”一旦被社会所建构出来，就具有相对的稳定性，对群体中的个体起约束和导向作用。

对于乡村知识群体来说，其参与公共事务的行为及其价值观的形成，既来源于历史上知识群体——乡村士绅对自身形象的塑造，又来源于村庄的习俗和村民的舆论对这一群体的约束。就汪村而言，虽然传统的权威已经消解，但某些传统在村民心中是存有印迹的。例如，传统乡村社会中知识分子的形象和参与村庄公共事务的行为（如济贫、善举、公共礼仪的维系等）在村庄作为一种习俗而存在，对知识群体起约束作用。而对知识群体来说，则作为一种群体“惯习”被延续。对知识群体个体的思想和行为产生影响和导向作用。并且，知识群体的“惯习”在不同的情境中被不断地建构，在延续中不断被变革和创新。因此，知识群体的公共行为及其价值取向在不同社会情境中会有所不同。同时，也会有对传统的延续。对于相对封闭的汪村来说，这种对习俗、传统等村庄情境所形塑的群体“惯习”的延续是明显的，主要体现在，村民对知识群体的尊重和知识群体对自身形象的建构上。

汪村的知识群体在延续其群体“惯习”的同时，也在新的社会情境中对其公共行为及其价值取向有所建构。这一方面来自于宏观社会的变迁所带来整个价值体系的变迁，另一方面则来自于知识群体由于内部构成的变化和自身素质的变化而带来的群体意识和行为模式的变化。这在第三节关于汪村不同代知识群体的公共价值观和公共行为的比较中可以明显地看得出来。

也恰恰是在这种延续与重构的双重作用中，汪村的知识群体的公共行为及其价值观发生着群体属性范畴内的动态变化。首先，从群体“惯习”的角度来说，作为乡村中的知识精英，其知识群体的群体属性决定了他们可能承担村庄民间公共权威和公共事务的能力和意愿。这一方面是由历史上乡村士绅的传统（包括群体特质与发挥的功能）的延续决定的，另一方面是由村庄自身的文化传统（村庄作为一个“熟人社会”的场域）和发展现状（村民的分散性与正式权威在村庄影响力的降低）决定的。其次，从“场域”的角度来说，由于宏观社会和乡村社会发生变迁导致村民的价值观念体系和行为模式发生变化，从而，在根本上影响知识群体的公共行为及其价值取向。这在前文关于土改时期、集体化时期和改革开放以后等不同时期知识群体的公共行为与社会背景关系的描述和分析可以看得出来。

二、知识群体权威的来源及其运作机制

（一）凝结于知识群体权威中的“文化资本”和“符号资本”

在布迪厄关于“资本理论”的论述中，“文化资本”和“符号资本”被作为建构其“实践理论”的两个重要概念来运用的。布迪厄认为，所谓文化资本，是指“借助不同的教育行动传递的文化物品。它主要有以下三种存在形式：一是身体化的形态，体现在人们身心中根深蒂固的那些性情倾向中；二是客体化的形态，体现在那些文化物品中；三是制度化的形态，体现在那些特定的制度安排上（如教育的资格认定方面的规定）。”① 而且，布迪厄认为，文化资本在一定条件下可以转化为经济资本或社会资本，并可以通过教育证书的形式予以制度化。而“符号资本”或“象征资本“则是与语言权力联系在一起的概念。在布迪厄看来，“哪怕是最简单的语言交流也不是纯粹的沟通行为，总是涉及到被授予特定社会权威的言说者与在不同程度上认可这一权威的听众之间结构复杂的历史性权力关系网。”②

对于村庄中的知识群体来说，“知识“是该群体的首要特征和文化资本，也恰恰是因为有了“知识”作为文化资本，也才有了标志其身份和声誉的符号资本，然后是文化资本与符号资本一起在特定的社会情境下推动知识群体参与村民和村庄的公共事务的行为，并在此过程中积累社会资本和获得权威，从而为其积累更多的符号资本，并推动进一步的公共行为，形成良性循环。这只是一种理想状态的构想，而在现实生活中，这一过程本身还受其他因素的干扰，并不能非常顺利地形成良性互动与循环。就汪村来说，知识群体的文化水平决定了其文化资本的推动力，而其参与村民、村庄公共事务行为的价值取向与其权威的特点又会影响其在村民中影响力，从而也进一步影响其符号资本在现实生活中的作用。

对不同时期汪村知识群体的公共行为及其权威的研究表明，知识群体的文化资本在村庄中的影响力一直是正向的，其所赋予知识群体的权威在村庄中一直是受到尊重的。而他们的符号资本在生活实践中的效应是受其内部构成的变化、价值观的变化和外界宏观社会的变迁等诸多因素的影响在不同时期有所变

---

① 杨善华主编：《当代西方社会学理论》，北京大学出版社，1999 年版，第 284 页。
② 杨善华主编：《当代西方社会学理论》，北京大学出版社，1999 年版，第 287 页。

化。大致的情况是，在土改前，知识群体的符号资本的效应是正向显著的，主要表现在“大户”人家的知识分子的济贫、善举等公共行为在村民中所赢得的信任和认可上。而在动乱及政治运动时期，知识群体的符号资本的效应是负向显著的，这是因为运动时期知识群体的权威与声望是被否定的。而在集体化时期，知识群体的符号资本的效应是正向显著的，“又红又专”被作为提干的主要标准，在要求政治上积极以外，也强调专业知识和技术的“专”。对知识、技术的强调在集体化时期国家推进乡村中、小学教育发展的相关政策上也能体现出来。而在改革以后，知识群体的符号资本的正向效应也是明显的。这在1970年代末、1980年代初的高中毕业回乡务农的青年一代在村庄中的地位和影响力的论题上可以看得出来。而进入1990年代中、后期以后，随着乡村所处社会环境的改变和乡村现代化自上而下的推进，乡村知识群体的知识体系、价值体系和行为的价值取向都发生了复杂的变化，从而使得知识群体的符号资本的效应也呈现复杂的状况。首先，从总体来看，知识群体的符号资本的正向效应还有明显的表现。同时，由于知识群体参与公共事务的带有功利性的色彩，从而可能在一定程度上弱化其符号资本的正向效应。

（二）知识群体权威的运作机制

由前所述可知，知识群体的权威的主要来自于三个方面：一是拥有的知识；二是所从事的非农职业及其所带来的经济收入；三是其公共道德素质和参与公共事务的行为。在这三者之间，知识群体所拥有的知识所带给他们的文化资本和身份、名誉等象征资本是他们获得权威的根本和先决条件。但这还不是充分条件，还必须有由这两者所产生的“从事公众性的职业”和“参与村民、村庄公共事务的行为”两个必要条件才能在村民中获得权威。如下图所示：

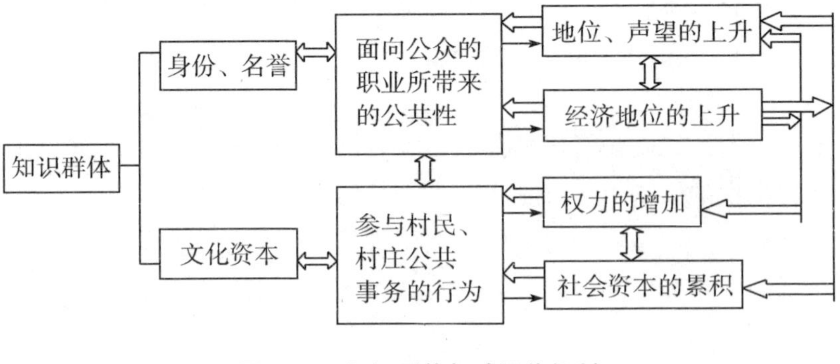

图8-1　知识群体权威运作机制

图8-1中，由知识群体的知识和面向公众的职业所产生的身份、名誉和相对稳定的经济收入为其获得权威的基础性条件，而知识群体参与公共事务的行为则为其权威获得支持的社会基础创造了条件。就两者关系而言，基础性条件为维系知识群体权威的必要性条件提供资源性支持，而后者则为前者的提供保障，二者通过图中最右列的各因素之间相互影响的关系体现出来。具体来说：（1）知识群体的身份、声誉提高或增加影响知识群体参与公共事务的权力和社会资本。反过来，知识群体通过参与公共事务所获得的权力的增加和社会资本的累积会提高知识群体的身份、地位和声望。（2）知识群体相对稳定的职业使其获得较一般村民多的经济收入，使得上述影响关系更加明显。（3）在图中上、下两个部分各自的因素之间有一种相互影响的关系。它反映了知识群体参与村庄改革事务的行为所获得的社会资本与知识群体的身份、地位、声望与权威之间相互影响的关系。这种影响关系可简单表示如下：

文化资本—身份、声誉—参与公共事务的行为—社会资本—强化声望—获得权威—累积社会资本—更多地参与公共事务—进一步提高声望—权威影响力进一步加大—获得更多的社会资本—声誉、权威

这种逻辑关系在一定的社会情境中，会受整个社会变迁因素的影响，从而使得知识群体参与公共事务的价值取向和权威呈现出明显的不同。这在前文已有所述。

三、体现于知识群体的公共行为及其权威运作中的国家与社会关系

（一）体现在中国乡村中的国家与社会关系

民国以前的传统中国社会是一个融封建专制、宗法制度和儒家文化为一体的宗法社会。历代王朝都企图用“国家”这个垄断绝大部分经济资源、权力资源和文化资源于一身的暴力机器来统治一切。在“普天之下莫非王土，率土之滨莫非王臣”的帝王观念下，国家的权力总是力图渗透每一个平民的生活中去。然而也许是由于国家的领土过于辽阔，也许是由于官员们的精力实在有限，即便是在专制王朝的统治下，乡村的自由空间也总是存在着的。自给自足的自然经济带给传统中国社会的是一种自由活泼和充满温情的“自然社会”，因为“日出而作，日落而息”，因为浓浓的乡村情缘，乡村人之间很少有冲突。又因为极其有限的商品交换决定了他的心灵是纯洁的、远离金钱的铜臭的，整个社会散发的是一种互助互爱、共享人间温情的“乡土气息”。这时，国家的力量向乡村的渗透是极其有限的。在等级森严的官场之外安然存在

的却是充满人间温情的“乡村生活”。在传统中国社会，无论是“天高皇帝远”的偏远乡村，也还是貌似“世外桃源”的自然仙境，生动活泼的乡村社会总是在一定程度上游离于国家权限之外的。

中国近代民族国家的建立始于清末新政，而发展于民国时期。其核心内容是建立理性的官僚制度，使国家的行政权力渗入基层社会，加强国家对乡村社会的监控和管理。然而这种努力终究是有限的，并未取得他们所希望的效果。1949 年以后，国家权力对社会进行了全面渗透和绝对控制，使用的手段异常激烈，采取的方式也相当彻底，建立了“总体性社会体制”，国家垄断社会资源，并对社会加以全面控制（孙立平，1993）。在此后的一段时间内国家通过一系列“政治运动”强化国家对社会生活的渗透和控制，使国家权力几乎渗透到社会的每一个细胞。如 1950 年代初开展的“土改运动”、统购统销的计划经济政策的推行和从 1954 年开始的集体化运动。从初级互助组到中、高级互助组，直到人民公社化运动，使中国的国家权力对社会的控制达到了前所未有的程度。社会的公共领域，甚至是私人领域（个人爱情与婚姻，甚至是家庭生活）都受到国家的政治意志影响。

1978 年之后的农村经济体制改革戏剧性地改变了国家与社会关系演变的历史进程。家庭联产承包责任制的实行将农民从旧体制的束缚中解放出来，农民获得了生产和生活的自由，乡村的社会公共领域得以恢复，国家权力有所回收，对社会的渗透和控制力开始减弱。具体来说，就是管理上的政企分开和乡村政治体制的改革：乡村制代替人民公社制。1990 年代以来，随着各项改革的进一步深入，国家对社会的控制进一步放开，乡村社会拥有的自由度明显增大了。然而由于受传统行政管理模式的影响，这种社会公共领域的自由空间还远未达到它应有的程度，无论是从国家政府对乡村社会的管理行为和干预行为上，还是从乡村社会自身（村民自治）的管理模式和决策行为上，都与政府的政治行为延伸下来的“行政化”有着千丝万缕的联系。

（二）体现于知识群体的公共行为及其权威运作中的社会力量

知识群体作为连接国家与乡村的纽带，体现在其身上的双重身份反映了国家与乡村之间的互动关系。这主要体现在知识群体的职业、身份和参与村庄公共事务的行为等方面。这些在汪村的知识群体的主体——乡村教师和居住在汪村的正式工作人员那里有明显的表现。例如，就汪村的中小学教师而言，他们一方面作为教师，传授的是国家的主流文化和价值道德体系，并通过教育、闲聊和示范等方式将国家的意志和社会的信息传递给村民。另一方面，知识群体作为在村庄中生活的一员，又无时无刻不与乡村社会和村庄紧密联系在一起。这种双重身份在知识群体参与村民之间的纠纷调解、公共事务和在处理他们与村庄其他群体之间的关系上明显地体现出来。

由于知识群体一方面拥有具有象征国家权力和意志的文化资本所赋予他们的身份和名誉，因此，知识群体在处理公共事务时，往往首先要考虑在国家政策、法律许可的范围内进行。同时，由于知识群体自身生活在有着自己的习俗与乡约的乡村情境中，又必须按照村民所能接受的方式来进行。在处理具体事务时，一方面要考虑上级的意志或村委会、村干部的意志。另一方面，又要考虑村民的意志，要在二者之间寻求一种平衡，要找到一个双方能接受的解决问题的方案。

知识群体这种双重身份和他们处理问题的变通性既在村庄的公共事务中体现出来，又在知识群体个人在处理私人事务中体现出来。在汪村，有些知识群体非常灵活地运用自己的双重身份为自己或其亲属谋利益。例如，在第七章曾谈到有些知识群体个体为了自己能被尽快提拔、为提升自己在村民中的影响和为自己的亲属在学校中谋到教师的职位等事务中灵活利用人际关系和变通处理事务的例子。

知识群体在处理公共事务时灵活使用这种双重身份和变通的方法，由于利益是指向民众或他人的，因此会得到民众的好评，从而对其声誉和权威产生正向影响；而当知识群体将这一方式用于个人或为个体家庭谋利益时，就会得到村民的贬低，从而对其声誉和权威产生负向影响。这也是知识群体权威的影响力出现间隔性变动和村民对不同“片区”内知识群体认同度低的主要原因。

第九章

基本结论与讨论

第一节　基本结论

一、知识群体在建构村庄的自主性空间和公共领域中发挥着重要作用

（一）建构村庄的“主流话语”和舆论

社会的变迁总会带来村庄“主流话语”的改变，这种改变来源于其所嵌入的社会背景的改变，但背景性的社会信息何以能够转化为村庄的“主流话语”？这在汪村的实践中通过两种途径实现：第一是通过政治运动的形式直接将国家的意志和社会的主流价值观灌输到村庄，并以各种宣传、动员的形式将其嵌入到村民的日常生活中去，使其直接感受，并内化为群众的行为准则。第二种途径就是在非政治运动时期国家通过乡村基层地方政府和村委会将国家的意志和主流价值观通过决策、政策的形式向村庄传递。但这需要一个中间媒介的转化作用。而在村庄中能够担当此任务的除了村干部就是知识群体。但对汪村来说，由于村干部在村民中的威信日渐降低，越来越失去大多数村民的支持。因此，担当此传递和转化任务的只能是知识群体了。事实上，汪村的知识群体在村庄经历的不同历史时期建构了不同的村庄话语。

（二）知识群体建构村庄的地方性知识与规范

知识群体对村庄地方性知识和规范的建构主要表现在知识群体对村庄的习俗、生活方式、人际互动模式、道德批判标准和村民个体行为模式的改变和重构上。在汪村的历史上，由于深受自然灾害和人为战乱的影响，导致其许多传统都因人口流动频繁而被冲散和破坏。建国后，尤其是土改时期，在革命力量的推动下，村庄形式上的传统力量被彻底打碎，传统文化的影响力在此后的“反右派”、“文革”等运动中也几乎被削弱殆尽。村庄的文化传统被摧毁以

后，需要用一种新的文化价值体系来替代。这种新的文化价值观在汪村的历史上曾以两种方式来建构：一是国家的政权力量直接进入村庄，并以行政命令、决策、政策和社会运动的形式将国家的意志和集体化时代的主流价值观嵌入村民的集体生产、生活中去。二是在非政治运动时期，通过知识群体来建构。知识群体建构新的知识、规范和生活方式往往通过学校教育、公共场合的议论和参与村民的日常生活中的公共事务时的实际行动等途径来实现。其建构的村庄的主流话语及时代标志性话语也是其在不同时代建构的地方性知识与规范的反映。

知识群体对村庄的地方性知识和地方性规范建构的过程和机制如下图：

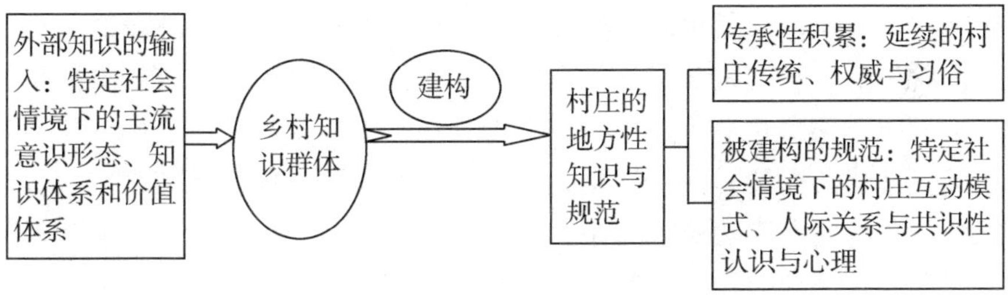

图 9－1　乡村知识群体对村庄地方性知识、规范的建构机制

知识群体建构的地方性知识与地方性规范分别可以通过前文第八章第二节的表 8－1 和表 8－2 看得出来。地方性知识的变化反映出村庄固有风俗、习惯、礼仪等文化的变迁，而地方性规范的重构则反映了宏观社会变迁下的村民的伦理道德与价值取向的变化。这两种变化一般都是先通过知识群体的传播和示范而逐渐实现的。

从知识群体在社会化过程中价值观形成的机制来看，作为村庄中连接国家与乡村、宏观社会环境与具体村庄社区的纽带，知识群体在向村庄传输外部国家、社会知识、信息的同时，也通过自身的行为建构村庄新的知识与规范，并在其参与村庄公共事务的实践中将地方性知识与规范和国家的主体意志、外部大环境的社会规范有机地结合起来，灵活变通地运用，以实现两种知识体系的融通。但需要指出的是，知识群体对两种知识的变通一直是作为其处理事情的策略和手段来运用的，并没有刻意地去为了两种知识的融通和对新知识、规范的建构而努力。因此，上图关于知识群体对村庄知识体系的建构的分析模式仅仅是研究者为分析的方便而作一种模式建构，而实践中的知识群体并没有刻意地去建构村庄的知识体系。

(三)知识群体传递信息与传播文化的功能

乡村知识群体作为连接国家与乡村的纽带，其对村庄内、外信息的转化与传递是起着关键作用的。知识群体以其职业（或参与村庄公共事务）的公共性和广泛的社会关系，加之其接触报纸、广播、电视等媒体的机会多，而且理解能力也较强，因此，他们较一般民众有更灵通的信息。这些信息可以通过学校教育、日常生活的公共议论等方式传递给村庄中的普通村民。这些新的信息既有农业生产方面的，也有日常生活方面的，还有社会方面的，如社会现象、社会价值观和社会发展趋势等方面。这些新的信息常常会通过知识群体的日常生产、生活的活动体现出来，并为其他村民所效仿。

就文化传播来说，是指知识群体中的乡村教师对文化的传播作用。这里的文化传播既包括系统的科学文化知识的传授，也包括将特定时代的主流价值体系和人格素质潜移默化地传递给受教育者，将其塑造为与主流价值观相一致的社会公民。文化传播的另一层涵义是指村庄中的知识群体通过其言行和日常生活方式将时代的主流文化展现出来，以其较高的社会地位和身份影响和带动其他村民接受和效仿他们的行为和生活方式。

就汪村的知识群体而言，由于其主体主要是乡村教师，因此，其以教育方式传播科学文化知识的功能较为突出。同时，乡村教师参与村民公共事务的机会也较多，因此，其在获得和传递信息方面的功能也很突出。这主要体现在改革初期和实行市场经济体制的初期村庄中的知识群体最先引进经济作物（甜菜、改良的大豆）、个体贩运粮食、个体养殖、个体栽培蘑菇。2000年以后他们去外地做生意等经商行为。汪村中较为富裕的个体户绝大多数是知识群体，有一小部分是被带起来的。而且，知识群体在不同时期会有不同的经营行为。这背后一个重要推动因素就是获得信息的灵通。其信息来源途径既有正规的媒体渠道，也有非正规的私人渠道。其中，后者在获得信息方面是主要的途径。一般情况是同学、朋友和亲戚关系。还得益于其较为广泛的人际交往和对信息的敏感性。灵通的信息在带给他们更多收入的同时，也带动了村庄中的其他村民去效仿，走上个体经营和外出经商之路。

(四)知识群体建构公共空间，参与公共领域的讨论

对于一个缺乏传统权威的村庄而言，村民间的交往、互动模式、公共场合的闲聊与议论、超越个体家庭能力之外的事件以及村庄的公共事务在很大程度上受知识群体所建构的村庄舆论、公共话语及其参与公共事务行为的态度和价

值取向的影响。在汪村，知识群体对村庄公共领域的建构是明显的，主要表现在以下两个方面：(1) 村庄"人们场"(村民聚集闲聊的公共场合) 据点的变化与知识群体构成的变化和知识群体权威在村庄影响力大小的变化紧密相关。这种变化间的关系体现出知识群体和村庄的"人们场"——公共领域——之间的密切关系（参见第七章第四节）。(2) 知识群体建构村庄的主流话语与舆论导向影响个体家庭的决策和村民的个体行为。

哈贝马斯在《公共领域的结构转型》中指出，"公共性"本身就意味着"公共领域"，它和私人领域相对，同时，也和国家权力机关相抗衡。民众可以通过"公共领域"将自己的意见不受约束地表达出来，彼此之间可以就关乎大家的公共性问题进行讨论、协商、各抒己见。而且，公共领域中的每一个人都是平等地对话。从哈贝马斯对于"公共领域"的概念界定来看，公共领域的产生与盛行是社会发展到一定阶段的产物，它与市民社会的自主性空间紧密联系在一起，体现的是相对于国家政权的社会民众力量的增长。对于有着自身文化传统和话语空间的乡村来说，用哈贝马斯的"公共领域"的概念和理论来解释有着自身情境的村庄公共场合的闲聊与讨论显然存在一个适用性的问题。但我们可以从哈贝马斯的概念界定中汲取一些关于"公共领域"的基本涵义和运作逻辑。这里我们认为"公共领域"有以下涵义：(1) 它是相对于国家正式权力（包括已经被"行政化"了的村委会）及其政治行为的；(2) 它是相对于村民个人和个体家庭的私人领域的；(3) 它与村民的日常生活紧密相关，但这种日常生活大多不是发生在单个家庭内部，它既有可能是婚丧礼仪，也有可能是突发事件的应付，既有可能是日常矛盾的调解，也有可能是平时村民聚集在一起闲聊与议论，还有可能是集体决策、集体行动等。

在本书的相关部分我们可以看出，汪村知识群体在上述领域中所发挥的作用（参见第四至七章的相关部分）。在前面关于村庄知识群体的论述中，"公共领域"主要表现在知识群体的公共性价值观、参与公共事务的行为和在不同时期出现于村庄不同地方的"人们场"的闲聊与讨论等方面。如果从国家与社会关系的角度，我们可以得出，村庄中的公共领域体现的是一种乡村中的社会力量，它相对于国家政权和已被行政化了的村委会的权力。对汪村的研究表明，这种民间的力量主要来自知识群体的公共性价值观和参与村民、村庄公共事务的行为。这种民间的力量在村庄发展的不同时期呈现出时强时弱的趋势，改革初期至1980年代前期和进入1990年代中期以后，村庄公共领域出现了两次明显的高峰期。前者主要是因为农村生产体制的变革带来乡村初步的繁荣和自由度的增加。后者主要是因为村委会角色和职能的行政化使得村庄正式权威下降，伴之而起的是村庄民间权威——知识群体权威的增长，村民之间的议论和集体行动也多了起来。

（五）知识群体参与村民的日常生活和村庄的公共事务

知识群体参与村民的日常生活主要体现在以下几个方面：一是村民日常发生的婚丧礼仪；二是超越个人和个体家庭能力之外的突发事件；三是村民间的日常互助行为；四是超越个人和个体家庭能力之外的对抗外来侵扰事件；五是在日常生产、生活中对村民的示范效应。村民的日常生产的决策和日常生活的行为与知识群体的信息传递与行为示范有密切的关系。生产经营方面，其突出的表现是在农作物的种植种类、新经济作物的引进、新粮种的引进、新耕作、施肥、灌溉技术的引进和干个体非农经营等方面，多是从信息灵通的知识群体先开始，然后被其他村民所效仿的。在日常生活方面，主要是在居住楼房的式样、交通工具、通讯工具、家用电器及家庭设备等方面。

知识群体对村民的示范效应体现了知识群体对乡村现代化和村民的现代性的传导与教育作用，是知识群体传播现代社会信息与主流价值观和生活方式的重要方式之一，是知识群体连接乡村与国家、与社会关系的中介作用的重要体现。

知识群体参与村庄的公共事务主要涉及以下方面：村委会工作中关乎全体村民利益的较大事件（如安排上级分配的任务，应对突发事件等）、村庄的农田水利、村路等公共设施的建设、滩地、荒地的承包和中、小学校的建设等。知识群体参与这些公共事务决策、讨论与影响的形式是多种多样的，有的知识群体本身就是某一时期的村委会干部或村民小组长，直接参与公共事件的讨论与决策，有的是被村委会请去直接参与讨论，有的是受村委会委托去介入事件的处理，有的以代表部分“片区”的名义集体向村委会的决策施加影响，有的通过与村干部的私人关系对村委会的决策产生影响，有的是通过知识群体内部沟通与部分村民联合隐匿地与村委会的不合理行为作对抗，也有的以知识分子的身份直接向村干部进言、献策等。虽然形式不同，但知识群体对公共事件的介入和影响所依赖的资源是相同的，就是以其在公共职务中所获得的社会资本和权威为基础，通过参与村民日常生活中的公共事务的行为进一步积累其个人的社会资本和威信，增加其个人在村民心目中的影响力，从而为其更大范围内参与村庄的公共事务创造条件。因此，知识群体的公共行为与其权威和社会资本是相互累加、相互增进的过程。

二、知识群体在汪村的发展历史中以不同方式建构了村庄的自主性空间

乡村知识群体是乡村社会的知识精英，他们的文化素质、公共价值理念和乡村的传统决定了他们具有建构村庄自主性空间的可能，虽然他们中的一部分个体由于种种历史原因遭受了许多不公平的待遇（有的甚至是灾难性的迫害），然而，经过平反后的他们依然在乡村公共领域中发挥着重要的作用，如调解纠纷、疏缓民怨、为民请命、主持公道等等。这些行为虽然在乡村发展的不同时期会有不同程度的表现，有时他们主持公道和正义的声音甚至很弱，但通过对个案汪村的研究我们发现，乡村知识群体一直没有退出乡村的公共舞台，他们在不同时期以不同的形式在乡村公共领域中发挥着类似于历史上乡村士绅的在乡村所发挥的作用，尽管时代的变迁使他们的知识体系和价值信仰已完全不同于历史上的这个阶层。

社会的变迁赋予乡村知识群体以不同的知识体系、价值信仰体系和时代精神风貌。当中国的乡村社会经历了一系列的社会运动和社会变革一步步从传统走向现代，乡村中的社会结构也在发生着变化，乡村知识群体在国家权力向乡村强力渗透的过程中逐步被边缘化，乡村政治型精英逐步走向主宰乡村公共领域的舞台。然而，从“公共领域”的概念被社会理论家们用来阐释独立于国家权力之外的民众社会力量的本来涵义来讲，乡村政治型精英主宰乡村公共领域本身就是一个悖论，前者的角色、职责和权力运作逻辑与代表民众公共意志运作的公共领域的内涵与运作逻辑恰好是相背的。对于一个宗族势力已经弱化、其他公共权威的合法性均已在社会转型的过程中被消解的村庄，能够给村庄的公共权威赋予合法性和给村庄的公共领域赋予发展空间的唯一可能的力量只能是乡村知识群体。说它是唯一的可能力量不仅是因为类似于汪村的村庄没有其他的力量可以承担起这一责任，更是因为乡村知识群体的群体特质、群体成员自身的素质、意识和能力具有建构公共领域的可能。

然而，可能终归不是现实，现实中的乡村知识群体是否真正具备了这种意识和能力了呢？对于汪村个案的研究表明，可能与现实并没有理论假设那样乐观。这可以从前文关于“不同代知识群体公共价值观的差异的比较”分析中看得出来，主要表现如下：

（1）不同代知识群体尽管在“公”之观念的价值取向上均表现为一定的积极性，但由于受个人经历和社会事件等因素的影响，不同代知识群体在实践中参与公共领域的态度与行为均表现为一定程度的保守性，尤其在第一代和第三代知识群体表现较为明显。

（2）不同代知识群体虽然都曾是乡村的知识精英，然而，由于受特定年代教育体制和知识体系的影响，他们中的大多数所受的教育水平并不高，多是初级师范、技校、中专、高中、职高等。因此，其素质远没有我们预想的那么高。而且，他们中的绝大多数所受的教育和知识体系都是中国乡村转型以前的传统思想和价值观的教育，加之长期生活在乡村难免不被乡村一些旧有的习俗所同化。这些都在一定程度上限制该群体现代性素质的提高，从而也在一定程度上阻碍了他们“公”之观念由信念向实际行动的转化。

（3）受乡村社会结构、乡村干群关系和乡村治理状况的影响，乡村知识群体可能转化为建构乡村公共领域的力量发生了扭曲，以致成为乡村整合的障碍因素，在汪村主要表现为以各知识群体个体为核心的不同派系的形成、发展。

（4）由于村庄离散化的状态、不同时期乡村复杂的干群关系、村民关系和国家行政力量的干预等原因的影响乡村知识群体在村民中的认同范围受到一定的限制（比如，他们中的绝大多数只在某一片或邻里周围有影响），从而也削弱了他们公共权威的影响力。

（5）从另一方面看，乡村知识群体对于参与村庄公共事务的动机与价值取向在群体内部不同成员之间有很大的不同，尤其在不同代之间差异更大。这些不同与差异反过来又影响了他们的公信度。汪村的调查中，能够得到3个以上村民组的村民认同的知识群体恰恰是那些人品较好但较少参与村庄公共事务的人，或者是离开村庄但又为村庄办过实事的人。尽管村民的评价因其有小集团利益驱动下的价值取向而不尽合理，但村民对该群体认同的一致性程度低却是一个事实。这就使得代表不同小“片”利益的乡村知识群体个体很难能够在实践村庄公共领域达成一致。本应成为公共的权威却异化为小派系之间冲突的根源。总之，这些现象的存在表明，目前乡村知识群体成为整合整个村庄的核心力量还不具备更广泛的民众基础。

尽管如此，从研究中我们还是看到了乡村知识群体将可能成为整合乡村和建构乡村自主性空间的希望，主要根据如下：（1）尽管乡村知识群体囿于身处的环境和自身条件的限制还无法达到现代公共权威合法性得以建立的理想化程度，然而，在目前乡村现有的状况和条件下，他们利用自己现有的权威和能力在村庄不同时期的各种利益冲突中灵活地发挥着中间调节人的作用。尽管这种功能时强时弱，但其延续的传统一直没断过。（2）不同代乡村知识群体在他们生活的周围都不同程度地获得了村民的认同。这表明，村民对知识群体这一群体在村庄公共领域中的价值还是肯定的，只是由于社会变迁所带来的村庄分化而导致乡村知识群体派系化。（3）从前面对乡村知识群体诸方面的分析可以看出，尽管不同代知识群体经历了不同的社会变迁和不同的个人人生经历，有的甚至是不幸的人生遭遇，然而，乡村知识群体作为乡村中的知识精英阶层其阶层属性所内含的意识和阶层参与、建构村庄自主性空间的“惯习”却是延续的。具体表现在知识群体在不同时期以不同方式村民和村庄的公共事务的行为上。这种延续将会给我们进一步探寻建构新时期乡村整合之路提供了一种可能。

三、乡村发展需要自主性空间，但这种自主性空间并不必然地存在，常常受多重因素的干扰，从而呈现出许多不确定的状态

在本书的研究背景部分我们就提出了“乡村发展的自主性空间”的问题，并进行了讨论，初步形成的结论是，根据我国乡村发展所嵌入的历史、文化特征和发展的现状，目前我国乡村的发展需要一个自我治理、自我发展的路径，而不是一味地驱从于城市化。这种自我治理、自我发展的路径一个极为重要的因素就是乡村的自主性空间的存在。而自主性空间何以存在以及以何种方式存在一直是一个悬而未决的问题。针对个案村庄汪村的研究结果表明，在村庄的发展历史上，汪村的自主性空间在大的全国性的历史事件的干扰下时隐时现地出现，呈现出许多不确定的状态。

（一）土改前，汪村拥有相对独立的自主空间，处于相对自治的状态。

从第四章关于传统知识群体在村庄中作用的描述和分析中可以看出，解放前，汪村基本上处于以传统知识群体为中心的传统权威整合的自治状态。在这一时期，虽然汪村的性质因为战乱、社会变迁等外界大环境的影响也发生了相应的变化，例如，对村庄的知识群体产生重要影响的科举制度的废除和新式学校教育的兴起在一定程度上影响了知识群体的内部构成，原来在村庄中有较高声望的读书人（汪村老年人称这些读书人为“儒生”）的权威越来越被那些有较好家业（包括地产和财产）的传统知识群体的权威所取代。这样就使得整合村庄的权威不仅有了认同的社会基础，也有了经济条件作支撑，更为重要的是，解放前汪村的传统知识群体还是把持村庄政治权力的核心。在解放前的汪村，3 个大户人家不仅有作为知识分子的子弟，如 LDX、LD 等，而且也有在当时任保长和先生（会计）的 LDQ、ZLZ 等。由此可见，汪村“大户”对村庄整合的权威，并不完全来自于作为知识群体的权威，在更大的程度上，它来

自于它所属家族所拥有的经济条件和政治条件。

由于“大户”人家集经济、政治、文化资源于一身，因此，其对村庄的整合不仅是合法的，而且是有效的，处于利普塞特关于“权威的合法性与有效性二维向度”解释坐标的“A 区间”，即属于权威的合法性与有效性都较高的情况。这时候，“大户”家族中的知识分子对村庄的治理和整合也是有效的。他们运用知识所赋予他们的神圣权威、财产所赋予他们的现实权威和政治权力所赋予他们的合法权威对村庄实现了三位一体的自治。但这种自治是仅就村庄相对于国家正式权力的自由度而言的，它并没有实现以村民为主体的自治。在更大程度上，这种自治体现的是一种村庄中某一特权等级对村庄权威的垄断和他们作为特权阶级为了维护其权力得以顺畅运行所作的努力，而不是绝大多数村民参与的村民自治。但是，无可否认的是，“大户”家族中的知识分子为了维护其尊严和权威在村庄中所作的努力——参与村民和村庄的公共事务——客观上促进了村民关系的和谐，也维护了村庄的秩序，整合了村庄。

（二）土改以后至集体化时期，村庄的自主性空间被延伸的国家权力极度压缩，村庄处于国家政权力量直接控制之下。

正如第五章所谈到的，“土改”运动以后，汪村的社会性质和阶级、阶层关系都发生了根本的变化。首先，由于受到政治运动的冲击，村庄中的知识群体不仅内部构成发生了很大的变化，而且其价值取向和处世态度都发生了相当大的变化，原来对村庄的公共事务有着浓厚兴趣的知识群体处世的价值取向越来越内敛，明哲保身成为相当一部分知识群体的处世态度。其次，国家在乡村实行“三级所有、以生产队为基础”的集体化管理模式不仅应用于乡村的生产，而且渗入到村民的日常生活中来（见第六章的相关描述和分析），从而实现了国家正式权力下放到村庄的直接控制，汪村的自主性空间被极力压缩，以致失去存在的基础。再次，由于上述两个方面的原因，汪村的强势权威由民间转向国家，国家的意志和政策、决策直接对村庄进行控制，由此，汪村和当时的全国其他村庄一样，其治理权直属于国家政权，极端时期——人民公社时期——村民的日常生活也被纳入国家的统一行动中，私人空间也因受集体主义的影响而有所压缩，私人生活也被嵌入时代的主流价值体系之中。

（三）人民公社制度解体以后，随着国家权力的向上回收和国家对知识分子政策的调整，村庄自由度有所增加，村庄的自主性空间开始恢复。

1970 年代末，随着国家“拨乱反正”政策在乡村的贯彻执行，知识分子的名誉得以恢复，人们对知识分子的态度也有所改变。因此，汪村知识群体在村庄中地位和权威也逐渐得以恢复。特别是，随着文化大革命的结束和各类中、高考制度、学校教育秩序的恢复，汪村开始有一批青年学生入读各类初等、中等教育院校，如初等师范、中职、中技、高中等。这一批人后来成为汪村知识群体的主体。而这一批人由于所受的教育和知识体系和以前的知识群体有所不同，而且，较少经历像政治运动那样大风大浪的影响，因此，其价值观、生活态度和处世方式都有明显的不同，对知识群体的影响主要表现为他们“公共”价值观和参与村民、村庄公共事务行为的价值取向上。这一群人加入知识群体以后，使知识群体的群体特质发生了相当大的变化。因此，在改革初期的汪村，不仅迎来了它农业生产体制变革所带来的自由和繁荣，还带来了新教育制度和知识体系所带来的新诞生的一批知识群体所带给村庄的活力和生机。这在村庄主要表现为1970年代末、1980年代初的知识群体在村庄中的地位和权威被村庄的绝大多数村民认可的程度和他们在市场经济条件下以自己的行为对村庄的引导作用。

由农业生产体制的变革所带给村庄的自由和新一批知识群体的诞生在一定程度上给村庄带来了自主性的空间，这主要表现在，改革初期，汪村村民积极参与村庄的公共事务、村民之间关系密切、村集体组织权威的整合能力加强和知识群体在村庄中参与公共事务的行为所获得的权威在村庄中的认同度逐渐上升等诸多方面。因此，这一时期是汪村历史上自治力量最强、自治最有效的时期。虽然如此，这一时期汪村的自治也不是完全现代民主制度意义上的自治，因为，这一时期，汪村的整合力量在更大程度上依靠的是村集体组织的整合。虽然汪村新诞生的知识群体开始在村民的日常生活中发挥着重要的作用，但是，他们对村集体组织——村两委——的影响力是有限的，他们更大程度上是在既有的制度、体制和政策的安排下行事，以不违背上级和村干部意志为前提的。同时，这一时期，汪村的知识群体对于建构村庄的自主性空间也没有明确的自觉意识，老一辈的知识群体参与村民和村庄的公共事务更大程度上出于对自身地位和权威的维护，而年轻一代知识群体参与公共事务很大程度上是其所处年龄段的群体特质使然，他们并没有刻意去建构村庄的自治体制。

（四）90年代中、后期至2002年农业税费改革前，随着村委会职能及其权力运作逻辑的行政化倾向明显，村庄自治受国家政权的影响明显增加进入1990年代以后，由于村委会职能及其权力运作的“行政化”趋势越来越明显，使村庄的自治更为困难，主要表现在以下方面：1. 村委会由自我管理、自我教育和自我服务的自治组织变成了镇政府延伸于村落社会的直接权力机关，其职能由自治变成完成国家任务和控制村庄的直接“执行官”。村委会的职能主要是催粮纳税、应付上级检查等。2. 这种职能异化所导致的另一个直接后果就是村干部角色及其承担该职位动机的异化，其担任村干部职务的动机主要有三：一是壮大家庭、家族势力；二是借助村干部的职位获得更大的社会资本，为其所用；三是借此职位以权谋私、以权谋利。村委会职能和村干部任职动机的异化导致的另一个后果是村民自治机构与地方家族势力的媾和，以致产生了1990年代中期以后多次干群关系冲突，有的村干部和村民的矛盾至今也没有消除①。可见，村委会和村干部作为村庄自治的主体力量伴随着其角色和职能的行政化而日益弱化，村庄越来越受制于国家的正式权力。

另一方面，1990年代以来，随着市场经济体制在我国主体地位的确立，与市场经济体制相配套的一系列的机制和观念深入乡村，促使了乡村的性质和人际关系发生了一系列的变化，突出表现在利益观念和理性互动成为村民关系的主旋律。这也在一定程度上影响了村民参与公共事务的积极性。更为重要的是，这种理性的思维和功利性的交往动机使得知识群体参与村民和村庄公共事务的动机有了很大的变化，由公益性向功利性转变。这就使得其建构村庄自主性空间的自觉意识和动机受到了相当大的限制。同时，也限制了其权威在整个村庄中的认同度。

虽然如此，对汪村的调查、研究表明，汪村的知识群体逐渐取代村庄的正式权威在村民的日常生活和村庄的公共事务中发挥着重要的作用。主要表现在知识群体参与村民之间的矛盾调解、参与村庄的公益性事务（如积极集资铺路、打浇灌水井、联系外出打工、做生意门路等）和积极参与帮助村民解决超越个人和个体家庭能力之外的事务（如村民遇到的婚丧嫁娶的日常礼仪性事务、突发事件和困难、村民与村干部、村民与镇政府的矛盾调解）等诸多方面。只是令人遗憾的是，这种来自于知识群体内部若干权威圈的自我调解力量并没有形成一个统一的整体，也没有发展成为有自我整体意识的权威集体，其内部构成的复杂性、知识体系和价值取向的差异性以及彼此之间的排斥性决定了知识群体对村庄的调解是琐碎的，整合力量是分散的，无法形成一个统一的、有效的自治力量的组织者和建构者。

综而观之，知识群体在汪村的发展历史中，在不同的社会情境中，以不同

① 2005年笔者回家过春节期间还亲眼目睹双方的械斗。

的方式，对村民的礼仪性事务、互助性事务、村民的各类冲突、矛盾和村庄的公共性事务发挥着重要的作用。对村庄的整合力量时强时弱，并随着社会大环境的改变而呈现出许多的变数和不稳定性。这一群体先天的不足（主要表现在这一群体各方面的素质上）和内部的差异性决定了这一群体对村庄整合的有限性和分散性，加之受社会大环境的影响（如市场经济体制下的工具理性和功利性价值观），使得这一群体发展成为整合整个村庄、实现自治的精英力量还有许多的路要走。更为重要的是，其公共行为在更多的时候是以隐匿的方式存在的，不但没有正式的合法性，而且也使得该群体缺乏整合村庄、建构村庄自主性空间的自觉性，而且，由于其公共行为的功利性价值取向在很大程度上限制了其权威的认同度，使得其作为一个社区自治的整合力量还显得相当的不成熟。

四、回应理论假设：以知识群体权威为连接纽带的乡村权力运作机制

在本书的研究设计部分曾给出过一个理论假设，即对于一个各种整合力量均已弱化的村庄来说，由于知识权威一直在村庄中处于受尊重的地位，而知识群体在生活实践中也以其知识及其参与村民、村庄的公共事务而获得的权威，因此它有可能成为新时期乡村整合的重要力量，而且，在一定程度上，它也可能成为现代乡村治理制度、规则得以建立和新的乡村秩序得以形成的一条可以探寻的出路。为此我们建立了以乡村知识群体为纽带的民间权威运作机制。

对于汪村的研究表明，在不同的社会时空中，汪村的知识群体确实以各种方式参与村民的日常生活中矛盾的调解和村庄的公共事务的讨论与协商，在实践中担当着公共调解人和部分村民代言人的角色。特别是村庄中的教师一直在村庄中发挥着重要的作用。作为村庄中的知识精英，乡村教师向上连接着国家，以教育的形式传递着国家的意志和主流价值观念；向下则连接着乡村，并以自己的方式践行着村庄固有的传统、习俗和礼仪。同时，作为知识和信息的传播者，乡村教师又以知识的权威建构着村庄的知识和规范，从而为村民提供新的与时代相适应的价值规范和行为模式。由此可见，知识群体作为国家与乡村、社区与村民个体联结的纽带作用是一直存在的。在实践中，知识群体以其知识权威获得民众的信任和支持，并以其参与村民和村庄的公共事务而进一步强化其在村民和村庄中的权威。

但研究也发现，知识群体的权威在村庄中是有局限的。它一般都以较小的村民组或族内人或某一邻里片区为核心，形成若干个权威圈。这些若干权威圈并不是固定的，它事实上是一个可以随时重新组合的权威力量。这是由这些权

威者所共有的群体特质决定的。但在村庄发展的不同时期或处于不同的社会情境下，其分散还是整合是受该群体在不同时期自身的群体特质、行为价值取向和整个社会所处时代背景的影响的。就目前的状况而言，知识群体对村庄的整合是局限于较小范围内，从整个村庄来说，这一群体中具有不同时代特征的若干构成个体的小片区的整合客观上是消弱了村庄整体的整合。

对汪村的研究表明，乡村知识群体可能转化为乡村整合的障碍因素，主要表现是：由于受不同时期乡村复杂的干群关系、村民关系和国家行政力量的干预等因素的影响乡村知识群体在村民中的认同范围受到一定的限制。从而形成以各知识群体个体为核心的"小片区"型的不同派系。这些不同的派系形成若干个权威关系网络圈，彼此之间由于缺乏认同的基础而表现为相互的不认可，甚至是排斥。另外，汪村知识群体对于参与村庄公共事务的动机与价值取向在群体内部不同成员之间有很大的不同，尤其在不同代之间差异更大。这些差异反过来又影响了他们的公信度。这就使得代表不同小"片"利益的乡村知识群体个体很难能够在实践村庄公共领域达成一致。本应成为公共的权威却异化为小派系之间冲突的根源。这可能是加剧村庄走向离散化的一个重要原因。

那么，对于知识群体这一整合模式来说，是什么原因导致其目前的分散化状态的呢？这一方面与知识群体自身的变化有一定的关系，主要表现在群体构成主体的变化和影响群体主流思想的变化；另一方面则与整个社会的"经济理性"的主流思潮对村庄的刺激所引起的村庄超前的现代理性思想与村庄相对落后的物质现代化水平之间的堕距有相当大的关系。就前者而言，知识群体构成主体的变化，主要表现在：（1）构成目前村庄知识群体的包括不同年龄段、有着不同经历的知识群体，由于所受的主流思想不同，因此其价值观也有很大的不同。（2）由于不同年龄段的知识群体的主导思想、价值观和处事态度有很大的不同，因此，知识群体内部本身就有很大的不一致。这种不一致本身就很难形成群体内部的认同。（3）由于知识群体的主体是乡村教师，即乡村知识分子，那么，整个社会的知识分子公共性的降低，通过各种媒介（尤其是大众传媒和教育系统）影响到乡村教师关心村庄公共事务的积极性。就后者而言，由于我国乡村的现代化是一种自上而下的灌输性的现代化，因此，许多现代性的思想和观念（如经济理性观念）首先通过各种媒体、教育等途径进入乡村，并在传统主流思想已经消解和现代经济力量支持下的合作理性还无法建立的村庄很容易被异化为狭隘的"利己主义"。因为经济理性是建立在经济有相当大的分化、市场和法律都相对比较健全的情况下形成的。而对于目前像汪村这样仍然以单一的纯农业为主、分化程度较低、还谈不上有市场经济的主导产业的村庄来说，这种现代的经济理性在村庄并没有相应的市场化的经济与之相配套，而在一家一户的个体承包经营的模式下，很容易被异化为"利己的"自我保护主义。这种思想和风气自然在知识群体里也很容易被演化为"明哲保身"的处世态度。

由此可知，汪村的知识群体以其群体的素质（知识、"公"之观念）和参与村民、村庄的公共事务的行为而获得权威，并以权威对村庄进行整合。然而，由于受知识群体内部构成的复杂性、知识群体的素质等方面的限制和宏观社会变迁的影响，汪村知识群体的权威却呈现了隐匿性、分散性和不稳定性等特点。这些都在一定程度上弱化了其对村庄的整合能力，使其目前还无法成为整合整个村庄的核心力量。这也是超出理论假设所预设的。

从另一方面来看，汪村知识群体的群体特征及其公共行为变化基本上沿着理论假设所预设的那样（宏观社会变迁 - 村庄的变化 - 知识群体的群体特征及公共行为的变化 - 对村庄整合力量的强弱）变化。但研究也表明，在汪村发展的不同时期，在演变逻辑模式的后半部分并非完全单一的导向关系。例如，在革命、运动和集体化时期，并不是村庄发生变化以后知识群体的群体特征和公共行为才发生变化，而是国家的意志直接改变知识群体的个人命运，从而对其思想和公共行为产生影响。而且在更多情况下，村庄的变化和知识群体自身的变化是双向的，而不是单一的。

汪村的研究也表明，对于像它这样的村庄而言，村民的一致行动单位是以知识群体及其精英为凝聚核的"片区"权威圈，而不一定是有些学者所指的"小亲族型"关系圈。

五、知识群体可能成为新时期乡村自治与整合的核心力量

由目前村庄知识群体分散状态我们很自然地会思考到这么一个问题，即在当前的形势下，知识群体是否有可能担负起整合的重任？又如何成为可能？

从村庄所处的区域类型来看，由于受自然灾害与战乱两大因素的影响，村庄的传统权威与地方性知识、规范遭到破坏，从而使得村庄在经历历次政治运动及其主导意识形态和乡村改革以来国家政权向乡村的延伸等事件时，能够将国家的意志和主导型意识形态贯彻得较为彻底，这又进一步加剧了乡村传统文化和村庄传统权威的快速解体。在这样的背景下，村庄的地方性知识与地方性规范的重建，与国家的政治意识形态和主流思想通过教育、大众传媒等途径渗

入直接相关，而这一任务的完成则与乡村知识群体对于地方性规范的建构有相当大的关系。因此，在各种整合力量均已弱化的村庄，乡村知识群体以其天生的公共性与实践中的公共行为成为乡村整合的重要力量是一个可循的路径。从远景来看，村庄的非农产业和市场化经济的发展，为村庄的有机整合提供基础，同时，也只有在经济发展的基础上像农业协会这样可以促进村民合作、整合的组织与机制也才可能建立。但就目前的这类村庄来讲，村庄的整合还只有靠村庄内部的力量——知识群体。知识群体成为新时期乡村整合的重要力量的根据如下：

首先，知识群体的权威来自于知识群体在乡村中相对较高的文化素质和社会素质。帕累托认为，作为一个社会的“精英”他应同时具有以下两方面的素质：一是他要有高于一般民众的“阶层高度”；二是此人必须具有相应的“精英才智”，如人的智慧、才干和能力等。因此，在帕累托看来，精英既不是神喻的，也不是继承的，而是靠个人的能力和努力自致获得的。就乡村知识群体而言，其所具备的文化素质和社会道德素质为其成为民间权威精英（或叫非正式权威精英）奠定了基础，而其参与村民和村庄的公共事务的行为则为其获得权威的合法性创造了条件。但是，正如我们在前文所指出的那样，目前汪村的知识群体各方面素质还有许多欠缺和不足，从而使得知识群体发展成为被整个村庄认可的整合权威的精英的基础性条件还未完全具备；而知识群体权威的隐匿性和分散性则又制约了其参与公共事务的行为的发生，从而使得知识群体权威的合法性在自致性条件方面也存在许多欠缺，以致其权威呈现出许多不稳定的状态，也制约了其权威辐射面的扩展。这也是导致目前汪村知识群体“割据式”整合的主要原因。但这只是目前存在的问题。而知识群体作为村庄中的知识精英，他们是汪村唯一可能整合乡村的内部力量，这是由知识群体的群体属性与其参与村民、村庄的公共事务的行为决定的。

其次，在像汪村这样的乡村，知识群体是乡村唯一可能具备整合权威的群体。其整合权威主要来自于知识群体所拥有的文化资本以及在此基础上建立的社会资本和公共行为。在汪村，知识群体是拥有文化资本相对较多的群体，并且，在日常实践中，知识群体通过参与村民与村庄的公共事务的行为将文化资本转化为社会资本和经济资本。而知识群体又通过其拥有较一般村民多的社会资本和经济资本进一步强化其在村庄中的权威和文化资本。知识群体恰恰是在文化资本与社会资本和公共行为的这种双向互动中建立了其权威合法性的基础。

再次，知识群体的文化资本的传承性和累积性使得乡村知识群体的公共性和权威影响力的延续成为可能。布迪厄的“文化资本理论”认为，文化资本的传承性和累积性使得拥有这一资本的阶级或阶层更易于延续其群体的“惯习”，从而使得文化资本成为该群体优越于其他群体的重要条件。因此，布迪厄指出，一个人拥有的文化资本越多，他就会更快更容易地积累新的文化资本，并且可以通过教育和社会资本的建构与运用两种途径将这种累积性的成果转化为其子女建构文化资本和社会资本的基础。正如前文所述，汪村的知识群体的文化资本的传承性效果主要表现在知识群体的子女的受教育程度、职业与父辈知识群体以其文化资本所建构的社会资本的关系上。其中，最为显著的表现是，集体化时期，民间艺人利用其文化资本所赋予它的公共身份所获得的社会资本对其子女的教育、职业以及在村庄中的声望产生重要的影响。

由上分析可以看出，知识群体发展成为新的整合机制的核心力量有其可能的群体素质和基础，同时，在其他整合权威均已弱化的情况下，知识群体以不同形式参与村民调解和村庄公共事务的行为事实也隐寓着知识群体作为一种新的整合机制的力量有其存在的可能性。

但是，在目前村庄的知识群体的权威处于隐匿并分散的状态下，如何使之成为积极、有效的整合机制，确是现代化进程中的村庄急待解决的问题。本书提出以下建议：

首先，要为建立一种以乡村知识群体为主导的整合机制创造外部环境和条件，要改变村集体组织“行政化”的状态，包括其产生与权力运作，恢复其自治的职能。但这并不意味着政府撒手不管，恰恰相反，政府应该在它该管的公共领域加大管理的力度。这里需要分清治理和管理的界限，管理为乡村的自治提供服务和公共资源，而自治必须立足于乡村自有的文化——权威和规范，避免行政化。要建立乡村治理者权力与义务、职责与报酬对等的行政和劳动管理体制。目前乡村治理者是权利轻，而责务重，这可能是导致出现乡村治理“行政化”、村干部腐败以及“痞化”和乡村“离散化”等问题的一个重要原因。根据已有的研究成果①，在具体的乡村治理模式上要改变以往的自上而下的单向行政化模式，建立村民和非正式民间组织积极参与并与村集体、乡村基层政府双向互动的自治模式。在这里民间自治组织中，知识群体的作用是重要

① 周运清、王培刚：《全球乡村治理视野下的中国乡村治理的个案分析》，《社会》，2005年第6期，第89～103页。

的，应该建立民间自治组织与村庄的正式权力组织相互协调、相互监督、共同治理的整合机制，其目标在于重构乡村公共权力的合法性基础，为村庄提供被村庄绝大多数人认可的权威运作机制、整合机制，为村民和村庄的公共事务提供公共服务和为村民在公共领域的互动创造条件。

其次，为乡村培养和输送外来素质较高的知识群体是建构以知识群体为核心整合机制的先决条件。汪村的研究表明，乡村知识群体各方面素质偏低是影响其公共性价值观和公共行为价值取向的重要因素。因此，改变目前村庄知识群体素质偏低的现状是我们强化知识群体整合权威的一个重要条件。当前一些地方实行的“培养农村百名大学生工程”是一个有益的尝试，值得推广和借鉴。关键是不要流于形式，要有相关的制度作保证。笔者认为，培养或从外部输入乡村治理人才以改变目前村集体瘫痪的状况是改变乡村面貌、发展乡村的第一步。借鉴“一村一名大学生”、“大学生当村官”“大学生支教”、“农村教育硕士研究生培养计划”等相关的做法，完全可以为培养新型乡村治理人才与高校合作作一个有益的尝试，这也许是较好的一条出路。

再次，在引进较高层次知识群体的基础上，将知识群体的权威与村庄公共事务的管理结合起来，一方面使隐匿的权威显性化，另一方面，使知识群体的公共性行为合法化。这里需要建立一个村庄的正式权威组织——村委会与村庄的民间权威组织相互协调、互动的机制。这里有两种方案可以考虑：一种是将二者合而为一，建立统一的以知识群体为核心的治理机制，但这必须在整个行政体制进行变革确保乡村的自治组织有独立空间的基础上才能实现。而就目前的像汪村这样经济发展水平相对滞后、村集体组织缺乏坚实的物质基础作支持的条件下，这一构想实施起来相对困难。第二种方案是保留现有的村委会组织，同时，也强化以知识群体为核心的民间权威组织的作用。曹锦清先生曾经指出，“如何在分散的个体经济之上重建一个组织，是当代新农村建设的一个重大使命。”① 同时，就如何建构一个新的乡村民间整合组织他指出，“没有文化建设，就不可能有新农村的组织建设，而没有组织建设，就不可能有新农村建设。”② 由此可以看出，乡村知识群体在建构乡村一个新的整合组织和进行新农村建设是何等的重要！

---

① 摘自曹锦清先生在2006年7月于山东青州召开的“第四界农村研究方法高级研讨班暨新农村建设研讨会”上的发言稿（吕德文整理）。

② 同上。

根据目前乡村基层地方政府的行政体制和汪村的现状，建构第二种方案现实一些。以第二种方案为为蓝本可以建立如下图所示的双层权力运作机制。

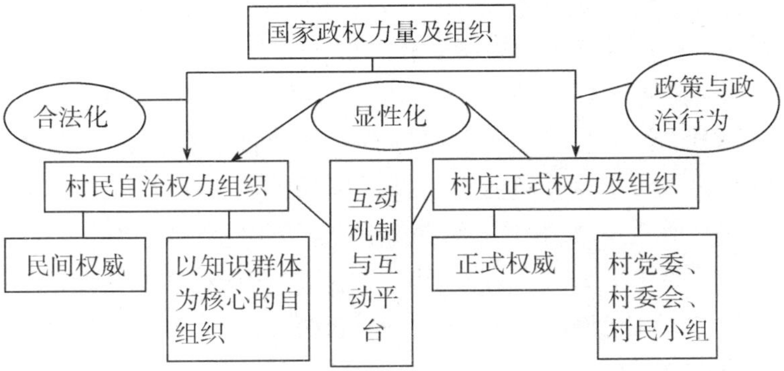

图 9－2　双层权力空间运作机制

第四，在如何建构以知识群体为核心的整合机制方面，除了培养和输入高层次的知识群体以提高整个群体的素质为向具有自觉的公共意识的精英群体过渡作准备以外，就是要努力提高整体村民的现代性素质。主要体现在现代价值观念的培养、合作精神与合作能力的培养、参与意识和参与能力的增强和公民意识、公共领域的建立等方面。而现代性的输入，关键靠教育和传媒。这两条途径都与乡村知识群体的传播紧密相关。这里，我们可以借鉴 20 世纪 20、30 年代“乡村建设运动”的经验，把对村民的现代性教育以培养其公民意识和素质和新乡村整合机制的重建结合起来，以培养现代公民素质为目标，为建构参与性、公开性和公共性的新型整合机制创造基础性条件。

第五，在处理乡村自治与政府的行政体系的干预和约束的关系方面，如果在目前行政体制的约束下无法避免村委会的行政化和村干部的任免仍决定于镇政府的话，那么，至少应该要在村庄的公共权力和公共决策这一块给知识群体相应说话的空间，使其代表的不同“片区”的民众的声音能够在一起交流，并可以作为决策参考的因素。这里，如何建立一个合适的组织和机制将这些分散的知识群体引入到可以对话的空间中来是需要进一步探讨的主题。

六、新时期乡村知识群体促进新乡村社区建设的意义与新内涵

当前，我国乡村发展已经进入了新阶段，在一些发达地区的乡村，不仅农业经营模式进行了变革——农村专业合作社已经蓬勃发展起来，而且，农民也继“家庭联产承包责任制”之后实现了第二次解放，他们不但可以选择怎样

经营和经营什么的农业生产自由，而且获得了选择是否经营农业或经营多少的自主权。这样，农民选择职业流动和和社会地位的流动更加容易。这种模式在汪村不久的将来也将成为一种主要的发展趋势。在这种趋势下，新型知识群体对于新乡村建设和社区自治模式将具有更重要的意义和新的内涵。集约化与专业合作化经营会产生一种后果，即促使农村、农民的分化与重新整合。也恰恰是在这个过程中，新时期的中国乡村将迎来其“社区合作化”意义上的新乡村社区建设运动。而在这个过程中，毫无疑问，代表新生力量的“大学生村官”、“社区工作者”、“大学生志愿者组织”、“NGO”、“NPO”组织等新知识群体将发挥着重要作用。研究结果表明，这些新知识群体参与和按社区合作化理念建立新乡村社区建设运动不但是农业集约化经营和专业合作社发展的必然要求，而且是新时期乡村进一步发展的一个新的路径，也是必然趋势。

第二节　关于几个问题的讨论

由于乡村知识群体的自身素质、整合能力相对偏低、公共性价值观和公共行为的价值取向带有很强的功利性以及其权威具有隐匿性、分散性和不稳定性等特征，有人会质疑知识群体能否成为新时期乡村整合的重要力量。这里我们就相关几个问题进行讨论。

一、关于乡村知识群体的自身素质、整合能力及其权威特征与乡村整合关系的讨论

正如我们在第八章关于汪村知识群体的素质的分析部分所指出的那样，由于受自然环境和文化、历史等人文环境的影响，汪村知识群体的整体素质不高，主要以初、中等文化程度为主（参见本书的第八章第二节），知识群体这种先天文化底蕴的欠缺和后天文化素养的不足在一定程度上限制了其作为公共权威的发展和对村庄的整体整合。那么，这里首先需要讨论的一个问题是，乡村知识群体自身素质的欠缺会在多大程度上影响其成为新时期乡村整合的精英力量，或者换句话说，知识群体各方面素质的欠缺和不足是否会成为其参与村庄公共事务的行为和获得权威更大认同度的根本性限制条件？

对于这一问题的思考，我们可以从帕累托关于“精英”概念的相关论述中得到一些启发。帕累托认为，作为一个特定社会的“精英”他应同时具有以下两方面的素质：一是他要有高于一般民众的“阶层（或等级）高度”，此“阶层（或等级）高度”是可以通过一定的手段进行测量并易为大家所感知的

阶层属性，如身份、地位、财富和声望等；二是此人必须具有相应的“精英才智”，如人的智慧、才干和能力等①。从帕累托对“精英”概念的定义可以看出，一个社会（社区）的精英要维护其在所处社会（社区）中的声誉、地位和权威，一个必须同时具备的条件是该精英群体必须拥有相应的才智和能为绝大多数民众谋利益的德行以获得其在民众中的认同和权威的合法性。而这一条件的具备与精英群体的自身素质和对其作为精英群体的自觉意识有相当大的关系。

首先无可讳言的是，乡村知识群体在文化素质、公共性行为的价值取向和自身能力等方面的不足和欠缺会影响其在村民中被认可的程度，也会影响其权威所建构的关系网络圈的半径的长度和权威的有效范围。具体来说，这种限制性因素主要来自以下方面：一是来自于知识群体自身文化素质偏低的影响；二是受区域文化和市场经济体制下社会主流价值观念的影响，其参与公共事务的行为带有明显的功利性目的；三是由于知识群体的权威缺乏正式合法性的保护和认可，使其权威经常处于隐匿状态，从而限制了其在村庄中的发展。与此同时，由于知识群体的权威是隐匿的，也常常使得其缺乏相应规范的约束，呈现出许多随意性和不稳定性，在特定情境下，有可能被异化为破坏村庄整合的力量。

虽然如此，我们并不能说，知识群体因为素质偏低就不能成为新时期乡村整合的重要力量。事实上，对汪村的调查、研究表明，即使在知识群体素质偏低的状况下，汪村的知识群体仍然在村庄发展的不同时期以不同方式灵活地参与到村民的日常生活和村庄的公共事务中，对于村民的礼仪性事务、互助性事务、村民矛盾和村庄的整合发挥着重要的作用。只是这种对于村庄的公共行为并不是刻意建构而已。导致其未能真正发展成为整合整个村庄力量的根本因素不在于其素质的不足，而在于其作为精英群体的未自觉性与其权威的非正式合法性和隐匿性。由于缺乏正式合法性的认可而使知识群体的权威处于隐匿状态，又由于前两者（缺乏正式合法性的认可和处于隐匿状态）和区域文化——两淮文化所形塑的实用性、功利性价值取向及现代工具理性的共同作用使得知识群体公共性带有更多的功利性个人动机在里面，从而使得知识群体未能发展成为一个自觉的整合村庄的力量。这是问题的根本所在。

因此，知识群体素质的不足和欠缺并不足以成为否定其可能成为新时期乡村整合的根本动因，而采取有针对性的措施使知识群体权威的合法化和显性化

① 参见本书的第二章第四节。

将可能使之成为村庄整合的重要力量，其在新的形势下运作机制的重构和调整将可能成为我们探索新时期乡村整合的重要出路。

二、关于现代治理制度、规则与知识群体的公共行为的讨论

张静教授在《现代公共规则与乡村社会》专著中认为，公共共享的规则是现代公共秩序得以存在的基础。在当前的乡村社会由于目前村干部对公共服务和权力垄断并存，因此，存在于村庄中显性运行的公共权力运行组织是一个既不代表国家也不代表民意、“前后不着边”的有着自己运行规则的权力实体。即使是以“正义”的名义推翻既存的权力实体的民间精英，其争取到公共权力以后，依然按照固有的规则来运行，其行为逻辑也无异于前一权力实体。由此，我们会思考这么一个问题，即，汪村知识群体的公共性价值观和公共行为的价值取向是否符合现代公共权力运作的逻辑？如果知识群体的权威运作不符合现代治理制度与规则，那么它又如何建构乡村的自主空间和自治平台以为我们探索一个新型的乡村整合机制创造条件？

对于这一问题的回答，我们首先要明确什么是现代性公共规则，根据张静教授对现代性规则的界定，这里的“现代性规则”有以下特征：1. 中立性，即规则是集体利益的代表，并不代表某一集团或个别人的利益。2. 普遍性，即规则是面向公众普遍适用的，不存在特殊性。3. 标准性，即规则被制定出来就具有相对的稳定性，不能随意变更或被破坏。4. 公开性、是指规则的非隐匿性，为公众共知。5. 规则的公共性。6. 规则的理性。这是现代性规则的理性化状态，在现实实践中并不完全以此为标准。尤其是对仍然存在着自身文化传统的乡村来说，用这样一种理想化的标准来建构村庄公共权力运行的规则是不现实的，也是超越目前规则运行的乡村情境的。但是，我们对于现代性规则应该有一个基本判断，那就是规则的产生、运行和运行的效果是否为村庄的绝大多数所认可。以此我们来看乡村知识群体的公共性和公共行为遵循的规则是否符合建构具有现代意义的整合机制。

对于个案村庄汪村的研究表明，知识群体在不同时期参与村民和村庄公共事务行为的动机和价值取向有所不同，其参与调解村民矛盾和公共领域事务的形式也有所不同，但其作为村庄的民间权威的影响力一直存在。在汪村，作为知识群体，知识所赋予该群体的权威一直在村民心目中占有很高的位置。尤其是乡村教师和有正式工作的知识分子，一直很受村民的尊重。这是知识群体在村庄的正式权威日益弱化的情况下成为村民得以信任的权威主体的重要原因。这就意味着知识群体在村庄中权威的形成是群体特质赋予的，不是建构的。因

此，知识群体对于村庄的整合及其公共性和公共行为的发生在相当大的程度上是由知识群体的群体特质先天决定的，虽然其后天的建构也发挥着重要的作用。正如知识分子天生就有伸张正义、主持公道的秉性一样，乡村知识群体在有着自身文化传统和地方规范的村庄的公共性行为也有着以作为乡村的知识精英的群体特质所赋予的秉性作基础，从而使其公共性价值观和参与公共事务的行为有着内生的社会基础。就知识群体可能建构村庄的自主性空间和实现内生的自我整合、自治来说，知识群体本身已具备了这种自治的条件和基础，也就是帕累托所说的"精英"所具备的基本才智和素质。

然而，知识群体能否发展成为新时期承担村庄整合和自治重任的精英群体很大程度上还要取决于知识群体在生活实践中参与村民与村庄公共事务行为的价值取向及其权威运作的逻辑和被村庄认可的程度。其中一个重要的衡量尺度就是知识群体行为逻辑与其权威运行的机制和规则是否具有现代治理制度和规则的特征。就汪村的知识群体而言，由于其参与公共事务行为的动机有很强的功利性和工具理性的特点、其在村庄中的权威具有隐匿性、分散性和有限性的特点，汪村知识群体参与公共事务的行为和权威运作的逻辑距离上述"现代性规则"的标准还相差得很远。首先，知识群体公共行为的功利性和工具理性的价值取向使得其行为所遵循的规则带有很大的随意性，不符合标准性的要求。其次，其权威运作的隐匿性决定了其不具有公开性的特点。再次，其权威的有限性和分散性的特点决定了其权威不具有整个村庄范围内普遍性和公共性的特点。还有更为重要的是，由于汪村的知识群体的公共性和参与公共事务的行为并不具有意识的自觉性，其对村庄的整合并不是出于对村庄自治性空间的有意识建构，因此，其参与公共事务的行为并没有刻意去建构稳定的为大家所认可的规则，其对村庄的整合和自治性空间的建构是其参与公共事务行为的客观结果，而不是行为目标所达成的目标。这也就意味着目前汪村知识群体的公共性和公共行为还没发展到作为一个对村庄的绝大多数民众起整合作用的权威精英有意识地自觉建构的程度。知识群体的公共性和公共行为发展成为新时期乡村整合的机制还有许多工作要去做，还有更长的路去走。但无疑，它是新时期乡村整合可以进一步探索的机制。

三、关于影响知识群体作为村庄整合力量的两个因素的讨论

就目前汪村的现状而言，汪村的知识群体的公共行为和在村庄中的作用是明显的，而且，从针对村庄离散化问题的非正式整合力量——民间组织和民间权威的建构来看，知识群体作为村庄中唯一还有社会基础的整合力量，发展成

为一种新的整合机制的核心力量是有可能的。但有两个因素可能会弱化这种整合力量：一是伴随着乡村人口外流而出现的知识群体的向外流动。主要表现在，大量年轻的知识群体向外流动，使得知识群体的群体属性发生了变化。以“知识的权威”受到尊崇的“知识”特性和权威影响力在流动中越来越被弱化。二是具有较高文化程度的知识群体的数量越来越多，知识的权威性越来越低，并且，伴随着乡村社会的变迁，仅仅靠文化资本受到尊崇的知识群体在村庄中的影响力越来越有可能被综合了文化资本、政治资本和经济资本的群体所代替。从将来的发展趋势来看，这两种因素可能会弱化知识群体在村庄中的影响力。

但就目前村庄的现实情况来看，这两个因素在近期的影响是有限的。就第一个因素而言，近两年汪村外出打工的主要是年轻人，村庄中年龄稍大的知识群体并没有外出，尤其是村庄中的教师、医生、有正式工作的工作人员及其退休人员和干个体的1970～1980年代的高中毕业生，作为知识群体的主体，并没有加入流动的队伍，仍然工作和生活在村庄。

但是，长远来看，随着老一代知识群体的年老和离世以及中、青年知识群体的外出务工、经商，汪村内部的知识群体将来会越来越远离村庄并淡化对村庄公共事务的关心。这样，本研究所论及的知识群体对于未来村庄建设和整合的意义越来越小。但是，作为一个拥有较高文化素质和专业技能的知识群体将会为新的成员所代替，他们可能是来自外部输入（如大学生村官、支农志愿者、各类中、高等院校的毕业生等），也可能是回乡创业的知识青年。他们也将以一种新的思想、理念和方法参与村庄的建设，并以一种新的方式在村民中树立权威，以整合村庄实现新的发展。

就目前汪村的现状而言，第二个因素的影响也是有限的。首先，就汪村目前的经济状况和自然条件来说，汪村目前还看不出促进非农产业发展的突破口，因此，很明显的经济资本超越文化资本似乎很难。虽然外出打工可能会强化一些人的经济资本，但由于知识群体的主体没有加入外出打工的队伍，因此，外出打工所强化的经济资本不可能未能和占主体的文化资本叠加。其次，由于知识群体主体多数是有稳定收入，所以外出打工所强化的经济资本也不会很明显地超越文化资本在村庄中的影响力。第三，从目前乡村行政体制和汪村村委会的现状而言，汪村正式权威的影响力仍然缺乏广大民众信任和支持的社会基础。所以，政治资本也还很难超越目前汪村知识群体主体的文化资本的影响力，但如果乡村行政体制发生变革和村庄整合机制发生变化，文化资本和政治资本的整合则有可能。

附录一

关于乡村知识群体公共性研究对村民的调查问卷

一、个人及家庭的基本情况

1. 您的性别是：①男；②女

2. 您出生于______年______月（公历）

3. 您家共有____人，____子女，____子女在上学，____个成年劳动力。

4. 您的文化程度是：①文盲；②小学未毕业；③小学毕业；④初中未毕业；⑤初中毕业；⑥高中或中专、技校等；⑦大专及大专以上

5. 您家的经济收入主要来源于：①地里收的庄稼；②饲养家禽、畜等；③养鱼、养羊等其它农副业；④在当地从事建筑、修路、运输、经商等非农产业；⑤外出打工；⑥外出要饭；⑦外出经商；⑧其它____________________，其中占收入比重较大的有____。

6. 您家____人有地，目前共有土地______亩。其中，老汪湖有田______亩，宅基地占去______亩。

7. 近两年，您家种植主要农作物有：①小麦；②玉米；③大豆；④棉花⑤红薯；⑥芝麻；⑦油菜；⑧其它________________________________。

8. 您家2002年共收小麦________斤，大豆________斤，其它经济作物折合人民币________元，非农收入________元。

9. 您家去年除了全家的口粮外，其它方面的支出大约是________元。其中，上缴的税费________元，人情往来送礼________元，子女上学花费________元，农田投入________元，其它支出________元。

10. 您家今年________人外出打工或做生意，分别去哪里________做什么________________分别出去多长时间________，挣了________元钱。

11. 您家里目前是否有以下物品（请在有的物品的序号下打“√”）：①电视机（a. 黑白　b. 彩电）；②收音机；③收录机；⑤组合音响　包括DVD/

VCD；⑥手机（______部）；⑦洗衣机；⑧电冰箱；⑨电风扇；⑩电话；⑪自行车（________辆）；⑫摩托车；⑬三轮车；⑭四轮拖拉机；⑮收割机；⑯机械犁；⑰播种机；⑱联合收割机。

二、对各种问题的看法（用于主观态度测量的量表）

填答说明：以下是测量您对当前农村相关问题的看法。您可以根据自己的想法对以下问题作出判断：1. 非常同意；2. 比较同意；3. 无所谓；4. 不太同意；5. 很不同意；6. 不清楚。并根据您的判断，将其对应的序号填入每一题后的（）内。如：您对“现在社会就是金钱社会”这一说法表示“比较同意”就在括号内填2；如果很不赞成这种说法，就在括号内填5。

（一）对现代社会及人际关系的看法

1. 现在的社会一点也不安全，所以，最好少得罪人。（　　）
2. 现在是金钱社会，光有文化，没本事，挣不到钱不会有什么威信。（　　）
3. 现在的人都各顾各的，谁也顾不了谁。（　　）
4. 现在的人比以前的人更不可信。（　　）
5. 现在的社会干啥事都得留点神，一不小心，就会被别人给踹了一脚。（　　）
6. 现在人际关系越来越淡化了，除了非常亲近的，一般人不会帮你。
7. 现在的社会，多一事不如少一事。
8. 不关自己的事情，最好少过问，搞不好，会把自己牵涉进去。（　　）
9. 任何事情还是看别人的态度，如果大家都不管，最好也别给自己惹麻烦。（　　）
10. 常言说，枪打出头鸟，所以，遇到什么事自己都不要出风头。（　　）
11. 人心都是肉长的，只要人敬我一尺，我就会敬他一丈。（　　）
12. 谁家门前能没有坑？有人遇到需要大家帮忙的事情就应该帮一把。（　　）
13. 如果在村子里没有人缘了，即使你再有钱，也会被人看不起。（　　）
14. 一个人混到没人缘了，也就混瞎了，即使你再有文化、有本事。（　　）
15. 村子里真正有本事的人一般都是那些爱管事、人缘好的人。（　　）
16. 明明吃亏的事情，只要我认为合情合理，我就会去做。（　　）

17. 人过留名、雁过留声，人不能光为自己活。

18. 做人要有一个起码的原则，至少不能让村子里的人骂你。（　　）

（二）关于知识群体的看法

19. 村子里真正有本事的人是有文化的人。（　　）

20. 有文化的人门路也广，也会挣钱。（　　）

21. 有文化的人能办大事（　　）

22. 有文化的人就有身份，谁都能看得起。（　　）

23. 读过书的人更能让人信任。（　　）

24. 村子里的知识分子一般人品都比较好。（　　）

25. 在村子里，当老师的比当村干部的更有人缘。（　　）

26. 村子里人缘好的人多数是读过书、有文化的人。（　　）

27. 有文化的人当干部比没文化的当干部更能使人信服。（　　）

28. 遇到麻烦事找身边（邻里、附近）有文化的人比找村干部好。（　　）

29. 村子里善于帮助人的人多是那些有知识、有文化的人。（　　）

30. 读书越多的人懂得的道理越多，越知道如何处理人际关系，也越能得人心。（　　）

31. 并不是所有的知识分子人品都好（　　）

32. 那些经常在公共场合露面的人多是一些显身份、炫耀自己的人（　　）

33. 有的知识分子参加村庄的公共事务多是为自己及其亲邻谋好处。（　　）

34. 村子里有身份的知识分子也越来越理性，没有利的事情也都选择回避。（　　）

35. 那些读过书的人更精明，和他们打交道要多一个心眼。（　　）

（三）对政府及村干部的看法

36. 现在当官的不吃（公款吃喝）不占（贪污）的几乎没有。（　　）

37. 在农村，有权当然好，有权就有一切。（　　）

38. 村干部不得人心，越来越没有威信了（　　）

39. 越是家族势力强的当村干部越能镇住人，工作越好开展。（　　）

40. 村子里出了什么事情还是自己解决的好，指望村干部和政府部门给一个公道根本不可能。（　　）

41. 其实，任何地方都是好人多。官场里也是一样，好官还是多。贪官毕竟很少。（　　）

42. 农村的社会治安问题还是需要村委会或镇政府来解决，尤其是警察与法律。（　　）

43. 农村的发展起关键作用的是政府的政策。（　　）

44. 只要有一个好干部、好的领导班子，村庄再难的事情都能办好。（　　）

45. 村庄要想有大的改观必须改变目前村委会只对上不对下的现状。（　　）

三、态度趋势测量

请按下列问题的要求，由大到小或由强到弱的顺序对下列人员进行排序。

①村庄中由威望的老先生；②乡村教师；③乡村医生；④在外工作人员的家属；⑤1970 年代末、1980 年代初的高中、中专、中师、中技、中职毕业生；⑥1990 年代以来高中毕业回乡务农人员；⑦民间艺人与参加婚丧礼仪的司仪、文书与管事；⑧村庄中已退休的老知识分子。

1. 上述人员在您心目位置由高到低的排列是：________________

2. 上述人员在村庄中的威信由高到低排列是：________________

3. 遇到麻烦事求助对象由先到后依次排列是：________________

四、开放式问题

1. 您对村庄中教师、医生、老私塾先生及曾在外工作退休回村居住等人有怎样的看法？

____

____

____

2. 您对村委会和村干部的看法是________________________

____

____

3. 您认为怎样改变村庄的现状才能让村民满意？

____

____

____

4. 您认为知识分子应该在村庄中发挥怎样的作用？

附录二

乡村知识群体公共性研究对知识群体的访谈提纲及问卷

一、基本情况

1. 您的性别是：__________

2. 您的出生年月是______年______月。

3. 您的文化程度是______，何时______何地______最后完成学业。

4. 您的主要职业是__________兼业是__________。

5. 您是否曾在村中担任公职____________________，何时____________担任何职？__________________________。

6. 您的配偶目前的职业是____________________，是否曾在村中任公职？____________________，何时__________任何职____________________。

7. 您的子女的文化程度分别是____________________，目前分别在何地________________从事何业________________，是否曾任公职________________，何时__________任何公职________________（若有多人任公职，请分别说明）。

8. 您的上辈直系亲属（包括父母、祖父母）中是否有当过老师、医生和干部的？______________________________（如果有，请具体写出何职业______________________________）。

9 您居住的房屋是：①瓦房；②平房；③二层楼房；④三层以上楼房。请选择______。

10 您家里目前是否有以下物品：①电脑；②手机（______部）；③电视机（a. 黑白 b. 彩电）；④收录机/组合音响；⑤照相机；⑥DVD/VCD；⑦洗衣机；⑧电冰箱；⑨电风扇；⑩电话；⑪自行车（______辆）；⑫摩托车；⑬三轮车/四轮拖拉机；⑭收割机/联合收割机；⑮机械犁/播种机。（请在有的物品下面打“√”）。

二、针对知识群体的访谈提纲

1. 请您谈谈您读书的时候（青年时期）的时代特征（印象最深刻的）。
2. 请谈谈您青年时期的主流价值观。
3. 请谈谈您读书的时候学校里的主流思想。
4. 请谈谈您从学校毕业后回乡工作时的人际关系的情况。
5. 请谈谈您青年时期的人生理想与抱负。
6. 请谈谈您在青年时期的信仰和人际交往中的信任情况。
7. 请谈谈您对村庄的风俗、习惯的看法。
8. 请谈谈您对中国传统文化的看法。
9. 请谈谈您对现代社会的看法。
10. 请谈谈您对不同时期主流价值观变化的看法。

三、针对知识群体公共性价值观的测量量表

对知识群体公共性价值观测量量表

问题	态度、赋值
（1）以“公”为荣，奉“公”为道德至上。	非常同意：5
（2）当“公”与“私”发生矛盾时宁愿牺牲“私”之利益以获得好评。	
（3）为大家办事，即使牺牲自己利益也认为有意义。	同意：4
（4）自己的能力能得到多数人的认可被认为是个人最有意义的事情。	
（5）为解决别人的一次矛盾即使给自己带来一些麻烦也是一件快乐的事情。	不好说：3
（6）如果能给村里做一些力所能及的事情自己累一点也愿意去做。	
（7）如果有机会成为村干部，我愿意用自己的想法去做，不会屈从于上面政府的压力。	不同意：2
（8）遇到村里没有人管的事情自己负起一份责任或过问一下总比不管的好，尽管会给自己带来一些麻烦。	极不同意：1
（9）能替那些没有能力的人说句公道话即使招来一些麻烦也是值得的。	
（10）积善养德比什么都重要，即使为它吃点亏，也认为是值得的。	

续

问题	态度、赋值
（11）现在社会很复杂，多一事不如少一事好。	非常同意：－5
（12）别人都不管的事自己没有必要管，因为你管了也不落好。	
（13）人还是应该学会保护自己，有麻烦的地方少涉入的好。	同意：－4
（14）现在当干部的也不好当，即使有机会或有人推荐也不愿意去干。	
（15）当村干部没有好处，谁也不愿意去干，纯粹讲奉献，那是扯淡。	不好说：－3
（16）在农村，光有文化，没有权，没有钱，也没多大用。	
（17）当老师的干好本职工作就行了，管多了会给自己惹麻烦。	不同意：－2
（18）有本事还是去外面闯，在村子里再有能耐也不会怎样。	
（19）其实真正让大家信服的还是要有钱，你有钱了，即使你没什么文化，别人也听你的。	极不同意：－1
（20）现在的人都只顾自己，谁也管不了谁，所以，想让大家听某一个人的，几乎不可能。	

关于特殊历史事件或某一问题的集体访谈或专访的指导提纲

一、关于特殊历史事件集体访谈

1. 历史事件：“解放前”、“土改”、“反右派”、“四清运动”、“文化大革命”、“集体化”、“分田单干”、“平反”。

2. 调查方式：集体座谈及专访

3. 程序与过程：先对亲身经历或较为深入了解某一历史事件的人（主要是知识群体）进行专访，了解历史事件的基本情况；然后请也经历过同一事件的其他人（包括知识群体、一般村民、当时的干部及当事人等）进行集体座谈；最后对还有不清晰或需要进一步深入了解的情况在对相关人员进行专访。下表是专访与集体访谈人员的名单：

关于特殊历史事件的专访与集体访谈名单

历史事件	专访人及身份、职务	集体座谈人员及相关性	追踪专访人及事件
解放前	LDY,村庄老人,有文化读过私塾,当过会计、文书	LDY、LDT,均为年长村民;LDJ,礼仪文书	访已迁居外村并存有族谱的时任保长
土改	LDY,村庄老人,有文化读过私塾,当过会计、文书	LDM,村民;LXL,教师;LDJ,当时干部	土改中 LD 被批斗致死事件的知情者
反右派	LQL,退休教师,中师毕业,原乡中心中学校长,出身于富裕家庭。	LJL,退休工作人员;LXL,退休教师;LDY,村民	访受批斗当事人或其亲属
四清运动	LDL,乡村医生,自学成才,人品与人缘都较好,与村老干部交往密切,熟悉村委会的内幕。	LDJ,原生产队队长、会计;LDY,年长村民;LDD,原生产队队长	无
文革	LJT,退休教师,出身于知识分子家庭,曾在县、镇多所中学任教,特级教师。	CP,退休教师;LQL,退休教师;LDY,LDL 均为年长村民	访当时受害人及其后代亲属。
集体化	LDL,乡村医生,当时青年骨干、LDY,年长村民,曾任会计。	LDL,医生;LXC,退休教师;LXX,原村干部;LDJ、LDD,原生产队干部;LDG,村民,原生产队菜园管理者;LDQ、LDG,年长村民	访当时大队书记 LDD、大队会计 LZP、大队生产队长 LDF 的后代及大队“农科站”的工作人员。
分田单干	LDY,村庄老人,有文化读过私塾,当过会计、文书;LQJ,复转军人,原村委书记。	LDY、WXL、LDG 年长村民;LQJ、LQH,中年村民、LQB,教师;ZCP,原村干部	访当时第一批种植甜菜、较早搞个体运输和经营个体商店的个体户(早期高中毕业生)。
平反	LQL,退休教师,中师毕业,原乡中心中学校长;LJT,退休教师,出身于知识分子家庭。	无	访被平反家庭和未平反家庭。

二、关于某一重要问题的座谈

本次调查中，曾就对本书有重要影响的问题进行了座谈会式的讨论。主要论题与参与人员的名单及其个人情况见下表。参加者包括知识群体和一般村民。

专一论题	具体涉及的内容	参加座谈人员及个人情况	人数
对目前村庄的总体看法	1. 村庄现状,如治安、人际关系等方面 2. 谈村庄的变化 3 谈自己的感受	知识群体:LDL,医生;LQX,高中毕业生;LJG,高中毕业生;LK,教师。 村民:LQJ、LX	6
对知识群体在村庄中作用的看法	1. 对村小学、中学老师的看法。 2. 对村里医生的看法 3. 对礼仪司仪、文书与管事的看法 4. 对村里曾高中毕业回乡务农人员的看法 5. 对有文化的老先生的看法 针对上述这些类人中比较熟悉的人去谈,主要谈自己印象深刻的人和事,包括他们的个人经历、学历、人品、为人处世情况、和其他村民的关系、参与公共事务的情况,然后大家一起讨论。	高中毕业生:LJG、LQX 教师:LJL 礼仪文书:LDS 村民:LX、LQX、LZ、LD	8
对村委会和村干部的看法	1. 谈对不同时期各个干部的看法 2. 就某一突出事件谈对村委会和村干部的看法 3. 谈影响较大的干群冲突	1. 知识群体:LDL,医生;LQX,高中毕业生;LJG,高中毕业生。 2. 村民:LD、LX	5
对不同时期价值观变化的讨论	谈不同时期价值观的变化,主要分三个时期:闹革命和动乱时期、集体化时期和改革以来现在的情况。	均是知识群体:LQL、LK、ZCS,均为中学教师;LJG、LL、LXY,均为不同时期的高中毕业生;CZ 为大学毕业在职教师。	7
对村庄将来怎样发展的看法	1. 怎样的村委会和村干部才能让人比较满意 2. 村领导班子由什么样的人来担任比较合适 3. 让村里有知识、有文化的人当干部好不好？他们有能力吗？信任他们吗？	LDY,年长村民,有文化;LDL,乡村医生;LX、LQJ,均为普通村民;LJG,高中毕业生;LXC,教师。	6

附录三

汪村各类知识群体名单及情况列表

序号	姓名代码	出生年	居住	职务、身份及其在村中的表现、口碑	特殊经历
土改前					
1	LD	1913	汪堡前堡	礼仪管事,"大户"人家的知识分子,人品和口碑较好,善济贫,为人正直;经常参加婚丧礼仪、协调村民矛盾。	土改中受到批斗,因批斗过激导致其郁闷治病而死。
2	LDQ	1909	汪堡前堡	"大户"人家的知识分子,汪堡保长,对人苛刻,在村民中口碑不好。	土改中被批斗。
3	LDX	1907	汪堡前堡	教师,"大户"人家的知识分子,人品和口碑较好,善济贫,为人正直。	到储栏进洋学堂读过洋书。土改和反右派中都受到批斗。
4	LDR	1923	汪堡后堡	"大户"人家的子弟,有些文化,打过人,在村民中口碑不好	在土改、反右派和四清运动中多次受到批斗。
5	JMY	1916	汪堡后堡		
6	ZLZ	1910	汪堡前堡	中医医生,"大户"人家的知识分子,汪堡会计	土改中被批斗,后在村庄行医。
7	LXJ	1910	汪堡前堡	在外正式工作人员,读过多年私塾。多年经商,家境富裕。	自幼读书较多。解放前,开盐行。解放后,到徐州出烟摊,并经常往返家与徐州之间贩运东西。1954 年到西安工作。"反右派"中被错划成份,并受同村人因嫉妒其才华和财富陷害,在村中多次受到批斗,1980 年代初给予平反,恢复其名义和工作,直至退休,享有退休金及其它福利待遇。

续

序号	姓名代码	出生年	居住	职务、身份及其在村中的表现、口碑	特殊经历
8	LXX	1912	村民4组	中师毕业，有较高文化程度，厅级干部，曾任地区专员、高校校长与厅长等职。人品和在村民中口碑较好。	参加过八路军，曾人洪泽湖地区专员。曾任沈阳某高校校长，解放后，提升为省级干部，任厅长。为汪村4组村民办过许多实事，提拔过本村人LCJ当干部。
9	LCJ	1910	村民5组	中师毕业，干部身份，在外工作人员，与本族村民关系较好。	参加过国民党，解放后，被管制。后在LXX的帮助下调到淮南粮食局任调度。1980年给平反以后，恢复职务，享受相关福利待遇。儿子接替其职务。为本族村民办过实事。
10	LXB	1914	村民5组	知识分子，中师毕业，干部身份。曾经许多村民怕他，因为他有兵有武器。后来他较少与村民联系。	参加过国民党，曾任"黑杀队"队长。后在LXX帮助下弄到一份工作。后来在"土改"、"反右派"等运动中受到批斗，不堪忍受，跳楼自杀。
11	LXC	1921	村民4组	知识分子出身，国家干部，县粮食局局长。与本族村民有联系，但不紧密。	参过军，曾当过教师，一直在外地工作。
解放后第一代					
1	LQL	1937	村民2组	退休中学教师，原乡中心中学校长	原县立师范恢复重建后第一届师范生
2	LQB	1938	村民2组	退休中学教师，原汪村中学校长	汪村农业中学初建时的骨干，并为后来汪村中学的发展作出重要贡献。他带汪村中学走了一条"兼农兼教"、"自力更生、艰苦办学"的路子。
3	CP	1935	村民1组	退休中学教师，原乡教育干事	幼年时随父从外地逃荒至此入户，读完中学。后利用"平反"机会获教师资格，由于善于经营人际关系，很快提升。

续

序号	姓名代码	出生年	居住	职务、身份及其在村中的表现、口碑	特殊经历
4	LQD	1940	原村民1组,现S市	地方政府干部,原S区宣传部长、区长、区委书记、S市工商局局长	高级社时当HJ社会计,1960年参军,排级干部,在部队学习知识和技术,转业到县农机厂工作,后来在地方政府政绩显著,被提拔到S市任职。在区任职期间捐资为汪村修路;在1986年特大洪水之际为确保老汪湖村民和财产的安全,坐阵柏山闸,在洪水到达警戒线的最后时刻采取措施,疏缓了洪水,没提闸,确保了老汪湖几百亩良田和人员的安全。
5	LDT	1934	村民1组	地方政府干部,原CT乡政府秘书。	县师范学校毕业后分到铜陵工作,1970年代回到SC区办事员,1973年到CT乡任秘书,后病退。
6	LQL	1939	村民2组	退休小学老师,原汪村小学校长	1990年代,由民办教师转为公办教师
7	LDJ	1933	村民1组	村民,原大队干部,集体时期生产队队长、会计	集体化时期的积极分子,上级的大红人,多次被评为先进模范、生产标兵。
8	LDY	1931	村民1组	村民,当过会计、文书,经过商,曾在外地有正式工作。	出身家庭条件较好,8岁在附近读私塾,13岁念到诗经包本。解放时期由于动乱,加上家里缺少劳动力就不再读书了。土改以后,就挖河,参加了几乎所有挖河工程,但干苦力的很少,主要是当会计、记工员、厨师、调度等职。多次逃荒,并在山东经过商;曾跟随父亲在陕西西安谋得一正式职业,后因为要照顾家里辞职回乡。

续

序号	姓名代码	出生年	居住	职务、身份及其在村中的表现、口碑	特殊经历
9	LQY	1935	村民2组	村民，读过私塾，曾任会计	集体化时期当过小队会计，参加过县里组织的技术培训。
10	LQC	1935	村民2组	退休中学教师，喜欢去村里公共场合闲聊。人际关系较好。	在本村因田地问题和别村发生矛盾时由其出面调解，避免了械斗的发生。曾被打为右派，1980年代初平反，恢复了教师职务，允许其儿子接班。
11	LDD	1932	村民2组	干部，原大队书记	出身贫农，为人老实、正直，人品和口碑都较好，被称为“老好人”；在汪村任近20年书记。多次受上级奖励。
12	LDJ	1928	村民2组	村庄掌故，德高望重的老先生、红、白事情的礼仪文书	读过私塾，对风俗、礼仪较为熟悉，一直是村里婚丧礼仪文书、管事；在村民中有较高威信。
13	LDZ	1926	村民2组	村庄掌故，有较高威望，有一定文化程度，年轻时当过兵，做过会计	读过私塾，参过军，集体化时期生产队骨干、协调员，为人正直，经常为村民写文书类材料。其在肥西工作的长子在文革中受到迫害致死，平反后他被村视为烈属对待。在村民中有较高声望。
14	LDL	1947	村民3组	LDL，乡村医生，自学中医成才，人品与人缘都较好，与村老干部交往密切，熟悉村委会的内幕。经常参与村庄的公共事务、村民间矛盾的协调。	1960年困难时期跟随母亲逃荒到北乡（山东），从小就感受到生活的困苦。回来后就上学，读完小学以后，由于家贫辍学。集体化时期，跟随在本村行医的JMT学中医，并刻苦自学中医书籍。后去县卫生局接受培训，此后一直在村开诊所，且人缘较好，很得民心，并经常参加公共事务，在村中有较好的威望。是被上级卫生部门认定为汪村合法诊所。

续

序号	姓名代码	出生年	居住	职务、身份及其在村中的表现、口碑	特殊经历
15	LXF	1941	村民4组	乡村医生,曾受过西医专业培训,一直在村行医,在族内人缘较好,但村里其他人评价不佳。除行医外,平时不怎么参与其它事务。	集体化时期和改革初期被上级认定汪村唯一合法的卫生所。
16	LXL	1930	村民3组	退休中学教师,读过私塾,师德、人品与在村民中的口碑都较好。经常帮村民办事。	曾在汪村小学、中学任教,教学方式独特:寓教于乐,效果较好,颇得学生喜爱。经常参加村民的婚丧礼仪主持。
17	LXC	1949	村民3组	中学教师,师德、人品较好。善于交际,人缘很好。	曾在汪村小学、汪村中学任教,善于经营农业,家庭收入很好。教育子女有方,子女均有正式工作。
18	LJH	1939	村民4组	中学教师,后转为干部。在本村民组关系较好。	知识分子家庭出身,曾任汪村小学、CT 中学教师。后任乡干部。
19	LJT	1932	村民4组	中学教师,特级教师。在本村人缘较好,为村民办过事。	知识分子出身,家境较好。曾在县、镇多所中学任教。反右派、文革时期受过批判。1980 年平反,后来在 SC 中学任教至退休。
20	LSY	1934	村民4组	村小学教师。师德和人品及在村民中的口碑极好。	文革时期受过批判。1980 年平反,后来在汪村小学任教至退休。
21	LJL	1946	村民4组	村小学教师。经常去公共场合,参加村民的公共事务。人品和人缘都较好。	出身知识分子家庭。较早在村小学任民办教师。1990 年代转正。
22	LZJ	1940	村民4组	村小学教师。原汪村小学校长。在本组与村民的关系较好。	出身知识分子家庭。较早在村小学任民办教师并任校长。第一批转正。
23	LXA	1933	村民4组	原汪村小学教师。后来外地任教。教学严格,为人正直,与本组村民关系较好。	出身知识分子家庭。较早在村小学任民办教师,较早转正。

续

序号	姓名代码	出生年	居住	职务、身份及其在村中的表现、口碑	特殊经历
24	ZM	1945	村民3组	外地工作人员,知识分子,与村民较少联系。	从小在本村上学,在县里受过技术培训后,在生产队当技术员,后来在外地工作至退休,回村居住。
25	LJC	1934	村民4组	外地工作人员,中职毕业,在水电站工作。与本组村民交往密切。在本组村民中影响较大	自幼苦读,务农一段时间,被推荐参加技术培训。中等职校毕业后,在变电所、水电站等部门工作。
26	LCM	1936	村民4组	退休中学教师,特级教师。有创作天赋,在1991年创作一新剧本在学校和当地影响较大。与本族村民联系紧密。	知识分子家庭出身,中师毕业。文革期间被停职批斗。1980年初平反,恢复教师职务,一直在镇中学任教。
27	LJQ	1929	村民6组	汪村小学教师,校长,为人正直,做事认真。	知识分子出身。政治运动中多次被批斗,在自家上吊自杀。
28	LJY	1931	村民6组	小学教师,教导主任	在“反右派”运动中被经常批斗,不堪忍受羞辱,在家自杀。
29	LJG	1941	村民6组	技术员、司机,集体化时期汪村的技术维修员和司机。被推荐到县里培训。在本组村民影响较大,关系密切。	自小读过书,后来务农,由于喜欢开拖拉机就被大队选为拖拉机司机负责全村小麦、大豆的拉、脱、种等工作,并负责维修。后通过熟人关系去外地工作。
30	LZP	1939	村民4组	知识分子,原大队会计,村民婚丧礼仪的管事和文书。人品、口碑以及和村民关系都较好。	知识分子出身,一直为村民写书面材料,帮村民做力所能及的事情。曾被批斗过,但由于其干部身份和与村民关系较好,因此,政治运动对其影响不大。他后来一直被村民敬重。
31	LXL	1943	村民3组	中学教师,在外地工作,但家属在村小学教书,因此和汪村联系紧密。为本组村民办过许多事情,因此,在本组村民中口碑较好。	师范毕业后一直任教,文革中受过影响,但很快平反,并为其家属安排了教师工作。
解放后第二、三、四代		高中毕业批次	所在村民小组	群体特征	特殊经历

续

序号	姓名代码	出生年	居住	职务、身份及其在村中的表现、口碑	特殊经历
1	LDS	1	村民1组	高中毕业后回村务农，经常被村民写请对联、书面材料，或参加村民婚丧礼仪的管事、文书等。也积极参加村庄的公共事务。在村民中有一定影响。他们也是个体非农经营的主要人群。	
2	LQJ	1	村民1组		参过军，曾两度任村委书记
3	LQX	1	村民1组		曾任村青年团书记
4	CQ	2	村民1组		曾进修、在多所中学任教；承包耕地，规模种植经济作物；购买大型联合收割机进行大规模经营性收割。
5	LDJ	1	村民2组		师范毕业，在镇中学任教，后因违反计划生育被停职回村务农，后又通过人际关系恢复教师职务。
6	LSC	2	村民2组		曾组织过村民上访
7	LDZ	1	村民2组		曾临时性地在汪村小学教过语文课。后利用县酒厂招工机会进县城工作。
8	LQH	2	村民2组		曾一度务农，后在村小学任民办教师。
9	LDH	1	村民2组		高中毕业务农，后在汪村小学、中学任教。
10	LQB	1	村民2组		高中毕业后务农，后通过关系到汪村小学任教，并在预备转正之际，因违反计划生育超生被辞退上级教育主管部门辞退，此后务农。
11	LL	2	村民3组		高中毕业参过军，曾在原乡治安科任职。撤乡并镇后辞退，
12	LT	2	村民3组		参过军，开过诊所和商店。
13	LF	1	村民4组		参过军，干个体运输
14	LWQ	1	村民4组		高中毕业后接替父职在淮南工作。

续

序号	姓名代码	出生年	居住	职务、身份及其在村中的表现、口碑	特殊经历
15	MX	1	村民4组		高中毕业后务农，参加过村戏班子；曾外出卖艺。
16	LSL	2	村民4组		高中毕业后参军，后务农，干个体
17	LJ	1	村民5组		高中毕业，学建房子，现为建筑队的头。
18	LL	1	村民5组		干个体经营
19	LFJ	2	村民6组		高中毕业后，学过驾驶技术，回村搞个体运输。
20	LXG	1	村民6组		高中毕业后，一直在村小学教书，1990年代后期转正。
21	LQD	2	村民1组		高中毕业后务农，曾承包砖瓦厂。
22	LQX	3	村民1组		高中毕业后务农，现外出打工。当过短期的民办教师。
23	LXY	3	村民1组		县服装厂招工时进厂。
24	LK	3	村民1组		高中毕业多次复读未能升学后务农，干个体，现外出做生意。在村里有较大影响，参加过组织村民上访。
25	LL	4	村民1组		高中毕业务农，学一门手艺，外出打工。在村民组有较大影响，参加过组织村民上访。
26	LPC	3	村民3组		高中毕业参军，后在村委会当团委书记、会计等职。
27	LW	3	村民3组		在村中学任教，开过诊所。
28	LJG	3	村民4组		高中毕业务农，经常外出打工。
29	LQJ	3	村民4组		高中毕业务农，在村民组有影响，参加过组织上访。

续

<table>
<tr><th>序号</th><th>姓名代码</th><th>出生年</th><th>居住</th><th>职务、身份及其在村中的表现、口碑</th><th>特殊经历</th></tr>
<tr><td>30</td><td>LSX</td><td>2</td><td>村民4组</td><td rowspan="7"></td><td>高中毕业接父班,在外工作,参加过组织上访。</td></tr>
<tr><td>31</td><td>LCG</td><td>2</td><td>村民2组</td><td>高中毕业,在村小学任教,后转正,教务主任。</td></tr>
<tr><td>32</td><td>LJ</td><td>2</td><td>村民4组</td><td>高中毕业后在汪村中学教书,人缘较好。</td></tr>
<tr><td>33</td><td>LJZ</td><td>1</td><td>村民4组</td><td>高中毕业参军,转业后在村小学任教,后转正</td></tr>
<tr><td>34</td><td>LJL</td><td>1</td><td>村民5组</td><td>高中毕业后参军,在村小学任教,后转正。</td></tr>
<tr><td>35</td><td>LJS</td><td>2</td><td>村民4组</td><td>高中毕业后在汪村中学教书,严肃认真,人缘也较好。</td></tr>
<tr><td>36</td><td>LYH</td><td>2</td><td>村民4组</td><td>高中毕业后务农兼职做生意。</td></tr>
<tr><td>37</td><td>LJ</td><td>3</td><td>村民5组</td><td rowspan="4">大专毕业</td><td>高中毕业后升学,毕业后回村任教。</td></tr>
<tr><td>38</td><td>LY</td><td>4</td><td>村民5组</td><td>高中毕业后进入中专学习,毕业后在邻村中学任教。</td></tr>
<tr><td>39</td><td>LJL</td><td>3</td><td>村民6组</td><td>高中毕业后务农,做生意,在本村民组有影响。</td></tr>
<tr><td>40</td><td>TJF</td><td>3</td><td>村民6组</td><td>高中毕业务农,村委会委员,妇女主任、团委书记,后从教。</td></tr>
<tr><td>41</td><td>LSY</td><td>1</td><td>村民4组</td><td>高中毕业,民间艺人家属</td><td>在汪村小学任教</td></tr>
<tr><td>42</td><td>CQ</td><td>2</td><td>村民1组</td><td>高中毕业,知识分子子女。</td><td>汪村小学任教</td></tr>
<tr><td>43</td><td>LM</td><td>3</td><td>村民1组</td><td>高中毕业</td><td>汪村小学任教</td></tr>
<tr><td>44</td><td>LK</td><td>2</td><td>村民2组</td><td>师范毕业</td><td>汪村中学任教</td></tr>
<tr><td>45</td><td>LJ</td><td>2</td><td>村民4组</td><td>师范大学毕业,人品较好。</td><td>在镇中学任教。</td></tr>
<tr><td>46</td><td>CZ</td><td>4</td><td>村民1组</td><td>大学毕业</td><td>大学毕业后在附近中学任教</td></tr>
<tr><td>47</td><td>LCL</td><td>4</td><td>村民6组</td><td>师专毕业</td><td>师专毕业在附近中学任教。</td></tr>
</table>

续

序号	姓名代码	出生年	居住	职务、身份及其在村中的表现、口碑	特殊经历
48	JYC	4	村民2组	大学毕业	哈尔滨工业大学毕业后在县建工局工作。
49	LPD	4	村民4组	大学毕业	在S市中学任教。
50	LJS	4	村民1组	在读大学	
民间艺人		时期		群体特征	个人经历
1	LDH	大生产时期	村民1组	这些人都有一技之长，能吹、拉、弹、唱，大生产时期参加村里组织的戏班子，戏班子的演出对这些人后来的影响较大。更为重要的是，由于这些人有良好的人际关系，因此，其子女都有较好的出路。	
2	LT		村民3组		
3	LHY		村民3组		
4	LJL		村民4组		
5	MX		村民4组		
6	LH		村民5组		
7	LJS		村民6组		
8	LJSg		村民6组		
9	LMY		村民1组		
10	LDC	早期、大生产时期、分队以后及现在	村民2组	民间剧团的联络人，这些人本身也有一技之长，经常和剧团联系。在村庄有较大影响。他们也经常作为村庄礼仪的知事和文书在公共场合出现。	
11	LQH		村民1组		
12	KBY		村民4组		
13	LXS		村民4组		
14	LXM		村民3组		
15	LXF		村民4组		
16	LDH		村民6组		

参考文献

一、著作部分

包亚明主编：《布尔迪厄访谈录：文化资本与社会炼金术》，包亚明译，上海人民出版社，1997 年。

曹锦清、张乐天、陈中亚著：《当代浙北乡村的社会文化变迁》，上海远东出版社，1995 年。

曹锦清著：《黄河边的中国》，上海文艺出版社，2002 年。

陈广忠著：《两淮文化》，辽宁教育出版社，1998 年。

陈吉元、胡必亮著：《当代中国的村庄经济与村落文化》，山西经济出版社 1996 年。

陈向明著：《质性研究方法》，北京：教育科学出版社，2000 年。

池子华著：《中国近代流民研究》，安徽师范大学内部教材，1994 年。

邓正来著：《市民社会理论的研究》，中国政法大学出版社，2002 年。

董志凯著：《解放战争时期的土改》，北京大学出版社，1987 年。

杜润生主编：《中国土改》，当代中国出版社，1996 年。

费孝通著：《乡土中国 生育制度》，北京大学出版社，1999 年。

费孝通著：《江村经济》，商务印书馆，2001 年。

贺雪峰著：《新乡土中国》，广西师大出版社，2003 年。

康晓光著：《权力的转移——转型时期中国权力格局的变迁》，浙江人民出版社，1999 年。

梁漱溟著：《中国文化要义》，载《中国传统文化》，三联书店，1988 年。

刘倩著：《南街社会》，上海：学林出版社，2004 年。

陆学艺主编：《当代中国社会阶层报告》、《当代中国社会流动》，社会科学文献出版社，2002、2004 年。

陆学艺主编：《内发的村庄》，社会科学文献出版社，2001 年。

毛寿龙：《政治社会学》，中国社会科学出版社，2001 年。

沙莲香等著：《社会学家的分析——中国社会文化心理》，中国社会出版社，1998 年。

沙莲香著：《中国社会文化心理》，中国社会出版社，1998 年。

孙立平著：《断裂——20世纪90年代以来的中国社会》，社会科学文献出版社，2003年。

孙立平著：《转型与断裂——改革以来中国社会结构的变迁》，清华大学出版社，2004年。

孙立平著：《失衡——断裂社会的运作逻辑》，社会科学文献出版社，2004年。

王沪宁著：《当代中国村落家族文化——对中国社会现代化的一项探索》，上海人民出版社，1991年。

王铭铭著：《村落视野中的权力与文化》，北京三联出版社，1997年。

王友明著：《解放区土改研究：1941～1948——以山东莒南县为个案》，上海社会科学院出版社，2006年。

肖唐镖著：《村治中的宗族》，上海书店出版社，2001年。

谢立中主编：《社会学名著提要》，江西人民出版社，1998年。

徐茂明著：《江南士绅与江南社会》，商务印书馆，2004年。

徐勇主编：《中国农村研究》，中国社会科学出版社，2003年。

许纪霖主编：《公共性与公共知识分子》，江苏人民出版社，2003年。

许纪霖著：《中国知识分子十论》，复旦大学出版社，2003年。

杨善华著：《当代西方社会学理论》，北京大学出版社，1999年。

于建嵘著：《岳村政治——转型期中国乡村政治的结构变迁》，商务印书馆，2004年。

余英时著：《士与中国文化》，上海人民出版社，1987年。

袁方主编，《社会研究方法教程》，北京大学出版社，1997年。

袁亚愚著：《新修乡村社会学》，四川大学出版社，1999年。

张厚安、徐勇、项继权著：《中国农村村级治理——22个村的调查与比较》，华中师范大学出版社，2000年。

张乐天著：《告别理想——人民公社制度研究》，上海人民出版社，2005年。

张永泉、赵泉钧著：《中国土地史》，武汉大学出版社，1985年。

张仲礼著：《中国绅士——关于其在19世纪中国社会中作用的研究》，上海社会科学出版社，1991年。

赵秀玲著：《中国乡里制度》，社会科学文献出版社，1998年。

周大鸣著：《凤凰村的变迁——〈华南的乡村生活〉追踪研究》，社会科学文献出版社，2006年。

周积明、宋德金主编：《中国社会史论》，湖北教育出版社，2000年。

周荣德著：《中国社会的阶层与流动——一个社区中士绅身份的研究》，学林出版社，2000年。

朱新山著：《乡村社会结构变动与组织重构》，上海大学出版社，2004年。

二、译著部分

【德】哈贝马斯著:《公共领域的结构转型》,曹卫东等译,学林出版社,1999年。

【德】马克斯·韦伯著:《新教伦理与资本主义精神》,彭强等译,陕西师大出版社,2002年。

【德】马克斯·韦伯著:《经济与社会》,商务印书馆,1999年。

【德】滕尼斯著:《共同体与社会》北京:商务印书馆,1999年。

【法】埃米尔·涂尔干著:《社会分工论》,渠东译,三联书店出版,2000年。

【法】福柯著:《知识分子与权力:福柯与杜勒兹的对话》,载《福柯集》,杜小真编选,上海远东出版社,1998年。

【法】皮埃尔·布迪厄著:《实践感》,蒋梓骅译,译林出版社,2003年。

【美】爱德华·萨伊德著:《知识分子论》,单德兴译,三联书店,2002年。

【美】杜赞奇著:《文化、权力与国家——1900~1942年的华北农村》,江苏人民出版社,1995年。

【美】费正清著:《美国与中国》(第4版),世界知识出版社,1999年。

【美】韩丁著:《翻身——中国一个村庄的革命纪实》,北京出版社,1980年。

【美】黄宗智主编:《中国乡村研究》(第3辑),社会科学文献出版社,2005年。

【美】黄宗智著:《长江三角洲小农家庭与乡村发展》,中华书局,2000年。

【美】黄宗智著:《华北小农经济与社会变迁》,中华书局,2000年。

【美】威廉·费尔丁·奥格本著:《社会变迁——关于文化和先天的本质》,浙江人民出版社,1989年。

【英】吉登斯著:《社会的构成》,李猛、李康译,三联书店,1998年。

三、期刊杂志部分

巴根:“明清绅士研究综述”,载《苏州大学学报》(哲学社会科学版),2003年第1期。

白纯:“苏南土改中的划分阶级成分和反封建问题”,《江苏大学学报》(社会科学版),2004年第3期。

陈春生:“明末东南沿海社会重建与乡村之角色”,《徐州师范学院学报》(哲学社会科学版),1995年第1期。

陈敏:“清末士绅在新式教育领域内的活动”,《中国地方志》,2004第7期。

程云:“关于土改的回忆”,《武汉文史资料》,2005年第4期。

迟云飞:“清末社会裂变与各阶层分析”,《安庆师范学院学报》(社会科学版),2003年第6期。

崔晓麟:“土改与知识分子思想改造”,《广西民族学院学报》(哲学社会科学版),2005年第4期。

费孝通："暮年晚谈"，《群言》，2005 年第 5 期，第 15～16 页。

郝秉键："明清绅士的构成"，《清史研究》，1996 年第 3 期。

何军："20 世纪 50 年代初关中农村的土改"，《中国农史》，2006 年第 2 期，第 115～124 页。

贺雪峰："缺乏分层与缺失记忆型村庄的权力结构——关于村庄性质的一项内部考察"，《社会学研究》，2001 年第 2 期。

胡配军："道光年间东南沿海地区的绅士阶层与西学传播"，《历史教学》，1995 年第 5 期。

金耀基："论中国的'现代化'与'现代性'——中国现代文明秩序的重建"，《北京大学学报》(哲社版)，1996 年第 1 期，第 20～27 页。

李良玉："建国初期的土改运动"，《江苏大学学报》(社会科学版)，2004 年第 1 期。

李良玉："苏南土改与现代化传统问题"，《江苏大学学报》(社会科学版)，2006 年第 3 期。

李若建："安全阀：四清运动的潜功能"，《开放时代》，2005 年第 1 期，第 113～125 页。

李若建："权力与人性：大跃进时期公共食堂研究"，《开放时代》，2004 年第 1 期，第 76～88 页。

李若建："大跃进的社会基础"，《中山大学学报》(社会科学版)，2004 年第 4 期，第 42～46 页。

李若建："社会流动模式改变对大跃进时期教育的影响"，《中山大学学报》(社会科学版)，2004 年第 2 期，第 80～86 页。

李庆真："乡村情缘在农村现代化中的社会效应"，《安徽大学学报》，2003 年第 4 期。

李庆真："村民自治进程中国家与社会关系系"，《甘肃理论学刊》，2003 年第 6 期。

李庆真："在历史和现实的结点上：新时期乡村出路的探索"，《社会科学研究》，2006 年第 6 期。

李庆真："乡村群体青年时期价值观及'公'之观念变迁的研究"，《青年研究》2006 年第 11 期。

李庆真："知识·价值·权威——从青年知识群体权威的视角解析'后传统时代'的乡村整合"，《西北民族研究》，2008 年第 4 期。

刘玉照："村落共同体、基层市场共同体和基层生产共同体——中国乡村社会结构及其变迁"，《社会科学阵线》，长春，2002 年第 5 期，第 193～205 页。

莫宏伟："饶漱石与华东新区土改"，《江苏大学学报》(社会科学版)，2006 年第 3 期。

莫宏伟："苏南土改后农村各阶层思想动态述析（1950～1952)"，《党史研究与教学》，2006 年第 2 期。

孙立平："'过程—事件分析'与当代中国农村社会的洞察"，《清华社会学评论》（特辑），2001 年。

孙立平："'自由流动资源'与'自由流动空间'"，《探索》，1993 年第 1 期。

孙立平："改革前后中国大陆国家、民间统治精英及民众间互动关系的演变"，《中国社会科学季刊》，香港（冬季卷）1993 年。

孙立平："迈向实践的社会学"，《江海学刊》，2002 年第 3 期。

孙立平："中国传统社会中的贵族与士绅力量的消长及其对社会结构的影响"，《天津社会科学》，1992 年第 4 期。

王善飞："万历以后江南乡绅势力的恶性膨胀及其危害"，《中山大学学报》（社会科学版），2002 年第 4 期。

王先明："晋绥边区的土地关系与社会结构的变动——20 世纪三四十年代乡村社会变动的个案分析"，《中国农史》，2003 年。

吴清军："乡村中的权力、利益与秩序"，《战略与管理》，2002 年第 1 期，第5～17 页。

吴毅："村治中的政治人"，《战略与管理》，1998 年第 1 期。

吴毅："'双重角色'、'经纪模式'与'守夜人'和'撞钟者'"，《开放时代》，2001 年第 12 期。

刑乐勤："论土改后中国农村社会阶层的分化"，《浙江学刊》，2003 年第 3 期。

徐茂明："明清以来乡绅、绅士、士绅概念辨析"，《学术月刊》，1996 年第 4 期。

徐勇："县政、乡派、村治：乡村治理的结构性转换"，《江苏社会科学》，2002 年第 2 期。

徐勇："县政、乡派、村治：乡村治理的结构性转换"，《江苏社会科学》，2002 年第 2 期。

许纪霖："近代中国变迁中的社会群体"，《社会科学研究》，1992 年第 3 期。

许纪霖："近代中国变迁中的社会群体"，《社会科学研究》，1992 年第 3 期。

许顺富："湖南绅士与晚清政治变迁"《湖南科技大学学报》（社会科学版），第 7 卷第 4 期。

阳信生："湖南近代绅士的计量分析"，《长沙电力学院学报》（社会科学版），第 19 卷第 2 期。

杨善华、罗沛霖、刘小京、程为敏："农村村干部直选研究引发的若干理论问题"，《社会学研究》，2003 第 6 期。

应星："评村民自治研究的新取向——以《村庄选举和村庄政治为例》"，《社会学研究》，2005 年第 1 期，第 215 页。

俞国、陆亚玲："论土改后农村阶级关系的新变化"，《扬州教育学院学报》，2003 年第 2 期。

张敏："沿海地区新士绅群体与中国早期近代化运动"，《上海社会科学院学术季刊》，1990年第3期。

郑斌："沧县土改运动始末"，《党史博采》，2004年第6期。

郑杭生、杨敏："社会互构论的提出——对社会学学术传统的审视和快速转型期经验现实的反思"，《中国人民大学学报》，2003年第4期。

周飞舟："从汲取型政权到'悬浮型'政权——税费改革对国家与农民关系之影响"，《社会学研究》，2006年第3期。

周运清、王培刚："全球乡村治理视野下的中国乡村治理的个案分析"，《社会》，2005年第6期。

【日】佐滕仁史："清朝中期江南一宗族与区域社会"，《史学集刊》，2003年第4期。

四、英文部分

Bourdieu Pierre, *Outline of a Theory of Practice.* London: Cambrudge University Press. 1977.

Giddens, Anthony 1984, *The Constitution of Society: Outline of the Theory of Structuration.* Berkeley: University of California Press.

Helen Siu, *A gents and Victims in South China*, Yale University Press, 1989.

Hinton, W., *The Continuing Revolution in a Chinese Village*, New York: Random House Inc., 1983.

John J. Macionis, Juanne Nancarrow Clarke, Linda M. gerber: *Sociology*, Prentice Hallyn and Bacon Canada Scarborough, Ontario.

Michaelp. Soroka, George J. Bryjak: *Social problems*, Allyn and Bacon, 1994.

Margaret S. Archer, *Culture and Agency: the Place of Culture in Social Theory*, Cambridge University Press, 1988.

Raymond Boudon, Translated by J. C. Whitehouse, *Theories of Social Change*, Polity Press, 65 Bridge St. Cambridge CB2 IUR, UK, 1986.

Rodney Stark:, Sociology, Wadsworth Publishing Company Belmont, California A division of Wadsworth, Inc. Fifth Edition.

Robert K. Yin, Case Study Research, Third Edition, Sage Publications, Inc. International Educational and professional publisher, 1994.

Robert Redfield: *Peasant Society and Culture: an Anthropological Approach to Civilization.* University of Chicago Press

J. Dan Cover, sociological Investigations, the Dushkin Publishing Group, Inc.

Caniglia, Beth Schaefer, *Do elite alliances matter? Structural power in the environmental TSMO network.*. Source: Dissertation Abstracts International, Volume: 61 - 11, Section: A, page: 4570.; Director: Robert Fishman.

Toffolon - Weiss, Melissa Mary, *Power to the people: Understanding shifts in community power.*, *Source: Dissertation Abstracts International*, *Volume*: 62 - 04, Section: A, page: 1606.; Director: J. Timmons Roberts.

Jean C. Oi, *State and Peasant in Contemporary China*, University of California Press, 1989.

Popkin S. *The Ration Peasant*, University of California Press, 1969.

Taylor M., *Structure, culture and Action in the Explanation of social change*, Politics and society, Vol. 17, No. 2, June, 1989.

Danso, Kwaku A., *The role of government leadership in meeting the basic needs of the people of Ghana: A qualitative case study*, CAPELLA UNIVERSITY, 2006, PhD. Paper. (from: ProQuest Digital Dissertations).

Martin Allan, *Older Adulthood, Education and Social Change (Australia, New Zealand)*, the University of Auckland (New Zealand), 2006, PhD Paper. (from: ProQuest Digital Dissertations).

Peet, Melissa R., *We make the road by walking it: Critical consciousness, structuration, and social change* University of Michigan 2006, PhD Paper. (from: ProQuest Digital Dissertations).

Fairfax, Allen N., Challenging the rules: The Merrimack Valley Project and the construction of public space (Massachusetts) Boston College, 2006, by PhD Paper. (from: ProQuest Digital Dissertations).

Li, Jing, Power and exchange: Changing social order in contemporary rural China, Hong Kong Polytechnic University, China, 2006, PhD Paper. (from: ProQuest Digital Dissertations).

Diprose, Beth, Developing community through conversation and language of the heart, Royal Roads University Canada, 2006, MA. Paper. (from: ProQuest Digital Dissertations).

五、地方志、档案文件和族谱等地方文史资料部分

安徽省地方志编纂委员会编:《安徽省志·财政志》, 方志出版社出版, 1998 年。

安徽省地方志编纂委员会编:《安徽省志·大事记》, 方志出版社出版, 1998 年。

安徽省地方志编纂委员会编:《安徽省志·教育志》, 方志出版社出版, 1998 年。

安徽省地方志编纂委员会编:《安徽省志·民政志》, 方志出版社出版, 1998 年。

安徽省地方志编纂委员会编:《安徽省志·人口志》, 方志出版社出版, 1998 年。

安徽省地方志编纂委员会编:《安徽省志·水利志》, 方志出版社出版, 1998 年。

安徽省地方志编纂委员会编:《安徽省志·自然环境志》, 方志出版社出版, 1998 年。

安徽省 S 县地方志编纂委员会主编:《S 县县志》, 黄山书社出版, 1988 年。

政协文史资料征集委员会主编:《S 县文史资料》, 第 1 ~ 3 辑, S 县地区印刷厂印刷, 非正式出版, 1985 年。

中共安徽省委办公厅、中共安徽省委党史工委、安徽省档案馆合编:《中共安徽省委文件选编》, 安徽省新闻出版局出版, 1994 年。

S 市统计局编：《S 州统计年鉴》（2001～2005）。

S 市档案局编：《S 州年鉴》（2004），黄山书社出版，2005 年。

S 市档案局：S 市发展概括、S 市文史资料汇编、S 市文件汇编、S 市教育发展概览。

S 市民政局：S 市行政体制的演变；S 市各乡镇行政体制的历史沿革。

S 市塘桥区教育局：《S 市塘桥区的教育事业蓬勃发展》、《S 市塘桥区特级教师名录》、《S 市塘桥区农村义务教育规划》、《S 市塘桥区农村中、小学教师的培训教材》。

S 镇档案馆资料：各村的概括、S 镇各村基层组织情况及生产条件报表（一）、（二）、各村党员个人档案资料、S 镇各中、小学发展的概况、S 镇各村干个体经营摸底情况材料汇编。

S 镇文化馆："老汪湖"的由来与传奇；"子贡山哺育的先民们——有感于故乡的眷恋"

S 中学校史保管室：S 中学校史资料、"S 中学校友录"。

汪村村委会资料：汪村村民自治章程、汪村小学学校教学楼建设筹款办法、汪村党员名单、汪村人口统计报表（1993、2002、2005）、汪村 2002、2005 年度财务报表、村委欠私人款帐目。

汪村小学：汪村小学发展概况、汪村小学优秀教师简介、汪村小学的老师们——LZJ 校长在镇优秀教师表彰大会上的发言稿（代写）。

汪村中学：汪村初级中学的发展与贡献——LW 校长的汇报材料、汪村初级中学教师名单与简介。汪村中学简介、汪村初级中学教学计划（2005 年 8 月 25 日）。

汪村"陇西堂李氏家族族谱"。

后 记

人生匆匆一瞬间，不辞岁月三十年，转眼已经走过了我人生最可珍贵的童年、少年和青年，已步入中年。而在我脑海里留有最多的还是青年时代的愿望和理想。出生于三十年前中国农村的我深刻地记忆中学时代艰苦岁月磨练的意志和立志“长大后如果我能出书我一定要把我们农村中学大批落榜的有志青年的心声写出来，让更多的人来了解”的愿望。而后，我自己一直在逆境中求学，终于能够有资格写自己想写的东西了，然而由于各方面的原因还是未能如愿实现中学时代的梦想。本书虽未能真正地以记忆方式描述那个时代特殊的知识群体的心理和个人成长的生活经历，但是将其扩展为一个特定的群体放在中国乡村所经历的不同时期社会变迁的背景下来研究，既拓展了其研究的意义，也在一定程度上实现了曾经的梦想，心里一定程度上得以慰藉。

此书是在本人博士论文修改基础上得以形成，在前期的调查、研究过程中得到了众多前辈和同辈的指导、帮助和支持。在这里，首先应该感谢我的导师李若建教授对我的培养和教导。李老师学识渊博，学风严谨，对我学术的成长和科研能力的培养给予了较大的帮助。其宁静致远的做人风格和严谨的治学态度都以言传身教的形式教会了我如何去做人和做学问。言传身教中，导师的许多思想和观点都让我受益终生。学业上，我平时写的学术论文和学位论文的选题、设计、调查和撰写等每一个环节李老师都给予了我耐心的指导。李老师的指导既能高屋建瓴，把握全局，又能细致入微，一丝不苟，这些都对我学术的成长起着重要的推动作用。

这里，还应该感谢我的硕士导师贾应生教授，贾老师的为人师道堪称楷模，我非常敬仰他言行如一的高贵品格，他不为名利所动，一以贯之地做一个受学生爱戴的老师。他的思想、品格和师表是我一生学习的榜样。

我非常庆幸认识了这两位导师，他们用他们的思想和言行教会了我如何去做人，如何在一个经济理性主导的时代去平衡名利与个人修养之间的关系，如何以个人的努力去做一个有社会责任感和有良知的知识人。

此时，还不会忘记此书研究、写作过程中，中山大学的蔡禾教授、王宁教授、丘海雄教授、罗观翠教授、刘林平教授、李伟民教授、周大明教授、武汉大学的罗教讲教授、华中师范大学的江立华教授等许多老师都给了非常多的指导和帮助，他们在知识的不同领域、以不同的方式对我学业的成长和科研能力的提高起了重要的推动作用。在此，对导师们的辛勤培养和悉心关怀，在此表示诚挚的谢意！

在本论文调研和查阅相关文献资料的过程中，得到了安徽大学图书馆、安徽省委档案馆、安徽省S市统计局、S市YQ区委、区政府、区档案馆、S市YQ区S镇党委、镇政府、镇文化站、SC中学、汪村村委会、汪村小学、汪村中学等单位的大力支持和配合。在此向上述单位的领导和办事人员以及汪村的村民们为我提供的便利、支持和帮助表示衷心的感谢，没有他们的帮助和配合，本论文无法顺利地完成。在这里，尤其应该感谢老同学金振娅、王刚等在我收集资料的过程中所提供的便利和帮助，谢谢他们！

在我的工作、学习和生活中，和我一起同甘共苦的是我的妻子谢丽霞女士，她不仅在生活上关心我，而且在我的学习、工作中也给了我许多支持和帮助，在此书的研究过程中也做了诸如收集资料、整理资料和部分文字输入等大量的工作。在此，向她表示深深地谢意！

多年来，与我同甘共苦的是我的家人：我的父母和我的兄妹以及我的叔叔为了我的学业付出了大量心血，并给予了我经济上的绝对支持。由衷地感谢他们！此时，特别不能忘记在我艰苦的求学中一直支持、鼓励和关爱我成长的哥哥，我求学生涯中几乎每一个关键时刻都是他用无私的爱激励我成长。

另外，此书能够出版得益于国家教育部社会科学发展研究中心的“全国高校社科文库”资助项目的资助，在此，感谢社科中心的工作人员、评审组老师和出版社的编辑等辛勤的工作！

再一次感谢所有关心和支持我的人！

李庆真

己丑年仲夏于杭州钱江高教园